沈从文 传

美丽总是愁人的

河北出版传媒集团
河北人民出版社

图书在版编目（CIP）数据

沈从文传：美丽总是愁人的 / 田丰著. -- 石家庄：河北人民出版社，2021.8
（近世人文书系 / 姜瑞云，路程主编）
ISBN 978-7-202-15650-6

Ⅰ. ①沈… Ⅱ. ①田… Ⅲ. ①沈从文（1902-1988）—传记 Ⅳ. ①K825.6

中国版本图书馆CIP数据核字(2021)第151205号

书　　名	沈从文传：美丽总是愁人的
著　　者	田　丰
责任编辑	王云弟　刘大伟　王　珏
美术编辑	于艳红
责任校对	付敬华
出版发行	河北出版传媒集团　河北人民出版社 （石家庄市友谊北大街330号）
印　　刷	河北新华第一印刷有限责任公司
开　　本	880毫米×1230毫米　1/32
印　　张	12.25
字　　数	252 000
版　　次	2021年8月第1版　2021年8月第1次印刷
书　　号	ISBN 978-7-202-15650-6
定　　价	68.00元

版权所有　　翻印必究

沈从文

①从左至右依次为：沈从文、沈岳荃、沈从文母亲、沈岳萌、沈岳霖
②1929年初夏沈从文于上海
③1930年张兆和于吴淞中国公学
④抗战爆发前沈从文摄于北平

①	
②	③
④	

① 1933年沈从文与张兆和在青岛
② 1936年沈从文夫妇在苏州
③ 1938年张兆和与二子摄于北平
④ 1947年沈从文全家在颐和园

①	②
③	④

① 1951年沈从文与同事在北京历史博物馆陈列室
② 1961年沈从文在中国历史博物馆讲授古代丝织品
③ 1969年沈从文夫妇在湖北咸宁五七干校
④ 1981年夏沈从文夫妇摄于寓所

①	②
③	④

目录

星斗与赤子 ———————————— 沈子从文 / 001

少年沈岳焕	002
从军谋出路	012
弃武改从文	031
大学当教师	049
弃文搞文物	092
"文化大革命"中的磨难	133
余生复辉煌	162

当成我的神 ———————————— 与张兆和 / 185

公学的"黑凤"	186
顽固的单恋	192
乡下人的甜酒	214
海边和公园	228
幸拟或不幸	234

第三章

情感的发炎 ———————————— 与高青子等女子 / 249

客厅巧遇"偶然"	250
潘多拉的开启	267
其余三个"偶然"	278

第四章

友乎？敌乎？ ———————————— 与丁玲 / 313

相识于北京	314
上海合办刊	329
共救胡也频	338
著文忆丁玲	360
相见如陌路	369
反目又成仇	381

第一章

星斗与赤子
XINGDOU YU CHIZI

沈子从文

少年沈岳焕

沈从文的先祖官宦出身,"处处不无盛族,代代颇有名人",到了九世祖沈思远时因为做官"宦留黔、楚",在湘黔一带定居。九世祖沈思远为明永乐丙申(1416年)科副榜,分发江西瑞州府高安县知县。明宣德元年(1426年)改迁贵州铜仁,后任铜仁知县,任期满后由于江西饶州、信州、抚州、瑞州、吉安等州郡犹有徐寿辉、陈友谅之余党不时扰乱,导致道路不通,无法返回老家,滞留在铜仁。先是在位于城郊的熊家屯定居,后又移居沈家滩,再迁往坡头乡(今川铜镇、滑石乡一带),并开始广购田产,成为当地望族,"银钱有半乡之誉,至今族大枝繁"。[①]乾隆乙卯(1795年),湘黔边境爆发苗民叛乱,烽烟四起,远近百姓纷纷逃命躲避。等到战事平息,沈家人返回一看,家园已被烧成灰烬,无奈之下只得寄居铜仁,家族境况自此一落千丈。嘉庆

---

① 书内引文除个别特殊情况予以修订,均保持历史原貌。

六年（1801年），家境依旧贫寒，早已沦为平民，第十八世祖沈文科与家人只能栖身在三间破旧木板房中。沈文科育有5个儿子，其中第四子就是沈从文的曾祖父沈岐山。道光三十年（1850年），沈岐山迫于生计又携着家眷从贵州铜仁下寨迁到凤凰黄罗寨，在村边搭建了一个草棚安家落户，靠着给当地人守护山林养家糊口。此处山高林密、交通闭塞，风景倒是十分秀丽，背面靠着青山秀林，前面是一条终年流水潺潺的小溪，人烟也比较稀少，汉族、苗族和土家族杂居为邻。沈岐山生有沈宏富和沈宏芳两个儿子，长子沈宏富小时候绰号"沈毛狗"，长大后靠着给凤凰城内的绿营驻军贩卖马草为生，虽然温饱无忧，但也只能勉强度日。太平天国起义爆发后，沈宏富投身军旅，命运开始发生转变。

　　沈宏富作战勇敢、战功卓著，不断获得升迁，1859年年方22岁时便被任命为云南昭通镇守使，1863年26岁时接替田兴恕升任贵州提督。提督负责统辖一省陆路或水路官兵，是清朝各省绿营最高主管官，官阶为从一品，通常情况下清朝总共设置有12名陆路提督和3名水师提督，称得上是封疆大吏。沈宏富从贩卖马草的平民一跃成为提督，仅凭一己之力便让沈家跻身上层，成为凤凰远近闻名的显赫家族。沈宏富后来又到四川为官，之后开始在湘西凤凰城内营造房屋和购置田产。然而回到凤凰不久，沈宏富便因旧伤复发英年早逝，时年30岁左右，留下一栋小巧宅院以及城外方圆十多里的田产。

　　当时湘西凤凰城通过追随湘军与太平军作战，涌现出三大家族，分别是田家、沈家和熊家，这三大家族之间，以及与当地其他大族相互通婚，逐渐成为凤凰城的上层统治阶级，因此沈从文跟当地掌权者大都有亲戚关系。

沈宏富原配夫人姓周，在他谢世时并没有留下子嗣，按照当地习俗需要从近亲中过继一个孩子来维系香火。沈宏富的弟弟沈宏芳此时也没有子嗣，便由沈宏富夫人做主给他娶了一个姓刘的苗族姑娘做二房，她生了两个儿子，第二子过继给沈宏富一脉，这个承袭将军遗产的幸运儿就是沈从文的父亲沈宗嗣。

据沈从文听父亲所述，当时苗族社会地位极其低下，被污蔑为苗蛮土匪，苗民子弟不允许参与文武科举，这对于依旧做着将军梦的沈家而言无疑是一大污点，于是便把那位苗族母亲远嫁他乡。为了掩人耳目和供后世子孙祭拜，还在黄罗寨旁的树林里给这位苗族女子修了一座假坟，沈从文小时候曾跟随父亲去祭拜过。

沈宏富留给家族的不仅有优越的社会地位和丰厚的家产，还有一份将军的荣光，因此沈宏富夫人希望家里再出一位将军，作为嗣子的沈宗嗣从小耳濡目染，便有了根深蒂固伴随他一生的将军梦。沈宗嗣生来高大结实，性格豪放爽直，也显露出将军所必备的种种潜质，在他10岁时家里便给他请来了武术教师悉心培养，同时学习做将军必不可少的学识。然而沈宗嗣命运多舛，终其一生非但没有实现将军梦，反倒因此落得个倾家荡产，导致原本显赫一时的沈家在他手上彻底败落。

为了实现将军梦，沈宗嗣结婚后依旧到外地闯荡，却最高只做到提督身边的一名裨将。沈宗嗣习惯于将家中许多值钱的东西带至驻地，1900年也即第二次鸦片战争时，他随军驻守大沽炮台抵抗英法联军，结果城破之际提督罗荣光忍痛杀了眷属后自杀殉国，沈宗嗣虽侥幸捡回一条性命，但财物来不及带出，结果折损了一大半家业。然而也正因为遭此磨难，沈宗嗣不得不回到凤凰家中，才相继生下沈从文等几个子女。沈从文本名沈岳焕，字崇文，乳名茂林，1902年12月28日凌晨出生。连他在内共有兄弟姐妹9人，一个哥哥、两个姐姐和三个弟弟、两个妹妹，他排行第四，在兄弟中排行第二，因此人称沈二哥。二姐在十六七岁时病殁，两个弟弟和一个妹妹均幼年早夭。

沈从文的母亲黄素英出身于书香门第，她的父亲是凤凰第一个剪去辫子的，兄长在凤凰开设了第一个邮政局和第一家照相馆。在这样得风气之先的家庭氛围熏染下，黄素英不仅知书达礼，思想也十分开明，懂诗书、习医术，又是凤凰城里第一位会照相的女子，年幼时还跟随哥哥在军营里度过一段时日。沈从文兄弟姐妹的初步教育，都是由这位瘦小机警而又富于胆气的母亲负担的。由于父亲常年不在家，因此沈从文所受家庭影响也大多来自母亲。

沈从文天生有着超群的记忆力，刚刚四个月时祖母去世，他依稀记得被谁抱着在一个白色人堆里转动，随后被搁到一张桌子上。两岁左右时，他便能准确记忆儿时所发生的一切，这为他日后从事写作提供了极为有利的条件。祖母去世后，父亲又经常不在家，母亲便把外祖母接来同住做伴，他清楚地记得母亲教他认识方块字时，外祖母总会在一旁给他糖吃作为奖励。由于天资聪颖，识字能力很强，不久沈从文便认识了600个生字。这时沈从文因腹内生了蛔虫而面黄肌瘦，每天饭食中都要搭配草药蒸鸡肝来调理身体。在4岁这年,沈从文的弟弟沈岳荃降生,母亲无暇再教他读书识字,便让他跟着两个姐姐到一位女老师家里去上学。

沈宗嗣的大儿子沈云麓听力和视力都有问题,因此对于二儿子沈从文极为喜爱,是第一个称赞他聪明的人。被寄予厚望的沈从文也一度成为家里的中心人物,一旦生病全家人便会在床畔日夜守护。那时家里经济状况也好,沈从文在物质方面享受到的,比起一般亲戚家的小孩都要好很多。然而6岁那年沈从文和两岁的弟弟同时出疹子,久治不愈,日夜都发着高热,又正值6月酷暑,两人被用竹簟卷起来如同春卷一样竖立在室内阴凉处,同时家人已准备好两口小小棺木搁在院中廊下,没承想两人后来居然全好了。经过这场大病后,沈从文身体发育受到影响,成了"小猴儿精",而弟弟在病后雇请的高大壮实苗族妇人照料下却越发健壮起来。父亲沈宗嗣眼看二儿子身体瘦弱不堪,便不再逼迫他日后做将军,但也并不轻视,反倒认为天生聪慧的二儿子将来无论做什么,总应能获得比将军更高的地位和更好的名誉,经常将祖父当年那些勇敢光荣的故事讲给他听。然而,沈从文上学后却经常逃学,不听家人劝告,还学会了赌博和说谎。沈宗嗣眼见二儿子如此顽劣,不知自尊自重而有损沈家声誉,他伤透了心,从此将所有希望都放在了幺儿沈岳荃身上。后来沈岳荃也果然没有辜负父亲的期望,先是考进黄埔军官学校四期步科,与林彪是同期,22岁时便成为步兵上校,后率部在战场上与日寇浴血奋战屡立战功,官至国民党陆军中将,实现了沈家再出一个将军的梦想。

武昌首义后,1911年12月,闲居在家的沈宗嗣在凤凰参与组织了当地的反清武装起义，沈从文的堂叔和表兄们都参与其中。起义前，沈从文的两个姐姐、哥哥和弟弟被大人带着躲到了苗乡，沈宗嗣问他："你怎么样？进苗乡去，还是跟我在城里？"沈从文反过来问父亲："什么地方热闹些？"沈宗嗣说："不要这样问，我明白你的意思，你要在城里看热闹，就留下莫进苗乡吧。"因此，时年9岁的沈从文得以见证父亲参加辛亥革命的整个过程，也亲眼目睹了起义失败后人头如山、血流成河的惨况。起义失败后，清军到乡下大肆搜捕起义者和无辜苗民，进行了长达一个月的屠杀。沈从文不仅在父亲带领下看到衙门口平地上、辕门上、云梯木棍上到处布满了人头，而且还看到城墙上挂满了血淋淋的人头，并亲眼目睹了四五百人被杀戮的情形。也正因此，辛亥革命留给沈从文的记忆不是推翻两千年封建帝制的光荣，"却只是关于杀戮那几千无辜农民的几幅颜色鲜明的图画"。清军的血腥杀戮，让沈从文一生都对权力滥用感到特别厌恶，在权力和智慧之间他更倾向于选择后者，"在无形中就不赞成这种不公正的政治手段。到了我能够用笔来表达自己意见的时候，我就反映这个问题。"

短短一个月内，便有数千苗民被杀，原本在幕后组织和支持起义的当地绅士们实在看不下去了，联合向官府求情，官府允准待处决的苗民们掷签来决生死，根据竹签掷出后落地时的正反情况决定斩首示众或当场开释，从概率上讲一个人活下来的机会有二分之一。沈从文也经常混在一群小孩中看那些乡下人掷签的场面，只见有些人闭了眼睛将手中的竹签用力抛去，开释时还不敢睁开眼睛，有些临死时还念念不忘家中的小孩和小牛猪羊，那副颓丧以及对神埋怨的神情，在沈从文的脑海里留下了深刻的印记。

1912年凤凰再度爆发起义，光复后沈宗嗣被推选为当地临时掌权人物，他的将军梦再次萌发。然而不久之后，在与一姓吴的竞选湖南省议会代表时却遭遇失败，受此打击沈宗嗣愤而离家出走北京。1915年12月，沈宗嗣在北京与同乡阙耀翔一起组织"铁血团"，计划刺杀袁世凯，事泄后阙耀翔被捕，嗜好京戏的沈宗嗣因当天在戏院看戏躲过一劫，得到熟人通知后立即逃往热河，投靠热河都统姜桂题、米振标，在二位熟人庇护下隐姓埋名住下，此后在赤峰、建平等地躲避。

在父亲离开湘西赴京时，沈从文还是懵懂少年，他只觉得家人管束太严，不让他痛快玩耍。由于沈从文记忆力特别好，课堂上教授的知识根本难不倒他，因此经常在上学路上故意绕远闲逛，后来又跟着张姓表哥学会了撒谎逃学，全然忘却了家族荣耀。当初父亲知道他说谎逃学后非常生气，有一次警告他如果再逃学说谎，就砍去他一根手指。然而，沈从文依旧我行我素，在逃学时又学会了赌博，经常不顾体面地和街头乞丐、混混们聚众赌博，并跟着他们学会了许多不应该出现在世家子弟口中的下流野话，这不仅无形中降低了他在亲戚中的身份，也有损家族声誉。

野性十足的沈从文总是被各种新鲜声音、新鲜颜色和新鲜气味吸引，他的智慧是直接从生活中，而不是间接自书本上得来的，在自传中他曾这样写道："当我学会了用自己眼睛看世界一切，到一切生活中去生活时，学校对于我便已毫无兴味可言了。"逃学成为家常便饭，而这也伤透了家人的心。俗话说长兄如父，由于父亲不在家，哥哥沈岳霖便担负着管教不争气弟弟的职责，经常对沈从文实施惩罚。由于沈家在为父亲卖地还债后家道中落，本来就担心会被人看不起，而沈从文又如此顽劣，招致亲戚们的非议，因此沈岳霖惩罚起来十分严厉，就连亲戚们也觉得过分了些。沈从文混迹底层的这段经历，以及学会的粗野下流话，在当时来看的确不合乎他的少爷身份，但也正是因此积累了丰富的底层社会生活经验，在15年后开始小说创作时为他打开了一片天地，所经历的形形色色的人，以及发生在他们身上的事浮现在脑海之中，那些粗话野话则增加了故事中人物的生动，最终转换为文字，成就了他作为湘西世界代言人的创作奇迹。

由于沈宗嗣长期待在外地，家人无法得见，思父心切的沈岳霖决定不远万里北上热河寻父。他靠着给人画像跑遍了东三省，最终才于1919年在赤峰找到父亲。大哥北上寻父后，家里失去了对沈从文的监管拘束，母亲根本管不住他，他更加放肆无忌。正好此时城内开设了一个预备兵技术班，以新式方法进行军事训练，成绩优异者还有机会当兵得一份口粮，沈从文的许多同学都报名参加，并邀他一块接受训练。凤凰历来有尚武之风，投身军旅是年轻人最有出息，也最容易获取成功的门路，母亲眼见儿子成天疯玩，正想借此约束一下其性子便同意了。尽管沈从文训练也很刻苦，但三次考试都没能被选拔上，不过家里人倒很欣慰，看到他经过军事训练后懂得了许多军中的规矩和礼节，不再像以前那样到处疯玩，衣服也是穿得整整齐齐，有了一个大家少爷和未来将军该有的气质。

每当沈从文和同伴陈继瑛一块出城来到门洞边时，卖牛肉的屠户总爱跟他们开玩笑，喊他们"排长"，守城的老兵也总是阴阳怪气地喊他们"总爷"，但他们都不在意。因为在这两个少年心中都有着远大的梦想，陈继瑛一心想当团长，沈从文则一心想进入陆军大学深造，以后当将军，所以对于"排长""总爷"之类自然是瞧不上眼的。虽然沈从文自己说过受到父亲的教育要弱于母亲，但父亲的影响仍然不可小觑："即或我爸爸希望作一将军终生也作不到，但他把祖父那一分光荣，用许多甜甜的故事输入到这荒唐顽皮的小脑子里后，却引起了很大的影响。书本既不是我所关心的东西，国家又革了命，我知道中状元已无可希望，却俨然有一个将军的志气。家中别的什么教育都不给我，所给的也恰恰是我此后无多大用处的。可是爸爸给我的教育，却对于我此后生活的转变，以及在那个不利于我读书的生活中支持，真有很大的益处。体魄不甚健实的我，全得爸爸给我那份骄傲，使我在任何困难情形中总不气馁，任何得意生活中总不自骄，比给我任何数目的财产，也似乎更可贵重。"后来，由于教官受到镇守使赏识，被委任为卫队团营副，预备兵技术班自动解散，沈从文不得不结束8个月左右的军事训练，重新回到学校。

1918春，沈从文自小学毕业，原本他升到了中学，座位都已排好，但此时沈家彻底破败，无力再支持他继续上学。原来，沈从文的父亲自1912年离家，直到1916年底袁世凯去世才与家里有了通信联系。在外避难期间，他结交的都是官员，在应酬时为了面子欠下许多债务，1917年从关外来信让家里把田地卖掉给他还债，由此使得每年可收租谷300石的富贵之家彻底败落。

祸不单行，1917年上半年，沈从文聪慧美丽的二姐又不幸去世，大哥沈岳霖北上寻父未归，弟弟沈岳荃过继给了叔父，大姐将要出嫁，小妹妹才刚刚5岁。母亲黄素英为此承受着巨大压力，眼见沈从文顽劣成性不服管束，既然家庭面临如此难堪的处境，果断坚决的她干脆决定让二儿子辍学去当兵，让他在外边的世界中摸爬滚打，接受生活的磨砺。况且湘西自古苗瑶杂处，崇尚武力，清朝为了防止苗瑶起义又在险要处屯驻军队，单就凤凰城内居民而言，屯驻军队及其家属就占据了相当大一部分，世守其间防范"苗蛮匪乱"，习武之风十分盛行。因此，在湘西尤其是戍卒屯丁驻扎的凤凰这个地方，当兵并非耻辱，多年以来文人只出了一个翰林熊希龄，还有两个进士和4个拔贡，而武人显贵者却是世代辈出，仅是清末随同曾国荃打进南京城的就出了4个提督军门，民国时期出身保定陆军军官学校的更是一大堆，因此当兵是当地年轻人近乎唯一的正当出路。

1918年8月21日，母亲带着沈从文到亲戚杨再春家说情，让他到这位杨家表叔率领的一支土著军队中去当护兵。如果不是因为家道中落，母亲说什么也不舍得让这时自己身边唯一的儿子去当兵，为此还曾暗自抹泪。年方16岁的沈从文却是满心欢喜，因为当护兵就可以背盒子炮，这对于男孩子来说充满了诱惑力。只是沈从文看到母亲偷偷擦眼泪，心中也多少感到有些酸涩，上床睡觉时还躲在被窝里哭了一回。

从军谋出路

1918年8月22日拂晓，还在梦乡中的沈从文被大姐摇醒，由于还不满16岁的他此前从未出过远门，此番又是从军远行，外祖母和母亲都放心不下，自是千叮咛万嘱咐。母亲告诫沈从文，此番当兵不求他当官发财，只希望他能好好做人，三五年后如果能有所成就，再想着接济家里。一家人送沈从文到门口，天上正落着小雨，他穿着大姐连夜赶制的蓝布绸衣走到队伍中去，自此不再看文字写成的小书，而开始读那本用人事写成的大书。

从军头一天，便给独自迈上社会的沈从文上了生动的第一课。从参军这一刻起，他在军中的身份只是一个小小的护兵，那些从前所蒙受的将军后人的荣光早已黯淡，他再也不是人前显贵的沈家二少爷。沈从文所在部队的军官中有许多都是他家的亲戚，但从他面前走过时却好像从来就不认识他，就连昨天还在亲切地叫他四哥的莲姑（杨再春的女儿）也照规矩开始直呼其名，并且他还要伺候着给她装烟倒茶。当年杨再春曾在沈从文父亲手下当过差，如今却是生杀予夺的一团之长，这样剧烈的反差自然会引发沈从文的内心感触。沈从文开始体会到人情冷暖和世态炎凉，也只有这时他才真正思索起关涉人生的问题和意义，"有人从大族中把家从中落到破产么？有人在小孩子时正当着这个顶坏的命运么？从这个来的，他都能体会到那种情形。我的家，在我出世那一年，是还正给爹爹大抖特抖，让一个姓庞的抚台到家为我取名的，谁知这个名字却在他十四年后给人作副兵喊叫用！在口北的爹爹，也许还正在儿子身上做着那好梦，谁知儿子却应在十五岁以前来把时间消磨在供人使唤的工作中？"如果是一般穷苦人家出身的子弟，是断然不会作此感想的，反倒会以给团长当护兵为无上的光荣。

在部队经过芦溪县城时，沈从文在一家绒线铺看到一个女孩，她给他留下了深刻的印象，成为后来小说《边城》中翠翠的原型之一，翠翠那明慧温柔的品性就是从那个绒线铺小女孩的印象而来。8月26日，部队到达辰州后，沈从文被编入湘西联合政府所属的靖国联军第二军游击第一支队，两天后随队驻扎在总爷巷的一个旧衙门里。由于此前沈从文在凤凰预备兵技术班接受过严格的军事训练，没过多久便当了班长。沈从文归属于支队司令的卫队，除了司令官出门拜客需要选派二三十个护卫外，并没有其他任务，因此沈从文有大把时间到街上闲逛。有一次司令官到某处祝寿，沈从文作为卫队成员跟随前往，还得到了五毛钱的奖赏。

9月份，沈从文随队到芷江榆树湾清乡，准备出发前两天领到了一块大洋，他买了三双草鞋、一条面巾和一把名叫"黄鳝尾"

的小尖刀。沈从文对于这把刀子非常满意，还仿照连长的做法将刀插到裹腿里，又得意洋洋地到城门边吃了一碗汤圆。部队开拔后，过了十天左右才到达榆树湾。途中每到一个寨堡都能享受到有钱的地主蒸鹅、肥腊肉的款待，但在山中小路行军时，又不时遭受当地人的冷枪袭击，两天内就被打死了三个，到达榆树湾后部队以"清乡"名义杀了那个地方将近两千人。所谓土匪通常也不必部队亲自去捉，照例由各乡区团总押送过来。捉来的人如果愿意缴纳清乡子弹若干排或者大枪一支，还可以取保释放，无力缴纳捐款或者仇家方面已经花了些钱运作的，就随便罗列个罪名杀掉了事。

4个月后，榆树湾剿杀得差不多了，部队又移防到怀化镇。由于沈从文上过小学，字又写得好，恰好修械处填造枪械表正需用人，他便被任命为上士司书，从而有机会经常接触部队里的高级将校。

在这个地方沈从文待了约一年零4个月，怀化镇不过是只有600户左右的一个小镇，但他在此亲眼看过大约七百人被杀，也看到过十二三岁的小孩子挑着父亲或叔伯的人头，被士兵押解到总部去。这一分经验在他心里有了一个分量，看到这许多所谓人类做出的蠢事后，他永远不能同城里人的爱憎感觉一致了。

部队杀人那天，如果正赶上场期，照规矩刽子手提了那血淋淋的大刀，身后跟着两个抬着竹箩的伙夫，每到卖猪肉牛肉的屠桌前便割下两三斤肉。到驻地后，将这一箩筐猪肉牛肉各处平分，大家便把肉放到炉子上炖，配着烧酒痛快地喝起来。

沈从文很会做狗肉，每当部队里的高级将校想吃狗肉时他便自告奋勇，拿了钱立刻上街买来狗肉，再到修械处的打铁炉上把一腿狗毛烧掉，之后和一个小副兵一起到溪水边刮尽皮上的焦处，砍成小块后用钵头装好，再上街购买各种佐料，弄好之后放在修械处的打铁炉上炖得稀烂。沈从文自己说这样忙碌半天，为的是看到这些将校们各人的脸嘴都为这一钵肥狗肉改了样子，喜欢听他们的夸赞。正因为欢喜做东请客，所以他名义上是司书，但实际上每五天一场总得做一回厨子。实际上他之所以如此尽心尽力地伺候军中的高级将校，并非单纯为了让他们称赞自己做狗肉的手艺，而是为了不辜负家族尤其是母亲对他的殷切期望，渴望得到高级将校的赏识而能有机会获得提拔。母亲在他当兵临出发时就曾再三叮嘱，希望他在部队里好好做人，不用想着积攒钱财接济家里，只期望他三五年后能混出个模样。此时的沈从文已不再是当年懵懂无知的顽童，他在经历家族衰落所带来的痛楚后，真切地认识到要"好好的做人"，"我找钱，我找名誉"，不仅肩负着中兴家族的使命，同时也承受着亲人对他出人头地的期望。

在从军入伍后，沈从文得到过少尉军衔的堂兄沈万林的悉心照顾，这位堂兄闲暇时还教他练字。当时下级见到上级要毕恭毕敬地行军礼，沈从文对堂兄的黄色军服十分羡慕，觉得穿上这身军服虽然仍然要对上级行礼，却还可以接受下级的敬礼，两下里就扯平了。不料堂兄却对他说："一个弁目，没有读过书的人也能做，不值得你眼红。你应该做副官长和更像样一点的。发狠一点练字，将来会成名家的，不单是可以卖钱……"沈从文果然开始发奋练字，这为他在军中谋取发展提供了一定的助力，正是因为字写得好才被提拔为上士司书的。书记官却因为沈从文小学毕业很有些瞧不起他，沈万林又劝告他："弟弟，受点委屈要学会忍耐！""要自己努力！"一年以后，沈万林在奉命往另一驻地带饷银的途中，遭遇意外被砍死了，沈从文闻讯后痛苦不已，哭喊着要高级将校为堂兄报仇。

高级将校里有好几个都很有学识，有一天军法官萧选青问起他的名字，沈从文告诉他自己名叫沈岳焕，萧选青说："《论语》云'焕乎其有文章'，你就表字崇文吧！"后来沈从文把"崇文"改为"从文"作为自己的名字，这也正是"沈从文"这一名字的由来。萧选青还在空闲时指点沈从文学写旧体诗，同时为了胜任司书一职他也经常练字。

沈从文在怀化镇期间还结识了一位文秘书，当时部队里上下照例都习惯说些野话，沈从文自然也不例外。文秘书却是温文尔雅，对任何人都客客气气，当大家说野话时他只微微笑着。等到熟识之后，秘书处的几个同事在一起时，文秘书见沈从文说话时常常自称"老子"，不由得摇着头对他说："啊呀呀，小师爷，你人还那么一点点大，一说话也老子长老子短！"沈从文说："老子不管，这是老子的自由。"话虽如此，沈从文看着文秘书生气的样子却有点害羞起来，便解释说："这是说来玩的，不损害谁。"文秘书说："莫玩这个，你聪明，你应当学好的，世界上有多少好事情可学！"沈从文并不服气，头偏着说："那你为老子说说，老子再看看什么样好就学什么吧。"

类似的谈话还有许多，两人从对方那里也在交换一种知识。沈从文为他学狼嚎和老虎吼，并且告诉他野猪脚迹同山羊脚迹的区别；文秘书则给他模仿火车和轮船叫的声音，以及描述电灯电话的样子。沈从文告诉他一个被杀的头是如何沉重，开膛取胆时应该如何先把刀在腹部斜勒，再如何从背后踢那么一脚；文秘书则告诉他美国兵英国兵穿什么样的衣服，什么是鱼雷艇和氢气球。沈从文觉得文秘书讲的东西真真古怪，此前闻所未闻、见所未见，而文秘书也对沈从文所讲的事情感到十分新奇，两人逐渐成为无话不谈的好朋友。

有几日天气接连不大好，出了太阳后文秘书赶忙将行李箱打开清理晾晒，沈从文看到里面有两本厚厚的书，着实吓了一跳。文秘书见他看着书发呆，就对他说："小师爷，这是宝贝，天下什么都写在上面，你想知道的各样问题，全部写得有条有理"。沈从文听文秘书如此一说，更添了一份敬畏，用手触摸书面时看到书脊上有两个金字"辞源"。文秘书见沈从文随手乱翻乱看，怕他弄脏了书，便让他下楼洗手后再看。沈从文果真去洗了手，之后又乱翻了许久。文秘书看着沈从文爱不释手的样子，便问他是否看过报。沈从文答道："老子从不看报，老子不想看什么报。"文秘书也不答话，却从《辞源》上翻出"老子"一条来，沈从文看过后才知道"老子"竟然是历史上真有过的人物，还是太上老君在人间的化身，从此再也不自称"老子"了。虽然沈从文和文秘书已经成了朋友，但也不能经常翻看《辞源》，文秘书常常把它当作宝贝一样放在箱子里，以至于求知欲极其旺盛的沈从文经常梦见自己偷翻这本宝书。沈从文还同文秘书以及另一个老书记约好，三人各自出四毛钱订了一份《申报》，沈从文从中认识了许多生字。

当时湘西的地方杂牌部队名义上为"清乡"，实际上是前去就食，由于他所在的靖国联军第二军当时实力比较雄厚，所以能够得到芷江这片油水相对丰厚的地方。然而好景不长，在靖国联军第一军军长由田应诏换成陈渠珍后第一军实力大增，第一、二军的势力有了消长变化，1920年1月，第二军不得不让出芷江退回辰州。

1920年7月，靖国联军第二军又以援川的名义准备到川东清乡，由于沈从文年龄太小而被留在后方留守部。沈从文每天只需誊写一份报告，月底再造一份留守处领饷清册呈报，其余时间都可以自由支配，闲逛之余有时也发奋练字。沈从文在留守的这段日子里，开始喜欢上了河滩，每天总要去河滩散步，散淡悠闲中也夹杂着些许忧愁：

尤其欢喜那些从辰溪一带载运货物下来的高腹昂头"广舶子"，一来总斜斜的孤独的搁在河滩黄泥里，小水手从那上面搬取南瓜，茄子，成束的生麻，黑色放光的圆瓮。那船在暗褐色的尾梢上，常常晾得有朱红袴褂，背景是黄色或浅碧色一派清波，一切皆那么和谐，那么愁人。

美丽总是愁人的。我或者很快乐，却用的是发愁字样。但事实上每每见到这种光景。我总默默的注视许久。我要人同我说一句话，我要一个最熟的人，来同我讨论这些光景。可是这一次来到这地方，部队既完全开拔了，事情也无可作的，玩时也不能如前一次那么高兴了。虽仍然常常到城门边去吃汤圆，同那老人谈谈，看看街，可是能在一堆玩，一处过日子，一阵子说话的，已无一个人。

12月底却传来坏消息，开往川东的部队在鄂西遭到当地神兵袭击全军覆灭，营长、团长、旅长、军法长、秘书长和参谋长等全部被杀，一时间沈从文在第二军的熟人尽数被杀光。五天后，他也随着辰州留守处解散而被遣散回家。后来，沈从文在回忆起这段第一次从军经历时，只总结出"一事无成"四个字。

1921年2月左右，沈从文在家里实在蹲不住，又无法到军队中去，便开始另谋去处，决定到芷江去投奔五舅黄巨川。不久，五舅当了警察所长，沈从文就到警察所做办事员，每天抄写违警处罚的条子。警察所隔壁就是监狱，每夜都能听到犯人受到狱中老犯拷掠的呼喊声。警察所也常常会捉拿一些偷鸡摸狗的小窃贼，一时还没有发落的也寄存到监狱里。每天黄昏，沈从文便要同一个巡官一起，拿着一本点名册点寄押犯人的名。

不久警察所又接管了当地的屠宰税，沈从文便在办事员外兼任收税员，每月薪水只有十二千文，但他做一切事情尽职尽责且乐此不疲。出于工作需要，沈从文每天都得跑遍全城，还得经过一座长约一里的长桥到河对面去看看。时间一长，各个店铺的人都认识他，他也都认识他们，见识了许多事情，这倒是为他日后从事写作积累了许多素材。

在芷江城里,沈从文还有个七姨夫熊捷三,是熊希龄的弟弟,曾当过国民政府第一届国会议员。他在本地是有钱有势的头面人物,辞职后替熊希龄照管位于芷江城内青云街的熊公馆,闲暇时经常和沈从文的五舅一起吟诗唱和,并让沈从文抄写。为了让自己抄写的诗能受到称赞,沈从文开始认真临摹小楷,书法水平得以提高,七姨夫对于他的能力也十分赞赏。空闲时间,他翻阅了熊家收藏的两大箱商务印书馆印行的《说部丛书》,其中单是狄更斯的《冰雪因缘》《滑稽外史》《贼史》这三部书就耗去了他两个月的时间。

这时节沈从文的母亲已把凤凰的祖屋卖掉,除去偿债还剩下几千块钱,老屋售出后又不大好意思在本城租房居住,因为沈从文在芷江事情做得很好,亲戚又多,于是便带着女儿坐轿子到芷江与沈从文一同住下。芷江本地人并不知道沈家已破产,只知道他们家是旧家大户,并且还有几千块钱存放在钱铺里,熊捷三夫人是沈从文母亲的亲妹妹,沈从文本人又明事理有作为,因此大家都对他们十分友好。有好几个绅士都愿意把女儿许配给沈家,熊家也有意亲上加亲把女儿嫁给他。沈从文的母亲以为一家人的转机就快到了,沈从文自己也说过:

假若命运不给我一些折磨,允许我那么把岁月送走,我想象这时节我应当在那地方做了一个小绅士,我的太太一定是个略有财产商人的女儿,我一定做了两任知事,还一定做了四个以上孩子的父亲。照情形看来，我的生活是应当在那么一个公式里发展的。这点打算不是现在的想象，当时那亲戚就说到了。因为照他意思看来，我最好便是作他的女婿，所以别的人请他向我母亲询询对于我的婚事意见时，他总说得慢一点。

然而，就在这时五舅因患肺病去世了，本地捐税也由警察所改归团防局收取，由于沈从文在职务上得到了"不疏忽"的评语，仍然在团防局当收税员，薪水也增加到十六千文。在团防局里，沈从文很快结识了十来个本地绅士，跟着这些乡绅学会了刻图章、写草字，做点半通不通的五律七律旧体诗。同时他还认识了一个白脸长身的小孩子马泽淮，并因此彻底打乱了生活的平静。

马泽淮邀请沈从文到家里去看姐姐马泽蕙，沈从文一见钟情，并且相信了马泽淮的话以为这个白脸女孩子也正爱着他。当地那些看中了沈从文，且常常同他一起作诗的乡绅们隐约知道这件事后，都向熊捷三示意想得到这样一个女婿。七姨夫于是把沈从文叫去，当着他母亲的面把包括自己女儿在内的四个女孩子提出来，说看谁好就定谁。沈从文当时也明白这四个女孩子都生得很体面，比马泽蕙强得多，全是他平时不敢奢望得到的。然而沈从文已沉浸于幻想中的初恋甜蜜中，因此对七姨夫说："那不成，我不作你的女婿，也不作店老板的女婿。我有计划，得自己照我自己的计划作去。"其实他根本就没有什么计划，但母亲也没有强求，只是微笑，七姨夫见此也说："好，那我们看，一切有命，莫勉强。"

4月中旬，芷江起了战事，800个土匪将小城团团围住，在城外到处放火，不到三个小时就烧去了700栋房屋。芷江被围困四天后，外县援军赶到才解了围。虽然城外战火纷飞，但是沈从文无暇顾及战事，完全沉浸于马泽淮设计的爱情陷阱中难以自拔，无日无夜地仿照《疑雨集》给马泽蕙写旧体情诗。

直到8月底，沈从文才发现母亲交给他保管的卖房余款，被马泽淮在替他传递情诗的过程中，以借钱的名义骗走了约一千块钱，在骗钱得手后再也不来为他传递情诗了。由于马泽淮今天把钱借去，明天立即归还，后天再借去，如此反复，以至于直到十余年后，沈从文也搞不明白这笔钱怎么会无着落了。沈从文明白自己这个乡下人吃了亏，又想不出处置的办法，无颜面对母亲和亲戚的他干脆一走了之。母亲为了这件事哭了很久，倒也不是完全因为心疼这笔钱，更主要的是担心二儿子这种乡下人的秉性，无论到什么地方总免不了吃亏。

沈从文想走得越远越好，原本预备到北京去，但一到常德巧遇表兄黄玉书，黄玉书将他留了下来。黄玉书刚从常德师范毕业，学的是音乐美术，曾跟随父亲也即沈从文的大舅到北京、天津等大地方见过世面，但找工作无果，不得不回到常德等待机会。两人一起在一个小客栈里住了大约四个月，沈从文每天无所事事，经常到河街闲逛。沈从文还写了充满忏悔与自责的信给母亲，乞求母亲原谅，母亲在回信中宽慰他说："已经作过了的错事，没有不可原恕的道理。你自己好好的做事，我们就放心了。"接到母亲的信后，沈从文悄悄一个人来到城墙上哭，因为他能想象到母亲和姐姐在写信时，两人的泪水一定是挂在脸上的。

同时他也听到了关于马泽蕙的消息，在她坐船下行到外地读书时，被土匪抢入山中做了压寨夫人，为此他在租住的小客店墙壁上写下了两句诗："佳人已属沙吒利，义士今无古押衙。"这两句诗出自宋朝诗人王诜，沙吒利是唐传奇《柳氏传》中一个番将的名字，唐肃宗时韩翊在外做官，家中美姬柳氏被番将沙吒利所劫，备受宠爱，后用来泛指夺人妻妾的权贵。由此看来，沈从文虽然遭受马泽淮欺骗而蒙受巨额财产损失，但对于马泽蕙依然无法忘情，潜意识中将她当成了自己的妻子。过了不久，马泽蕙又被从土匪手中赎出，随即与一个黔军团长结婚，但很快团长又被枪毙，马泽蕙便到芷江本地的天主教堂当了洋尼姑。沈从文听到这些消息后的反应是"我当然书也不读，字也不写，诗也无心再作了"，可见沈从文确实对马泽蕙用情很深，非但没有因为马泽蕙的一系列遭遇感到复仇的快感，反倒心生悲切。直到1922年，他第二次从军时，仍未能从失恋的郁闷中走出，以至于再也不觉得女人有什么意思，直到九年后在吴淞中国公学任教期间，张兆和的出现才让他再度鼓起爱的勇气。从马泽蕙先被土匪劫去后做了压寨夫人，团长又重金赎回作为妻子等事实来看，她也的确是容貌非凡的佳人。只可惜，因着这一系列变故，让一段才子佳人的好姻缘彻底化为泡影。后来沈从文还将马泽蕙作为翠翠的原型之一，写进了小说《边城》中，而傩送身上也有着他本人的影子。傩送拒绝有权势的王团总的提亲，在权势和爱情之间毅然选择了后者，这与沈从文拒绝包括当地最有势力的七姨夫熊捷三在内的众多提亲者如出一辙。由此来看，沈从文于1933年新婚蜜月中创作的《边城》之所以是以悲剧结束的，其中也包含着对于这段初恋经历的缅怀之情。

1922年1月，沈从文和表哥拖欠小旅馆的房租饭钱越积越多，正准备找出路离开常德时，表哥喜欢上了同样来自凤凰的姑娘杨光蕙，此时她正在常德女子学校担任美术教师。坠入爱河的黄玉书经常让沈从文代他给杨姑娘写情书，"每每回到客栈时，表哥便向我连作了十来个揖，要我代笔写封信，他却从从容容躺在床上哼各种曲子，或闭目养神，温习他先前一时的印象。信写好念给他听听，随后必把大拇指翘起来摇着，表示感谢和赞许。'老弟，妙，妙！措辞得体，合式，有分寸，不卑不亢。真可以上报！'"黄玉书和杨光蕙情投意合，又加上沈从文情书的助攻，爱情进展十分顺利。1923年当沈从文远赴北京追寻理想时，两人在常德结婚。1924年当沈从文的作品开始发表时，他们的长子黄永玉也在常德出生。

后来，恰好有一只押运军服的帆船经过此地，而押运人是沈从文哥哥的一个老朋友曾琴轩，于是沈从文便借此机会离开常德到达保靖。曾琴轩就是后来沈从文《湘行散记》中提及的戴水獭帽子的那个旅店老板，他虽然读书不多，但是办事能力很强，不乏军人的勇敢和爽直，又风流潇洒，在不到25岁时便已赏玩了40名左右的年轻黄花女。曾琴轩对此却从不显出一分自负的神气，而是将之归于命运，是由机缘凑巧促成的。沈从文从他口中听到的每个女子似乎都有一种不同的个性，而且他只用几句最得体最风趣的言语便能描出，这为沈从文后来在小说中准确勾画此类原不为人所齿的年轻女子的轮廓提供了借鉴。同时，沈从文作品中丰富的俗语和双关比喻的运用，也有很多是从曾琴轩这里学来的。

2月13日左右，沈从文到达保靖，住在陈渠珍军中做书记的另一个表弟那里，整天无事可做，一到饭点便赶忙跑到各位老同事老同学那里去蹭饭吃，照本地话说是"打流"。沈从文虽然在军中的熟人很多，但他们的地位都很卑下，无法帮他找工作，就这样混了近半年。沈从文有时也帮书记处写点不重要的训令和告示。一天沈从文正在写一件信札时，被一个姓熊的高级参谋看到，问他是什么名义，问清楚后把他的名单开了上去，从此就做了四块钱一月的司书。由于字写得好而被人赏识，反过来促使沈从文更加勤于练字。他把薪水一点点聚集起来，谨慎地藏在袜筒或鞋底里，积攒了四个多月后终于买了17块钱的字帖。

文书主任称赞沈从文字写得好，这公文他不写谁也就写不了。沈从文在受到夸赞后兴致更高，当别人都已经熄灯上床睡觉后，他还常常在一盏煤油灯下细心地用《曹娥碑》字体誊录一角公文或者一份报告。不久，因为沈从文字写得比较好，又能改正文件上的文字和款式上的错漏处，因此被调到参谋处工作，月薪也涨到了六块钱一月。

1922年6月，陈渠珍接受川军司令汤子模之请到川东填防，沈从文为了让上司认识到自己的长处，同时也为了能有机会去看看巫峡，答应作为文件收发员随行。沈从文随部队行走了六天后，方才到达司令部驻地龙潭，途中曾在茶峒住过两天，"开拨日微雨，约四里始过渡，闻杜鹃极悲哀"，这给他留下了深刻印象，以至于后来写《边城》时将故事发生地也安排在此。

沈从文的职务工作并不繁重，由于是文件收发员，名义上需要自办伙食，但实际上所有费用都由副官处报账，他可以每月净得九块钱。这在当时也不是一个小数目，他就经常邀请司令官的几个差弁、几个副官和一个传令兵等一起到街上面馆吃面，却从未想过给自己添件衣服。此时沈从文只有两件旧汗衣，有一天因为天气很好，他便将身上穿的那件汗衣用水洗了，不承想突降暴雨，另一件早已被朋友穿去了，他又不能赤膊从司令官房边走过，结果只能老老实实地饿了一顿。

司令的所有差弁沈从文都认识，做过山大王的差弁头目刘云亭还曾经和他紧挨着床而居。刘云亭是个奇人，亲手毙过两百个左右的敌人，娶过17位压寨夫人。一年前大冬天在辰州河边，有人说："谁现在敢下水，谁不要命！"刘云亭听后一言不发，直接脱光了衣服，扑通一声跳入冰冷的河水中，在宽约一里的河面游了将近一小时才上岸，之后走到那人身边说："一个男子的命就为这点水要去吗？"他之所以放着山大王不当，而甘愿给司令当弁目，是因为司令救过他的命，为了报恩便如同奴仆一样忠实。沈从文知道他本来是个良民，后来被外来军人当作土匪差点胡乱枪决，逃脱后真去当了土匪，有过烧房子、杀人、强奸妇女等种种犯罪记录。后来，刘云亭因为夜间到牢房里奸淫过一个漂亮的女匪首，又预备拐走一个洗衣妇做姨太太，并且还想回家拖队伍重新当山大王，被司令下令枪决。沈从文则为了躲避喜好男色的参谋长的侵害，请求调回保靖军部，得到批准后返回。

由于沈从文的缮写能力出众受到赏识,被留在陈渠珍身边做了书记,有什么会议需要记录,而机要秘书有事不在场时也由他临时充任。虽然薪饷仍旧是每月九块钱,但这段生活经历对于沈从文却是一个转机,让他得以对湘西这一阶段各方面的情况,都有了一个从容认识和接近的机会。

陈渠珍在房内放了四五个大楠木橱柜,里面收藏有约百来轴自宋以来的旧画,几十件铜器和古瓷,还有一大批碑帖和十来箱书籍。这些书籍的存放秩序,以及书籍外边必须做的识别,都由沈从文来安排。每遇到取书或者抄录书中某一段时,陈渠珍必命令沈从文替他做好。沈从文在登记旧画和古董时,为了弄明白这一幅画的人名时代同当时的地位,或者器物名称同它的用处,经常需要翻阅《西清古鉴》《薛氏彝器钟鼎款识》这一类书,努力从文字和形体上认识房中铜器的名称和价值,"全由于应用,我同时就学会了许多知识。又由于习染,我成天翻来翻去,把那些旧书大部分也慢慢的看懂了",这无形中为他日后从事古文物研究奠定了基础。

由于军中经常有急电或者别的公文,半夜时分也会送来,回文如需即刻抄写时沈从文就得随时起床做事,因此仿佛把他关闭进这座位于山上高处独栋新房子的军部会议室里,不便自由离开。空闲时间只得沉浸于书本中来获得消遣,再加上陈渠珍精神和人格的熏染,诸如"天未亮时起身,半夜里还不睡觉。凡事任什么他明白,任什么他懂","什么是好的他就去学习,去理解",沈从文也慢慢起了变化:

到了这时我性格也似乎稍变了些,我表面生活的变更,还不如内部精神生活变动的剧烈,但在行为方面我已经同一些老同事稍稍疏远了。有时我到屋后高山去玩玩,有时又走近那可爱的河水玩玩,总拿了一本线装书。我所读的一些旧书,差不多就完全是这段时间中奠基的。我常常躺在一片草场上看书,看厌倦时,便把视线从书本中移开,看白云在空中移动,看河水中缓缓流去的菜叶。既多读了些书,把感情弄柔和了许多,接近自然时感觉也稍稍不同了。加之人又长大了一点,也间或有些不安于现实的打算,为一些过去了的或未来的东西所苦恼,因此生活虽在一种极有希望的情况中过着日子,但是我却觉得异常寂寞。

正在沈从文急需有人对他进行启发和疏解,而熟人中又没有这种人时,他的姨夫聂仁德恰好受陈渠珍之邀住在对河一个庙里。聂仁德与熊希龄是同科进士,又是陈渠珍的老师,学识很是渊博。沈从文经常过河去听他讲宋元哲学、大乘、因明和进化论等新旧知识。每次总是谈很久,谈一切他不知道却愿意知道的事情,这么一来他的幻想反而更宽,寂寞也更大了,"我总仿佛不知道应怎么办就更适当一点。我总觉得有一个目的,一件事业,让我去做,这事情是合于我的个性,且合于我的生活的,但我不明白这是什么事业,又不知用什么方法即可得来。"

昔日的老朋友们却并不理解沈从文,都觉得他变得古怪了点,同他玩时也玩得不大起劲了。觉得沈从文并不古怪,依旧保持很好友谊的只有满振先、陆弢、田杰和郑子参四人,这是因为他们都以为目前的一份生活不是自己想要的,想去冒点险做一件事,"不管到头来如何不幸,我们总不埋怨这命运"。其实也不唯沈从文如此,正所谓"高处不胜寒",一切成功原本就包含着一分孤寂的因素,承受孤独寂寞是走向成功所必然要偿付的代价。

1923年3月左右,励精图治的陈渠珍创办了一个报馆,沈从文被调过去兼做校对,为时三个月。在报馆工作期间,他与一个来自长沙的印刷工头赵奎五住在同一间房子里。因为长沙是省城得风气之先,较早受到五四运动的影响,沈从文从赵奎五那里读到了《新潮》《改造》《创造周报》等宣传新思想的书刊,这让长期生活在闭塞边地的他深受刺激,"为时不久,我便被这些大小书本征服了。我对于新书投了降。"同时,沈从文记下了许多新人物的名字,觉得好像这些人同他都非常熟悉,这时的他"总觉得稀奇。他们为什么知道事情那么多。一动起手来就写了那么多,并且写得那么好。可是我完全想不到我原来知道比他们更多,过一些日子我并且会比他们写得更好"。

沈从文经常看到报纸上刊载有卖报童读书、补锅匠捐款兴学等新闻报道,他觉得虽然自己读书毫无机会,但捐款兴学却能够做到。于是有一次,沈从文将10天的薪饷全部买了邮票塞进信封里,寄往上海《民国日报·觉悟》编辑处,请求转交给"工读团",他明知"这捐款自然不会有什么着落,但作过这件事情后,心中却有说不出的秘密愉快"。

1923年6月左右,军部文件缮写缺人,又将沈从文调回,仍旧做书记。不久，沈从文得了一场热病，持续四十天才逐渐好转，期间多亏陆弢等四位好友悉心照顾。然而意想不到的是，沈从文的病刚刚好转时，平时结实得同一只猛虎一样的陆弢却在下河游泳时意外淹死，直到第四天人们才将死尸从水面拖起。沈从文由此感受到命运的无常，心里也起了疑问："我病死或淹死或到外边去饿死，有什么不同？若前些日子病死了，连许多没有看过的东西都不能见到，许多不曾到过的地方也无从走去，真无意思。我知道见到的实在太少，应知道应见到的可太多，怎么办？"

沈从文在痴想了整整四天后，得出一个结论："好坏我总有一天得死去，多见几个新鲜日头，多过几个新鲜的桥，在一些危险中使尽最后一点气力，咽下最后一口气，比较在这儿病死或无意中为流弹打死，似乎应当有意思些。"他最终决定到北京去读书，"尽管向更远处走去，向一个生疏世界走去，把自己生命押上去，赌一注看看，看看我自己来支配一下自己，比让命运来处置得更合理一点儿呢还是更糟糕一点儿？若好，一切有办法，一切今天不能解决的明天可望解决，那我赢了；若不好，向一个陌生地方跑去，我终于有一时节肚子瘪瘪的倒在人家空房下阴沟边，那我输了。"

弃武改从文

沈从文的父亲已于1919年由大哥从赤峰接回湘西,此时在军队中做上校军医正。母亲和九妹沈岳萌与父亲一同住在辰州,弟弟沈岳荃与他在同一个部队里,他本人又颇受陈渠珍器重,完全可以自此过上安稳的生活,然而此时他已经不满足于此。沈从文继承着一心想当将军的父亲不甘平凡而渴望冒险的基因,"最烦厌的就是每天睡在同样一张床上,这分平凡处真不容易忍受。到现在,我不能不躺在同一床上睡觉了,但做梦却常常睡到各种新奇地方去。"与沈从文一样不满足现状的四位好友除陆弢溺亡外,其他三人均留在军队中各奔前程,后来满振先做了小军官,在广西、江西各处打仗,1929年在桃源县被捷克式自动步枪打死;郑子参从黄埔四期毕业,参加东江作战时失踪;田杰从军官学校毕业后当了连长。唯独沈从文开始了弃武从文的人生旅程,并最终历经辛苦成为文坛上耀眼的新星,与陈渠珍、熊希龄并称为"凤凰三杰"。

话说回来，沈从文虽然有过数年的从军生涯，但从身体素质乃至个性禀赋上都更像是个文人，他眼睛时常含着微笑，说起话来轻软柔和，而与中气十足的赳赳武夫迥然有别。况且直到21岁还只是个上士书记，照此下去也实在没有什么出路，沈从文对此自然也是了然于心，因此他想换条新路径试试，"进一个学校，去学些我不明白的问题，得向些新地方，去看些听些使我耳目一新的世界"。

1923年7月下旬，沈从文向陈渠珍提出自己想去北京读书，陈渠珍特批给他三个月的薪水，并在临走时告诉他："你到那儿去看看，能进什么学校，一年两年可以毕业，这里给你寄钱来，情形不合，你想回来，这里仍然有你吃饭的地方。"沈从文拿着陈渠珍的手谕，从军需处那里领取了27块钱。从保靖出发路过沅陵时，沈从文看望了父亲及家人，又从家里拿了20块钱。沈从文第一次从父亲口中听到祖母是苗族人，这也是父子俩最后一次见面，20年来父子俩也仅在一起待过两天。他在自传中回忆童年时，曾谈起过父亲对他个性禀赋的影响："感谢我那爸爸给了我一分勇气，人虽小，到什么地方去我总不吓怕。"单从成年后沈从文为了实现理想敢于抛却相对安稳的生活，只身冒险到外地闯荡这一点来看，也的确与父亲十分相似。这样的勇气并不是人人都有的，1946年26岁的汪曾祺到上海找工作，空有满腹才华却四处碰壁，一度想要自杀，给远在北京的老师沈从文写了一封诀别信。沈从文在回信中大骂汪曾祺，"为了一时的困难，就这样哭哭啼啼的，甚至想到要自杀，真是没出息！你手中有一支笔，怕什么!"在信中还讲述了当年小学毕业的他初来北京时的遭遇,连标点符号也不会用,就梦想着用一支笔闯天下。汪曾祺读信后有如醍醐灌顶,读着读着竟然一个人偷偷乐了,迅即断了自杀的念头。

8月下旬,沈从文与朋友满叔远结伴从湖南经汉口、郑州、徐州、天津到北京,历时19天后才到达北京前门车站,从此"便开始进到一个使我永远无从毕业的学校,来学那课永远学不尽的人生了"。到达北京后,沈从文先在北京西河沿一家小旅店住下,在旅客簿上写下"沈从文　年二十岁　学生　湖南凤凰县人"。之后沈从文去探望正在北京的大姐沈岳鑫和姐夫田真逸,不料他们正准备离开北京返回湘西,于是有了这样一段对话,姐夫问他:"你来北京,作什么的?"沈从文天真烂漫地回答:"我来寻找理想,读点书。""嘻,读书。你有什么理想,怎么读书?你可知道,北京城目下就有一万大学生,毕业后无事可做,愁眉苦脸不知何以为计。大学教授薪水十折一,只三十六块钱一月,还是打拱作揖联合罢教软硬并用争来的。大小书呆子不是读死书就是读书死。那有你在乡下作老总有出息!""可是我怎么作下去?六年中我眼看在脚边杀了上万无辜平民,除对被杀的和杀人的留下个愚蠢残忍印象,什么都学不到!做官的有不少聪明人,人越聪明也就越纵容愚蠢气质抬头,而自己俨然高高在上,以万物为刍狗。被杀的临死时的沉默,恰像是一种抗议:'你杀了我肉体,我就腐烂你灵魂。'灵魂是个看不见的东西,可是它存在,它将从另外许多方面能证明存在。这种腐烂是有传染性的,于是军官就相互传染下去，越来越堕落，越变越坏。你可想得到，一个机关三百职员有百五十支烟枪，是个什么光景？我实在呆不下了，才跑出来！……我想来读点书，半工半读，读好书救救国家。这个国家这么下去实在要不得！"姐夫听了沈从文的一番话后，终于弄明白他的来意，笑笑说："好，好，你来得好。人家带了弓箭药弩入山中猎取虎豹，你倒赤手空拳带了一脑子不切实际幻想入北京城作这分买卖。你这个古怪乡下人，胆气真好！凭你这点胆气，就有资格来北京城住下，学习一切经验一切了。可是我得告你，既为信仰而来，千万不要把信仰失去！因为除了它，你什么也没有！"

不久之后，姐姐和姐夫便离开了北京，临行前将两条棉被送给了他。虽然沈从文在信仰支撑下毅然留在了北京，但身边只有七块六毛钱。三天后，在北京农业大学读书的表弟黄村生帮忙下，他从西河沿的小旅店搬到了不需要付房租的酉西会馆。酉西会馆是由湘西人在北京开设的，原本是清朝时为湘西读书人进京赶考提供临时住所而兴建，在附近还置办了一些不动产，通过出租收益来修缮会馆房屋，此时姓金的管事也是沈从文的一个远房表亲，这位远亲正是冒死给沈父通风之人，蒙他照顾得以完全免除租金。安顿好住处后，怎么开始学习成为沈从文面临的首要问题。他之所以选择到北京读书有一个重要原因，那便是听信传言以为在这里可以半工半读求学。然而到了北京之后，沈从文才发现事实上并非如此，听说清华"未公开招考，一切全靠熟人"，报考北大等国立大学又因基础太差而名落孙山。报考中法大学倒因门槛极低被录取，却又交不起二十八元的膳宿费无法入学。

几经挫折后,沈从文渐渐断了考大学的念想,每天到距离住处较近的京师图书馆分馆看书自学,在这里浏览了许多新旧杂书。从酉西会馆往西走,不很远便是以出售古董闻名的琉璃厂,往东走到前门大街,可以看到许多出售明清旧服饰和器物的店铺。沈从文在图书馆学习之余也会到这些地方闲逛,很快学到了不少想学的东西,他戏言自己是在社会大学文物历史系预备班毕了业。这段时间的学习和闲逛,一方面为沈从文日后从事写作打下了基础,另一方面也为将来从事文物研究做了必要的准备。

沈从文在酉西会馆住了半年后,1924年春,表弟黄村生来看他,感到会馆外边的环境过于嘈杂,一个人在此又难免寂寞,时间长了对于学习和身心都会产生不良影响,因此又帮他搬到位于北京大学附近的公寓,这样既便于到北大旁听,同时也可以接近一些求学上进的同龄人。

正是在北大旁听这段时期,沈从文不仅开阔了眼界,而且思想也得以提升到一个新境界。沈从文旁听过许多北大教授的课,其中给他留下最深刻印象的是辜鸿铭。辜鸿铭堪称一代怪杰,中西混血的他"生在南洋,学在西洋,婚在东洋,仕在北洋,教在北大",求学期间获得13个博士学位,会九种语言,清廷又于1901年授予他文科进士。一天,在北大旁听的沈从文只见鼎鼎大名的辜鸿铭头戴一顶青缎子加珊瑚顶瓜皮小帽,身穿缃色小袖绸袍,腰系一根深蓝色腰带,背后竟然还拖了一根细小而焦黄的辫子,一时间满座学生哄堂大笑,沈从文也感到十分诧异。辜鸿铭非但不发囧,反倒从容不迫地说:"你们不用笑我这条小小尾巴,我留下这并不重要,剪下它极容易。至于你们精神上那根辫子,据我看,想去掉可很不容易!"辜鸿铭这番话给沈从文留下极深的印象,直到晚年到美国讲学时还多次谈及,他意识到灵魂的束缚较之身体的束缚更加难以摆脱。同时,沈从文还结识了刘梦苇、冯至、杨晦、黎锦明、陈炜谟、蹇先艾、陈翔鹤等在文坛崭露头角的青年才俊,又通过大姐夫田真逸的介绍认识了董秋斯,并又通过他结识了夏云、顾千里、张采真、刘廷蔚、司徒乔和焦菊隐等燕京大学的学生。通过大学旁听和朋辈交往,沈从文逐渐对新文学产生浓厚兴趣,更加坚定了理想信仰,正像他自己所说的那样,"刚到北京,我连标点符号都还不知道。我当时追求的理想,就是五四运动提出来的文学革命的理想。我深信这种文学理想对国家的贡献。"

然而,说来容易做起难,在沈从文刚离开湘西不久,陈渠珍在湘西的地位便开始动摇,自然无法继续提供经济资助,沈从文的生活陷入难以为继的困境,连最基本的温饱都难以维持,百般无奈下他开始无日无夜地学习写作,期冀文章被刊物发表获得稿酬。然而,由于沈从文连标点符号也不会用,自然写出的东西很难被编辑刊用,经常遭遇退稿。在北京零下十几度的严冬里,沈从文只有一身单衣和大姐、姐夫留给他的那两条棉被,自然也生不起火炉,只有苦熬苦撑着。在极度贫困窘迫中,沈从文经常到同乡或者朋友那里去蹭饭吃,实在没有地方可去,饿极了就扎紧裤腰带去看别人吃饭。有一次饿得实在撑不住了,沈从文跟随街上募兵委员手上摇摇晃晃的那面小小三角白布旗,与几个面黄肌瘦素不相识的同胞一起在天桥杂耍棚附近转了几转，心中浮起一阵悲愤和混乱。快要填报姓名发放饭费时，姐夫说过的话又在他耳边回响："既为信仰而来，千万不要把信仰失去！"沈从文挣扎着借故离开那个募兵委员，回转到"窄而霉小斋"。多亏当时北京依旧保留着科举时代的遗风，当年举子们进京会考住店是可以赊账的，因此沈从文租住的公寓并未因拖欠房租将他赶出。吃饭只要拖欠的数目不是太大，也可以记账。

此时沈从文正处于一生中所受经济磨难最为严重的阶段，一文不名的他在没有任何经济援助的情况下一天一天苦熬着。沈从文自然是不幸的，但他终究又是幸运的，每当濒临绝境时，总有贵人出手相助帮他化解危难，对此他自己也说大概是遇见了太多的好人。

1924年11月初，沈从文实在支撑不下去了，于是提笔给正在北京大学担任统计学讲师的郁达夫写了一封求助信，信中讲述了自己的悲苦现状。当时沈从文给许多名人写过求助信，但这些信基本上都如石沉大海悄无声息，因此他对这封写给郁达夫的信原本也没抱多大奢望。然而出乎意料的是，11月13日郁达夫推开了"窄而霉小斋"的房门。这天，北京的街头大雪纷飞，郁达夫推门进入没有火炉的冷冰冰小屋，只见沈从文正穿着夹衣、用棉被包裹着两条腿，坐在凉炕上用冻得红肿的手在写作。此时沈从文已经连续三天没有吃任何东西了。郁达夫见此情景，不由得眼圈发红，将自己的羊毛大围巾解下来，轻轻拍了拍上面附着的雪花，给沈从文围上。整个上午，基本上都是沈从文一个人在说，郁达夫则一直在耐心倾听。沈从文向他毫无保留地敞开心扉，讲述自己来北京的主要目的是为了取得一个国立大学的头衔，他以为只要有了国立大学毕业证就可以解决生计问题。此外，他还谈到了自己濒临绝境的现状，以及家庭情况，并说自己已经四五年没有见到母亲和妹妹了。到了中午，郁达夫请沈从文到西单牌楼附近的"四如春"饭馆吃饭，饿了三天的沈从文已全然顾不上斯文，只顾狼吞虎咽地大快朵颐。结账时，郁达夫拿出一张五元钞票，将找回的三元二毛几分钱都给了沈从文。其实，这时郁达夫自身也经济窘迫，正处于"袋里无钱，心头多恨"的时期，每月领到的30元薪水除却吃饭和吸烟外所剩无几。郁达夫下午还有课，与沈从文告别后匆匆坐车赶回学校，沈从文回到住处禁不住趴在桌上大哭起来。直到半个世纪后，当郁达夫的侄女郁风登门拜访时，沈从文还激动地谈起这件往事。

郁达夫晚上回到家后意犹未尽，经济拮据的他又无法从经济上直接帮助沈从文，于是写了一篇文章《给一个文学青年的公开状》，于11月16日在《晨报副刊》上刊发，在文中公开为沈从文鸣不平。不久，他又将沈从文介绍给《晨报副刊》的新任主编刘勉己和瞿世英，两人答应给沈从文提供发表作品的机会。12月7日，沈从文的处女作《北京的文明》终于在《晨报》第6版"北京"栏内刊发，12月13日又在其上发表了《北河沿》。12月22日，沈从文的散文《一封未曾付邮的信》在《晨报副刊》上刊发。沈从文之所以被《晨报副刊》接纳，除了得力于郁达夫推荐外，还有一个重要原因，那便是《晨报副刊》的原任编辑孙伏园，因鲁迅的诗歌《我的失恋》在排印时被代理总编辑刘勉己抽去，为表示抗议愤而辞职，这才在更换编辑后有了发表机会。后来有人告诉沈从文，孙伏园对他抱有成见，素无好感。有一次，孙伏园在编辑会上把一大摞沈从文寄来的未刊稿件连成一长段，摊开后说这是大作家沈某某的作品，说完后便扭作一团扔进了废纸篓。孙伏园辞职后，又去了《京报副刊》当编辑，原先《晨报副刊》的作者群也跟着他转到了《京报副刊》，"晨副为对抗京副起见，乃有创造社郁达夫、郭沫若以及几个小东小西的文章出现"，正因此郁达夫在《晨报副刊》编辑那里才有了一定的话语权，设若没有他的推荐，寂寂无名的沈从文的作品也很难被接纳。后来，郁达夫还介绍沈从文与徐志摩认识，沈从文得到徐志摩的赏识，徐志摩成为沈从文生命旅程中的另一个贵人，沈从文从此平步青云般进入文坛，短时期内便在文坛上崭露头角。

1924年和1925年间，沈从文可谓是否极泰来、时来运转，不断有贵人出手相助。1924年初，他在生活无着时一度想回转家乡，或者去北方军阀部队里当兵，或者去照相底版学校当学徒，最后因为已经读了一点书有了理想，另外已经厌恶了过去的那种生活，所以不想再回去了，这才最终坚持留了下来，度过了一生中最为困苦的阶段。如果没有郁达夫出手相助，沈从文很可能会因屡屡投稿不中灰心丧气而断了创作念想，自此之后因文学创作有了起色开始能谋生才坚定地继续从事写作。

1925年开始，沈从文的作品经常在《晨报副刊》上刊发，报社每月支付给他4到12元的稿酬，虽然数目不大，但足够他解决最基本的温饱问题。不过每当沈从文到《晨报》馆去取稿费时都要通过门房领他进去，无论有多少稿费，在走出大门时照例都要被那个门房拦住，从他手中取回两毛或三毛的好处费，这相当于每月有500字的稿费被他拿走了。有时沈从文穷得实在叮当响，袋子里一个零钱也没有，领取的稿费又是整钱，这时门房就会指点他到近处的铺子里换钱，给过好处费之后再放他走。

1925年3月9日，沈从文的散文《遥夜》（五）在《晨报副刊》上刊出，讲述了他乘坐公共汽车时的一段经历，在与有钱人对比中展现出自己的窘迫处境和痛苦孤独的内心感受。这篇散文刊发后，引起北京大学教授林宰平的注意，富有同情心的他读后深受感动，署名"唯刚"在5月3日《晨报副刊》上发表了回应文章《大学与学生》，文中误以为沈从文是在校大学生。沈从文于5月8日写了一篇《致唯刚先生》的文章，在5月12日《晨报副刊》上发表。不久之后，林宰平约沈从文到自己家里聊天。沈从文讲述了自己不同寻常的经历，以及在困境中依然想要坚守理想的信念，这让林宰平感动不已。林宰平不仅勉励沈从文继续坚持理想，而且还托好友梁启超帮他找到一份去香山慈幼院图书馆做办事员的工作，月薪20元。

香山慈幼院是由曾任中华民国国务总理的熊希龄创办的，而熊希龄正是沈从文七姨夫熊捷三的亲哥哥。对于这层沾亲带故的关系，沈从文也曾对郁达夫讲起过，郁达夫在《给一个文学青年的公开状》中就说过沈从文"慑于他的慈和的笑里的尖刀"，由此看来，沈从文当初应该也曾向熊希龄求助过，但熊希龄态度冷淡，不愿背上这个包袱。1925年8月，沈从文到香山慈幼院任图书管理员后，也曾与熊希龄有过一段较为密切的往来，熊希龄不止一次把他叫去一起议论国家大事，有时还谈到深夜。然而后来，由于沈从文写了有关香山慈幼院的小说《第二个狒狒》和《棉鞋》等，对香山慈幼院中的同事和上层人物多有讽刺，不仅得罪了香山慈幼院的教务长，而且也得罪了熊希龄，认为沈从文侮辱了自己的人格尊严，有损自己的声誉。在这种情势下，沈从文感受到咄咄逼人的敌意，终于在这年10月中旬左右不辞而别，下山后住到北大附近的公寓，但很快他又回到香山慈幼院。1925年11月，沈从文还受熊希龄派遣，到北京大学图书馆师从袁同礼学习图书编目等业务知识，1926年2月完成进修学习后返回香山慈幼院。1926年3月28日，被香山慈幼院正式聘为图书馆编辑，直到1926年8月底才彻底辞去这份工作，自此专心从事写作。

　　沈从文在香山慈幼院的住处，原本是建于清初的四大天王庙，当香山寺被改为饭店后，四大天王庙也被以破除迷信为由改成几间单身职工宿舍，沈从文是第一个搬进去的人。正在北大中文系求学的好友陈翔鹤，从沈从文来信中得知这一奇特住所后，还独自骑着一头毛驴到香山来一探究竟，成为到香山造访沈从文的第一个客人。

　　沈从文在香山慈幼院工作期间，不仅仍然在继续写作，而且还经常进城参加文学活动。北京大学的丁西林介绍他到《现代评论》兼做收入微薄的发报员，因此结识了该刊物的主编陈源和文艺编辑杨振声等人。

1925年9月，沈从文还到松树胡同7号拜访了徐志摩，这也是两人首次相见，此前沈从文因喜欢徐志摩的散文，曾致信给他，因此彼此早已知晓。结果两人一见如故。这天徐志摩刚起床不久，穿了件条子花纹的短睡衣，一边收拾床铺，一边和沈从文谈天，还为沈从文朗诵他在夜里写就的两首新诗。此后通过徐志摩介绍，沈从文又认识了闻一多、罗隆基、潘光旦和叶公超等人。

1925年10月1日，徐志摩接编《晨报副刊》，他在该日刊发的《我为什么来办我想怎么办》一文中，将沈从文和胡适、闻一多、陈源、郁达夫等人一同列为约稿作者，除了沈从文外其他人都是文坛中的知名人物，又大都有过留学经历。由此可见，徐志摩对沈从文的器重非同一般，自然沈从文在《晨报副刊》上获得了更多的发表机会。在徐志摩的鼎力支持下，1925年成为沈从文充分展露创作才华的一年，他在报刊上发表作品多达60余篇。

沈从文经徐志摩之手在《晨报副刊》发表的第一篇作品是《一天是这样度过的》（1925年10月21日第1293号），接着又有《扪虱》（1925年10月24日第1295号）《夜渔》（1925年10月26日第1296号）《卖糖复卖蔗》（1925年10月29日第1298号），也就是说在徐志摩刚刚接编《晨报副刊》的第一个月内即陆续发表4篇沈从文的作品，基本上是来稿不拒。第二个月又接连在《晨报副刊》上发表了《市集》《赌徒》《水车》《更夫阿韩》《关于〈市集〉的声明》《玫瑰与九妹》《扪虱》（第二篇以此为名的作品）《瑞龙》

《野店》等9篇之多，这与孙伏园做编辑时屡投不中还遭到奚落，自然有着天壤之别。其中关于《市集》还有过一点风波，该文作于1925年3月20日，在《晨报副刊》刊出前已有两家刊物先行发表，因此构成了事实上的一稿多发，这既关涉到版权问题，也有损作家本人和所投刊物的声誉。虽然在当时并没有学术不端惩戒一说，全凭作者自律，但这毕竟是不怎么光彩的事，其结果可大可小，严重的会导致刊物从此拒稿，用今天的话说落得人设崩塌而惨遭封杀的下场。沈从文也知道事态的严重性，因此在《关于〈市集〉的声明中》特地解释了造成此种状况的原因：

志摩先生：

看到报，事真坏，想法声明一下罢。近来正有一般小捣鬼遇事寻罅缝，说不定因此又要生出一番新的风浪。那一篇《市集》先送到《晨报》，用"休芸芸"名字，久不见登载，以为不见了，接着因《燕大周刊》上有个熟人拿去登过；后又为一个朋友不候我的许可转录到《民众文艺》上——此而又见，是三次了。小东西出现到三次，不是丑事总也成了可笑的事！

这似乎又全是我过失，因为前次你拿我那一册稿子问我时，我曾说统未登载过，忘了这篇。这篇文字既已曾登载过，为甚我又连同那另外四篇送到晨报社去？那还有个原由：因我那个时候正同此时一样，生活悬挂在半空中，伙计对于欠账逼得不放松，故写了三四篇东西并录下这一篇短东西做一个册子，送与勉己先生，记到附函曾有下面的话——"……若得到二十块钱开销一下公寓，这东西就卖了。《市集》一篇，曾登载过……"

至于我附这短篇上去的意思，原是想总把来换二十块钱，让晨报社印一个小册子。当时也曾声明过。到后一个大不得，而勉己先生尽我写信问他去退这一本稿子又不理：我以为必是早失落了，失落就失落了，我那来追问同编辑先生告状打官司的气力呢？所以不问。

不期望稿子还没有因包花生米而流传到人间。不但不失，且更得了新编辑的赏识，填到篇末还加了几句受来背膊发麻的按语，纵无好揽闲事的虫豸们来发见这足以使他自己为细心而自豪的事，但我自己看来，已够可笑了。且前者署"休芸芸"而今却变成"沈从文"，我也得声明一下：实在果能因此给了虫豸们一点钻蛀的空处，就让他永久是两个不同的人名罢。

从文上

于新窄而霉斋

沈从文这里所说的新编辑正是徐志摩，所加按语名为《志摩的欣赏》："这是多美丽，多生动的一幅乡村画。作者的笔真像是梦里的一支小艇，在波纹瘦鳒鳒的梦河里荡着，处处有着落，却又处处不留痕迹；这般作品不是写成的，是'想成'的。给这类的作者，批评是多余的因为他自己的想像就是最不放松的不出声的批评者；奖励也是多余的：因为春草的发青，云雀的放歌，都是用不着人们的奖励的。"

徐志摩对于《市集》一稿多发的情况并没有进行指责，而是轻松地予以化解，语带幽默地替沈从文遮掩过去："从文，不碍事，算是我们副刊转载的，也就罢了。有一位署名'小兵'的劝我下回没有相当稿子时，就不妨拿空白纸给读者们做别的用途，省得换上烂东西叫人家看了眼疼心烦。我想另一个办法是复载值得读者们再读三读乃至四读五读的作品，我想这也应得比乱登的办法强些。下回再要没有好稿子，我想我要开始印《红楼梦》了！好在版权是不成问题的。"

在徐志摩等人的大力扶植下，沈从文逐渐在文坛小有名气，但他依旧有着考大学拿文凭的情结。1926年9月20日，在张采真和杨振声等朋友的鼓动下，沈从文报考了燕京大学二年制国文专修班，这次考试是特别安排的，无需进行笔试，只以口试方式考核历史、哲学和文学，但沈从文在面对考官提问时一问三不知，最后只得了个零分，连预先缴纳的两块钱报名费也破例退给了他。沈从文对此深感受辱，1975年在致友人信中还提及此事，"我尽管廿岁就到了北京混日子，……先二年去考燕京大学国文专修班还不及格（连报名费也奉还，事实上还是借人的，贬辱我到这样子），我用一个不在乎对付下来"。自此之后，为了不自取其辱，沈从文再未报考过大学，开始一心从事文学创作，逐渐成长为知名作家。

机遇从来都是给有准备的人的，正所谓天道酬勤，设若沈从文个人没有上进心和不够勤奋，也是不可能获得命运垂青的。自古有云："祸兮福之所倚，福兮祸之所伏"，家庭败落对于有些人来说会导致个人沉沦而酿成悲剧，但对于另外一些人却成为激发个人潜力化不利为有利的成长动力。中国自古以来，无数以文章著称而青史留名的文人往往出身很苦，现代作家同样也是如此，譬如鲁迅、茅盾、老舍、沈从文、丁玲、夏衍等都是在童年或少年之际遭逢家庭变故而身陷苦难之中，也正因为生活境遇不佳才被迫走异路、逃异地，去寻求别样的人生，通过辛苦攀爬而有朝一日改变自己的命运。成年之后的沈从文与童年时期相比，简直判若两人，少不更事时的他整天嬉戏玩乐而不肯埋头苦读，成年之后走向社会却变得惜时如金，觉得浪费时间就是浪费生命，即便成名之后也没有丝毫懈怠。1938年9月28日上午，日军飞机首次袭击昆明进行大轰炸，自此之后便经常光顾，整个昆明都笼罩在"跑警报"的慌乱中，天不亮人们便肩挑背扛、携家带口地到郊外山沟躲避，直到傍晚才返回城里生火做饭。沈从文认为天天出城逃命就是在浪费生命，几乎每次都是同住一个大院的杨振声强拉着他出城，为此两人还经常争论。有一天警报解除得很早，中午时分沈从文得以和杨振声一家高高兴兴地饱餐一顿，却不料正在吃饭时沈从文突然将酒杯放下痛哭出声，杨家人不由得吃了一惊，细问之下才明白，沈从文之所以痛哭是因为感慨国家遭受侵略成了这个样子，人人疲于奔命、空耗生命，既不能读书，也不能工作。

也正是因为惜时如金、勤奋努力，沈从文成为中国现代文学史上最为高产的作家，在20余年（1924—1949）的创作生涯中创作完成了200余篇短篇小说，10余部中长篇小说，还有为数不少的散文、诗歌、戏剧和文学批评文章。早在1932年，他便以多产著称于世，时人对于登上文坛时间不久的沈从文何以能如此多产感到惊异，觉得其旺盛的创作力和丰富的想象力为常人所不能及，因此称呼他为"天才"作家。1973年，沈从文在复杨琪信中曾经谈起过为何自己会成为"多产作家"，从外部环境来讲，当年报刊为了吸引读者有了一个部分篇幅需要用小说来填满的新习惯产生，此后不久在上海兴起的"新书业"的维持和发展主要也是靠小说；从个人情况而言，沈从文"为解决基本生活，只能从产量上想办法，因此约在1928—1936年数年中，几乎南北重要刊物每月都必有我小说刊载，新书店第一集文学创作中，必有一本是我作的"。由于沈从文勤于创作，还"必需就各方面题材去练笔，深一层明白如何用不同格式文字去处理不同题材、不同问题、不同对白"，创作也逐渐趋于成熟。多产也必然会导致质量良莠不齐，后来也因此曾招致苏雪林等人的批评，她在《沈从文论》一文中先是赞叹沈从文是一个以作品产量丰富迅速而惊人的作家，但由于他拼命大量生产，拼命将酝酿未成熟的情感和观察未曾明晰的对象写成文章，从而导致他的文章存在着轻飘、空虚和浮泛等弊病。张兆和晚年在接受访谈时也坦言："我对他早期的东西，看都不要看，我不喜欢它们。有许多不成熟的东西都发表了。他写那些下层生活、两性关系我讨厌得很。我们那时对这些都看不懂。"

1936年，早已成名的沈从文并没有忘记在困窘之际曾经热心帮助过他的人，在为纪念自己从事创作第一个十年萃选的《从文小说习作选》所作《习作选集代序》中，他回顾了十年间弃武从文的经历，饱含感激之情地写道："这样一本厚厚的书能够和你们见面，需要出版者的勇气，同时还有几个人，特别值得记忆，我也想提提：徐志摩先生，胡适之先生，林宰平先生，郁达夫先生，陈通伯先生，杨今甫先生，这十年来没有他们对我种种的帮助和鼓励，这集子里的作品不会产生，不会存在。"这里所提到的徐志摩、林宰平、郁达夫在沈从文从事文学创作起始阶段所提供的帮助在上文中均已提及，无需再赘述，而沈从文之所以感谢胡适、陈西滢（字通伯）、杨振声（字今甫）却主要源于他们为他在大学从教所给予的帮助。在这些朋友中，对沈从文帮助最大感情也最深的当属徐志摩，他自己曾这样明确说过："尤其是徐志摩先生，没有他，我这时节也许照自传上说到的那两条路选了较方便的一条，不过北平市区里作巡警，就卧在什么人家的屋檐下瘪了，僵了，而且早已腐烂了。"

大学当教师

沈从文之所以呕心沥血地从事文学创作，固然源于他从中感受到创作的乐趣，而愿意全身心投入其中，但在很大程度上也是因着"著书都为稻粱谋"。对于孤身一人闯荡北京的沈从文来说，唯有勤于笔耕才能够安身立命，否则的话便无法在生活成本高昂的大城市支撑下去。

作家要想保持多产，除了个人勤奋努力外，还必须保证作品能够获得读者青睐而多销，这样才能赢得刊物和出版机构的欢迎和支持。一般来说，畅销作品通常可以分为情色、神秘和暴力这三大类，沈从文的作品兼而有之，因此很受读者欢迎。当时人们对于被诬为苗蛮土匪世界的湘西感到生疏和隔膜，这使得湘西无形中成为一个充满原始神秘气息且带有暴力恐怖氛围的特殊区域，人们对此知之甚少而越发感到神秘莫测，容易对沈从文笔下流淌出来的边城故事产生神秘感和新奇感，比起通常的作家作品而言，他和其作品更能引发读者的阅读兴味，自然也受到刊物和出版机构的欢迎。同时，沈从文的作品还大量涉及"性的苦闷"的描绘，其中1927年8月1日—6日在《晨报副刊》第2018-2023号连载的中篇小说《长夏》就被认为是"色情作品"；无独有偶，1928年9月10日发笔于《小说月报》第19卷第9号的《雨后》是以抒情诗笔法来写性故事，刊载后招致批评，认为"有伤风化"不许再刊登。不仅如此，沈从文取材湘西的许多作品，也在描绘一幅幅田园风景画的同时加以性的点缀。

自1925年以后，沈从文在文坛的处境得到极大改善，除了在《晨报副刊》和《现代评论》上占据一席之地外，当时闻名全国的文学第一大刊《小说月报》也开始对沈从文开放，截至1932年《小说月报》停刊，共发表其作品24篇，从数量上仅次于《晨报副刊》，并且通过刊载作品，他与《小说月报》的两任主编郑振铎和叶圣陶都建立了深厚友谊。

沈从文自1926年8月底辞去香山慈幼院图书馆的工作后，完全靠写作为生，成为货真价实的职业作家，后来他也自称是"第一个职业作家，最先的职业作家"。这在当时实属不易，对此沈从文曾以尚在北京时的鲁迅为例说过"那个时节的风气还不许可文学得到什么东西，鲁迅当时若果弃去了他的教育部佥事，同大学校的讲师职务，去专靠译作生活，情形也一定过得十分狼狈，十分可笑。"为了求得生存，沈从文不得不逼迫自己成为多产作家，单单1926年一年时间他就在多个刊物上发表了各类文体作品共计70余篇，1926年11月还由北新书局出版了收录有30篇各类文体作品的集子《鸭子》。稿费加上版税收入已经远远超过他曾经期盼的每月30元。然而随着1927年夏末母亲和九妹为躲避战乱从湘西来到北京与他共同生活，沈从文依旧面临着严峻的生活压力。他独自负担着一家三口的生活费用，而这些全部来自稿费和版税收入。为了维持一家人的生活，沈从文不得不全身心投入文学创作中，为此导致身体健康受损，1927年5月25日沈从文写成小说《柏子》，在收入小说集《八骏图》时他在该文后面就加有这样的题识："在汉园公寓三小时写成，时正流鼻血，捂着鼻子写，寄过圣陶编的《小说月报》，得稿费十三元。母亲在吐血，买药一瓶"，由此便不难想见沈从文艰辛的创作情境。

1926年国民革命军兴师北伐，1927年3月攻入南京，国民政权开始南移，文化中心也逐渐南迁上海，由于"中国的南方革命已进展到南京，出版物的盈虚消息已显然由北而南"，"在上海，则正是一些新书业发轫的时节"。沈从文经常投稿的《现代评论》等刊物以及北新书局等书店都相继迁移至上海，卖文为生的他别无选择，只能跟着做出南下的决定。同时，沈从文因与武汉革命党人有过私人信件往来，也遭到北京警方传讯和搜查，这也迫使他不得不尽快南下。1927年12月下旬，沈从文离开北京，经海路前往上海，于1928年1月初到达后，在法租界善钟路租了一间亭子间，继续卖文为生。1月13日，沈从文在写给大哥沈云麓的信中说自己靠作小说生活，但不屑于写那些关于性史、无病呻吟和枪炮加女人之类的作品。

1928年3月，沈从文将母亲和九妹接到上海共同生活，4月下旬又陪母亲到北京看病，直到7月29日上午留下妹妹看护母亲继续治病，他只身返回上海。陪同母亲看病期间自然会影响到写作，收入更加微薄，甚至连寄稿件的邮费都没有着落，7月16日"文章作完了，得当了衣去付邮。这一周是非到连当衣也无从的情形中受穷不可的……我决心，只要有人要我，我愿抵押一点钱，来将妈设法医好。只要有人要，我就去。不拘作何等事，我也能作的"。

本年6月份，有着长达3年合作关系的《晨报副刊》宣告停刊，3年多来，沈从文在其上发表了一百多篇作品，此番停刊使得沈从文的经济压力陡然加剧，为了家人更是不得不拼命写作。7月1日，沈从文在《不死日记》中这样写道：

一个人，穷是吓不了我的。有钱就用，无钱饿也尽它。至于妈，以及老九，不是应当如此过生活的。老人家可怜之至。九是小孩子，也应当像别人家小女孩一样，至少在这样年纪内不适于知道挨饿一类事。但是让妈同妹来到这地方的我，有什么法子可以把生活弄好呢？出于自己意料以外的是各处寄来的钱数目的少且迟延。我不能怪人，我实在又并不寄过多少文字的稿件给我的主顾，他们是做生意人，岂能因对我慷慨来做赔本的事。

在此情形中人偏不能不生病。呵，这病，便是穷中的恩惠！

此时已经26岁的沈从文，不仅承受着极大的外部经济压力，而且还面临着男女情爱欲望得不到满足的困扰，频频靠自慰来解决性欲，"七月十三来第二次写，一停是十天……说是十天把生活的方向转动,如今是怎样的尽了力?在这十天中,只是躺在床上流汗把日子度过了。其间作了两次坏事,是白天。人却似乎不怎样疲乏?可是更坏的是莫名其妙竟对于房东女儿动了心。"8月24日,沈从文听程万孚讲述他所经历过的若干女人,不由得心生酸楚,"看别人,或听别人,自己是无分的"。8月29日一早起来,沈从文跑到晒台上往街上看了一会儿,便转头去看对面楼房亭子间里住着的一个女人,结果"一个早上用到看女人事上去,一个中午写了一篇短文,上半日是这样断送了","明知无所冀于这女人,却有时不免故意走到晒台上去,像看好书那么趣味绵绵的望这女人的房,且望到这女人在房中怎样作事看书,这心情是难说的。全不在心上负疚,大大方方的看这女人在夜深时脱衣上床,这事也有过。"

之所以已经在文坛站稳脚跟的沈从文依然承受着"生的苦闷"和"性的苦闷",主要在于当时职业作家的社会地位极其低微,一旦听说谁是卖文为生,很让人瞧不起,袋中又无钱的沈从文自然难以得到女子的青睐。当时上海各书店出版10万字左右的作品集,一般可以给予作者100元左右的稿费,仅1928年一年时间沈从文便出版了《入伍后》《雨后及其他》等10余种单行本和小说集,但由于上海生活成本高昂,又要给母亲治病,因此生活依然极其艰难。虽然此时沈从文已在文坛很有名气,一些新开张的书店像光华、神州国光等都纷纷向他约稿,出书时也争着要他为他们打头炮,照理说应该不难解决生活问题,但是这些新书店一到该付稿费和版税时马上换成另一副面孔,敷衍、拖欠乃至赖账无所不用其极。也正因此,虽然沈从文自1928年到1929年这两年间,几乎上海所有书店和刊物都出版或发表过他的作品,但依旧无法解决生存困境。

原本沈从文刚抵达上海不久就印象不佳,"上海女人顶讨厌,见不得。男人也无聊,学生则不像学生,闹得凶","倒马桶要钱,扫地的妈妈要钱,还有别的逢年过节,真是一个坏习惯"。初到上海,他在好友张采真陪伴下到南京路存心想看看走路的顶好看的新式女人,细心地观看一番后,结果却大失所望,"一百个穿皮领子新式女人中间,不到五个够格。每一个女人脸上倒并不缺少那憔悴颜色。每一个女人都像在一种肉欲的恣肆下受了伤。每个人都有点姨太太或窑姐儿神气。也许是到街上走的或是坐在汽车里在街跑的,全部是属于野鸡一类,还有所谓'家鸡''飞鸡'是还'无缘识荆'吧。"最终沈从文得出结论,自己是不适宜于住上海的人。再加上与出版商之间由于稿费问题又闹得很不愉快,自然加剧了沈从文对于上海的不佳印象,这也是他日后挑起京派海派之争的重要诱因。

为了在上海生存下去,沈从文唯一能做的依然是坚持写作,卖稿获得稿酬越是困难反倒越得多写。高强度的写作和承受的生活重压终于让沈从文身心俱疲,变得异常虚弱。他在斗室中面对一堵白色粉墙伏案写作时,经常会感到头痛难忍,同时不停地流鼻血,忙于写作的他顾不得擦拭常常弄得嘴角、下巴、衣襟、毛巾甚至稿纸上都沾染了血迹。一天,在复旦大学任教的程万孚夫妇来看他,推门一看满脸血迹模糊的沈从文顿时惊呆了,程万孚夫人竟然昏了过去，不得不忙着请医生抢救。为了尽快换得稿酬，沈从文也不得不粗制滥造降格以求，他在7月17日的《不死日记》中写道："昨天，寄了一篇文章，名诱拒，通篇无一句对话，是两个哑子，然而这样写却仍然是可能的……我想如此写下一月，则我可以将这样一种东西卖三百块钱了。虽然这全是无秩序的不足为外人道的自己又卑劣又无聊的感想，只要是能写，又能卖，我仍然得靠这个东西救活我这一家三人的性命。欲望的下沉，我无从隐晦。一面又觉得这不能作，一面又觉得作了也无妨，心性的不加雕琢的公布，固然将给人以另一种趣味，我在此事上损失的东西也就决不是三百块钱所能偿的数。"一面是曾经视为神圣无比的文学事业，一面是包括母亲在内一家人的生活，理性与情感之间的天平开始向后者倾斜。他再也不能坚守达到一个完善的真理的艺术的希望，在7月18日的《不死日记》中这样写道："妈的病已经深到怕人，我又担心九也许将因此转成病人……我是罪人，年纪已经快到卅，还不能使母亲过一天无衣食忧愁的平安日子。别人的儿子，二十岁左右，事业金钱全不会从手中逃遁了。最无用的东西还可以为人摇旗喝道用劳绩升官发财。至于我，我所得是些什么？"

毫不夸张地说，此时的沈从文正处于悲凉心境笼罩下，充满绝望地在文学道路上踽踽独行。在上海两年间，他的作品中常常出现"自杀"和"死亡"的意象，带有强烈自叙传色彩的《一个天才的通信》《呆官日记》《不死日记》中的男主人公，在贫病交加下都免不了自杀的悲惨结局。然而，现实生活中的沈从文没有自杀，也不敢自杀，重病在身的母亲和尚未成年的妹妹都需要他来照顾，毕竟手中的笔依然能够不停地写，他对未来也并没有完全丧失希望，"我是还应当把命运扔给我的一切，紧紧拿在手上，过着未来许多日子的。我还应当看许多世界上的事情。"在此种极端困难时期，沈从文的文学创作却也在渐趋成熟，1928年8月10日在《小说月报》第19卷第8号上发表的《柏子》，连同另一短篇小说《有学问的人》被认为是他这一时期创作新变的起点，从对早期幼年及少年时期生活经历和到都市以后个人郁闷情怀的自叙传式的书写，开始转向刻画湘西下层人民的人生事相和都市社会的形形色色。然而恰在此时，不堪重负的沈从文也曾一度想到过放弃文学创作，8月11日他听说上海市政府需要一个书记，就诚心地想去试试，虽然写一万字的文章便可以敌得过书记一个月的收入，但如果别人让他做的话，他也能下决心去干，最终因为他不想让市政府里的一个熟人知道他这时还想来做这样不光彩的小职业而没有去应聘。8月12日，沈从文生了一整天的气，"假若是妈这时不要我，妹也不要我，就可以大大方方死了吧。在这世上我是没有可恋的。即或有许多可恋，似乎正因其如此，为了把这青年的荒唐保持到一定线上，死倒完成我的生活了。"沈从文之所以如此，实际上并非单单因为有熟人在的关系没能鼓起勇气去应聘市政府的书记，而主要是在创作即将转向时所面临的瓶颈期所致。8月13日，他这样写道："对文学，自己是已走到了碰壁时候，可以束手了吧。"8月14日，沈从文失去了以往的创作自信，他不断地摸索试图寻找新的突破点，"写了一篇名字取作第一次作男人的那个人。作小说，事实的写述太少，心情的辩解太多，成了几乎像是论文那类东西了。我是无法把小说作好的。……我的工作方向似乎是应变更，另走一条路才对。不拘于背景所在，句子的组织，应当变成自己的句子，不缺少通俗的明，特异处又能得到本乡人说话的真，或者在了解上容易得到效率。辩论，研究，解释，是都得应有自己的文法将调子加强加浓的。"

客观地说，沈从文之所以在上海期间经常经济困窘，部分原因也在于他自身始终没有养成勤俭节约的花钱习惯，8月22日他就曾这样写道："来此一共是二十天，得了《新月》方面五十块钱，《小说月报》二十块，也平处十三块；共八十三块：用完了，几乎是不曾有过这样事似的，钱是只余三块。还是日里夜里嚷着穷呀困呀的过日子的人，却胡涂的用了这样多钱了。……我咀嚼自己胡涂的用钱，便想起母亲说的应当有个妻来管理的事了。"对此种不知节俭乱花钱的陋习，沈从文自己十分明了，却又完全控制不住，也不曾真正下决心改正过。8月27日上午，沈从文正准备写《阿丽思中国游记》第2卷时，一个裁缝过来要工钱，沈从文无钱支付，便让裁缝拿着新做的衣服去当。下午裁缝送来4块现洋连同一张小当票，沈从文拿出3块支付了裁缝的工钱，自己留下1块钱到晚上换了一罐牛肉同一些铜子，之所以买牛肉罐头是为了招待胡也频和丁玲吃晚饭。沈从文的花钱习惯向来如此，此后也没有多大改观，1930年1月25日也即在吴淞中国公学任教期间，他卖了两本书稿得了330块钱，原本准备过年，但1月

{057}

27日（农历腊月二十七）同九妹到上海城里只玩了一天便花个精光，他也自知花钱太无节制，"像是报了小小的仇，把好话说尽得来的钱，用到岂有此理的事上去"，以至于回到吴淞后自己莫名其妙地想哭。沈从文的许多好友对此也十分清楚，后来胡适劝他到武汉大学任教时就直截了当地说："你还是去武汉大学，让凌淑华管管你的生活。"

当时上海新书业方兴未艾，沈从文和胡也频、丁玲也按捺不住，想创办一份属于他们自己的刊物。恰好此时，胡也频又从父亲胡廷玉处借到一千块钱可以作为启动资金，于是三人商定于1928年10月31日成立了"红黑出版处"，并于1929年1月10日创办了刊物《红黑》月刊，胡也频为主编。同时，他们还应沈从文好友程万孚兄弟之请，为他们开设的人间书店编辑《人间》月刊，该刊于1929年1月20日创刊，沈从文为主编。1928年12月，《现代评论》停刊，沈从文自此开始主要投稿给《小说月报》《新月》月刊和自办的《红黑》《人间》月刊。由于经常在《新月》月刊上发表作品，与胡适熟识并且颇受赏识，为他以后在大学从教奠定了基础。

1929年3月20日，《人间》月刊出至第3期停刊，6月红黑出版处破产停办，《红黑》月刊在出至第7、8期后也停刊，自办刊物宣告彻底失败。6月22日，沈从文陷入衣食无着的地步，"没有伙食，一家人并一个久病在床的老母也饿了一餐"，为了应急他匆忙间将自己刚完成不久的6篇作品编成短篇小说集《石子船》，用来换取版税。即便如此，还有一笔分摊的债务要还，红黑出版处破产后共需归还欠款1000多元，这笔债务需要他和胡也频、丁玲共同承担。为了还清欠款，胡也频经陆侃如、冯沅君介绍到济南高级中学任教。沈从文一度想到上海美术专科学校跟刘海粟学习绘画，在徐志摩劝说下打消念头，之后又经徐志摩推荐到胡适担任校长的吴淞中国公学任教。是年6月，沈从文在致胡适信中表达了想去教学的意愿，以及自己所能胜任的课程：

适之先生：

昨为从文谋教书事，思之数日，果于学校方面不至于弄笑话，从文可试一学期。从文其所以不敢作此事，亦只为空虚无物，恐学生失望，先生亦难为情耳。从文意，在功课方面恐将来或只能给学生以趣味，不能给学生以多少知识，故范围较窄钱也不妨少点，且任何时学校方面感到从文无用时，不要从文也不甚要紧。可教的大致为改卷子与新兴文学各方面之考察，及个人对各作家之感想，关于各教学方法，若能得先生为示一二，实为幸事。事情在学校方面无问题以后，从文想即过吴淞租屋，因此间住于家母病人极不宜，且贵，眼前两月即感束手也。

专上敬颂教安。

沈从文上

3年前，沈从文屡次报考大学不中，尤其是报考燕京大学还得了零分，此番却是要到大学任教，反差不可谓不大。虽是经好友徐志摩向校长胡适推荐，但是他内心依然忐忑，因此在信中特意表明自己的两点态度，一是可以少给钱，二是可以随时辞退。同月，沈从文在致父亲信中也谈及到大学任教的相关情况，待遇还是十分丰厚的："现有人正徵男同意找男教书，一百七一月，大致为公立大学，一星期在一点钟左右约四元一小时。若果内战有扩大延长模样，男届八月，或即改图到学校教书去。教书似乎比目下生活为拘束，然无法中此事自亦为一办法矣。"

沈从文以小学学历被破格聘任为大学教师，这不仅在当时，即便是现在也可以说是一件奇闻。近些年来，作家入大学任教者比比皆是，但小学学历者仍然是绝无仅有。胡适之所以敢于打破常规，也不仅仅是顾及徐志摩的情面，同时也有着关于如何办大学中文系的考虑，透过他于1934年2月14日所写日记可以看出其中的端倪：

……偶检北归路上所记纸片，有中公学生丘良任谈的中公学生近年常作文艺的人，有甘祠森（署名永柏，或雨纹），有何家槐、何德明、李辉英、何嘉、钟灵（番草）、孙佳讯、刘宇等。此风气皆是陆侃如、冯沅君、沈从文、白薇诸人所开。

北大国文系偏重考古，我在南方见侃如夫妇皆不看重学生试作文艺，始觉此风气之偏。从文在中公最受学生爱戴，久而不衰。

大学之中国文学系当兼顾到三方面：历史的；欣赏与批评的；创作的。

从中可以看出，胡适之所以大胆聘用沈从文，目的是为了打破当时中文系偏重古文的教学风气，让白话文写作能力的培养在大学占据一席之地。沈从文虽然学历极低，但有着丰富的创作经验，同时已在文坛有了较大名气，自然也是合适人选。同时透过胡适日记中所述可知，沈从文在中国公学教得并不差，不仅最受学生爱戴，而且经久不衰。在中国公学期间，沈从文不仅讲授课程，而且还利用自己在出版界和文艺界积累的人脉资源帮助和提携学生，诸如何其芳、刘宇、吴晗、罗尔纲等都曾得到过他的帮助。

1929年9月初，吴淞中国公学开学，沈从文开设的课程有"新文学研究""小说习作"和"中国小说史"。由于沈从文初登讲台毫无教学经验，又是仓促上阵，在中国公学的第一课上得并不是那么轻松自如。沈从文的第一课被当作佳话流传已久，有着多种版本，不管哪种版本，完全一致的是这第一课上得极其糟糕。时隔近半个世纪后，沈从文在1975年致友人信中回忆起这段经历时，依然对当年学生没有把他轰下讲台心存感激，"第一堂就约有一点半钟不开口，上下相互在沉默中受窘。在勉强中说了约廿分钟空话，要同学不要做抄来抄去的'八股论文'，旧的考博学鸿辞，学王褒《圣主得贤臣论赋》无用，《汉高祖斩丁公论》也无用。新的什么用处也不多。求不做文抄公，第一学叙事，末尾还是用会叙事，才能谈写作。学叙事，叙事是搞文学的基本功，不忘记它，以后将从事实得到证明……感谢这些对我充满好意和宽容的同学，居然不把我哄下讲台！"关于第一次讲课时的情形，沈从文在青岛大学任教期间还同巴金讲起过，据巴金回忆当时沈从文走上讲台，看到课堂里坐满了学生，那么多年轻的眼睛盯着，他不由得脸红起来，一句话也说不出来，只好在黑板上写了五个字："请等五分钟"，然后才开始讲课。同时沈从文还告诉巴金，他之所以到大学任教是由于自己作品写多了卖稿有困难，徐志摩便介绍他到大学任教。实际上当年下课之后，学生们也是议论纷纷，质疑沈从文这样的人怎么也来中国公学上课。这些议论不免也传入校长胡适耳中，但他不以为然，反倒微笑着说："上课讲不出话来，学生不轰他，这就是成功。"沈从文对于胡适也是感激不已，他后来曾在北大课堂上说："胡适之先生的最大的尝试并不是他的新诗《尝试集》。他把我这位没有上过学的无名小卒聘请到大学里来教书，这才是他最大胆的尝试！"

后来，沈从文渐渐适应了大学教学工作，也慢慢赢得学生们的好感和爱戴，10月18日晚，他在参加中国公学举办的系会时，学生们还鼓掌要他发表演说。正所谓"失之东隅，收之桑榆"，为了胜任教学工作，沈从文也牺牲了很大一部分写作时间，10月19日晚，他在致王际真信中说："近在此成天上课，连作画也找不出空闲，文章停顿了。"10月下旬，胡适又让沈从文开设古小说课程，他因实在抽不出时间和精力辞掉了，"觉旧小说还是不代为好，因为时间太促，要预备也来不及了"。

此时沈从文的九妹沈岳萌已经17岁，到了该入大学的年龄，他在吴淞中国公学也逐渐站稳了讲台，于是在11月4日致胡适信中请求准许妹妹到中国公学做旁听生，"不求学分、不图毕业、专心念一点书，作为旁听生，按照章程缴费上课"。

从沈从文个人意愿来讲，他依然难以忘情于文学，对于教学只是作为迫不得已的权宜之举，他在11月7日致王际真信中就说："我在此每一礼拜只教四小时课……教书于我是完全不相宜的，明年当想其他办法。"沈从文也曾向胡适提出过请求，让冯文炳（笔名废名）代替自己给预科三年级上国文课，11月10日他在致胡适信中说："若冯君来，于同学及从文本人皆为幸事，故仍盼去信冯君约其来申，学校多有一作者，同学方面向前机会更多，将来或且有不少同学能在创作一面有好成绩。我在学校功课实在是对付不好，因为我还是不知道爬上讲台上去说什么是同学有用的话，很多不安。"

1929年冬，沈从文对吴淞中国公学外国语文学系二年级学生张兆和产生好感，并从1930年寒假开学后开始了长达三年之久的爱情追求。梁实秋在《忆沈从文》中认为沈从文"在中国公学一段时间，他最大的收获大概是他的婚姻问题的解决"，而沈从文在与张兆和订婚后也于1933年5月4日专门致信胡适表示感谢："两人每次谈到过去一些日子的事情时，总觉得应当感谢的是适之先生：'若不是那么一个校长，怎么会请到一个那么蹩脚的先生？'"

1930年初，由于胡适不仅在吴淞中国公学校内不按规定悬挂国民党党旗，不举行总理纪念周活动，而且还在《新月》上发表《人权与约法》等文章批评国民党政府和蒋介石，遭到国民党有组织的围攻批判，迫于压力不得不多次向中国公学董事会提请辞职。拖延至5月15日，代理董事长蔡元培代表中国公学董事会同意胡适辞职。沈从文决心与胡适共进退,在将暑期课上完后也离开了中国公学。6月28日,沈从文在致胡适信中一来表示感谢,二来告知自己此后的计划,"一年来在中公不致为人赶走,莫非先生原因,现在觉得教书又开始无自信了,所以决计在数日内仍迁上海,暑期也不敢教下去了。……我的性情同书本学问是永远不能连在一处的,不过这时也还想从新的生活中或者为了生活的方便,我将专学两年英文,作为自己将来看书用,若不过于懒惰,我想我会要努点力来干的。我计算大约再写十二年小说,或者会把小说写好,在这事上我的耐心是不缺少的,只要生活牵牵扯扯马虎过得去,我将把自己力量来完全用到我比较方便的这件事情上,将来或者做得出稍好一点的小说。"

沈从文对于在吴淞中国公学任教这段经历,有过这样的自我评价:"我在中公教书,有得有失。生活稍稳定,在崩溃中的体力维持住了。图书馆的杂书大量阅读,又扩大了知识领域。另一面为学生习作示范,我的作品在文字处理组织和现实问题的表现,也就严谨进步了些。《从文子集》《甲集》《虎雏》集中等等若干短篇,大多是在这个时候完成的。学习过程中有个比较成熟期,也是这个时候。写作一故事和思想意识有计划结合,从这时方起始。"虽然在大学从教挤占了一部分时间和精力,但总体上还是利大于弊,尤其是对于沈从文这样没有经受过正规专业教育的作家而言,真正实现了教学相长,弥补了许多不足之处。

胡适和徐志摩并未放弃沈从文,早在6月上旬他们就一道推荐他到武汉大学任教,时任武汉大学文学院院长陈西滢为此很是费了一番周折,在致胡适信中说:"从文事我早已提过几次,他们总以为他是一个创作家,看的书太少,恐怕教书教不好。……我极希望我们能聘从文,因为我们这里的中国文学系的人,差不多个个都是考据家,个个都连语体文都不看的。"

1930年6月中旬,杨振声出任新创办的国立青岛大学校长,旋即在上海延揽人才。沈从文早在北京担任《现代评论》发报员时就与杨振声相识,因此也受到邀请去教书。沈从文原本也打算到青岛大学去,他在8月17日致胡适信中说:"中公的课我想不担任了,我过青大去。理由是中公方面我总觉得没有东西可教,预备也不行,恐怕泼汤,至于青大,则初初开学,我胡涂也容易混得去,所以拿了他们的路费,预备在月底动身。"然而,此后一来担心青岛大学10月份无法按时开学,二来中原大战爆发导致交通受阻,也无法前往青岛大学,遂于9月16日前往武汉大学任教,讲授新文学研究与小说习作,一星期上3小时课,隔日上一次,每次1小时。

美中不足的是,陈西滢原计划聘沈从文为讲师,但因阻力较大只能聘为助教,这也是后来沈从文不愿意在武汉大学继续任教的重要原因。他在写给大哥沈云麓的信中就表达过不满,权衡之下觉得还是应以创作为重,"我的文章是谁也打不倒的,在任何情形下,一定还可以望它价值提起来"。与沈从文同时来武汉大学任教的还有孙大雨,两人在上海即已认识,二人来了之后更是常常结伴上小饭馆吃饭。孙大雨比沈从文年轻3岁,但因为是留美归来,待遇十分丰厚,沈从文难免心理失衡,在致王际真信中说："大雨是大教授，我低两级，是助教。因这卑微名分，到这官办学校，一切不合式也是自然的事。……我若得了机会，就到外国来扮小丑也好。因为我在中国，书又读不好，别人要我教书，也只是我的熟人的面子，同学生的要求。学生即或欢迎我，学校大人物是把新的什么都看不起的。我到什么地方总有受恩的样子，所以很容易生气，多疑，见任何人我都想骂他咬他。我自己也只想打自己，痛殴自己。""大雨在此做他的诗，还快乐，因为他会快乐。我是不会快乐，所以永远是阴暗的，灰色的。"沈从文对于武汉大学的最初印象也并不好，他在9月18日致胡适信中说："初到此地印象特坏，想不到中国内地如此吓人，街上是臭的，人是有病样子，各处有脏物如死鼠大便之类，各处是兵（又黑又瘦又脏），学校则如一团防局，看来一切皆非常可怜。住处还是一同事让出，坏到比中公外边饭馆还不如，每天到学校去应当冒险经过一段有各样臭气的路，吃水在碗中少顷便成了黑色。到了这里，才知道中国是这样子可怕。我到了三天，吃饭地方还不能解决，但时昭潭先生到得更久，还无办法，大教授因为一间最小的宿舍，还吵过架！……我住处还得我每天用呼吸温暖它，使霉气去掉……"当时武汉大学守旧思想极为浓厚，沈从文对此也非常不满，在11月21日写给胡适信中表示"若学校许可教半年解约，则明春来上海或不再返"。

由于此前已在吴淞中国公学有过教学经历，讲授课程又与中公时同属一类，因此沈从文在武汉大学倒显得驾轻就熟，而且此处"学生同中公一样，似乎对于作者总不甚苛求，故我得到许多方便"。对于教学沈从文已有了几分自信,他在武汉大学印行了以新诗发展为内容的讲义《新文学研究》,铅印线装,前半部分是"现代中国诗集目录",然后编选分类引例为参考材料,后半部分是6篇分别论及汪静之、徐志摩、闻一多、焦菊隐、刘半农、朱湘诗歌的文章,这些诗人他都认识,论述也颇有新见。其中论及闻一多的曾以《论闻一多的〈死水〉》为名在《新月》第3卷第2期上刊发,闻一多对这篇文章非常重视,在致朱湘、饶孟侃的信中说:"那篇批评给了我不少的兴奋","真叫我把眼泪都快喜出来了。那一句话不中肯?正因为他所说的我的短处都说中了,所以我相信他所提到的长处,也不是胡说。你们知道我不是那种追逐时髦,渔猎浮名的人。我并不为从文替我作了宣传而喜欢(当然论他的声价,他的文字,那文章的宣传的能力定是不小),实在他是那样没有偏见的说中了我的价值和限度。我是为得一个'知音'而欢喜。"由此可见,沈从文之所以无论在吴淞中国公学,还是在武汉大学都颇受学生欢迎,绝不仅仅是凭着作家名号,而是在于讲述内容上的确很有见地。11月初,沈从文还把这个讲义寄了一份给远在美国的王际真:"那个讲义若是你用他教书倒很好,因为关于论中国新诗的,我做得比他们公平一点。"

沈从文打算乘机多读些书,还计划学习日文。胡适、陈西滢等人也鼓励沈从文多读书,尤其是陈西滢还劝他学习英文,并对他说:"学好了,保证介绍你去英国读书。"为此沈从文也跟着曾经久居纽约的孙大雨和时昭潭学习过英文,11月5日他在致王际真信中就说:"我这几日来从大雨、时昭潭学英文,会读'一个桌灯'或'我不是大头'这类话了",但后来花了一个月时间连26个字母也背不下来,只好作罢。

1930年12月中旬,武汉大学放寒假,沈从文离开整整待了3个月的武汉大学,到上海探望尚在吴淞中国公学读书的妹妹沈岳萌,与孙大雨暂住在北京路清华同学会宿舍。

1931年1月1日,沈从文先后得到父亲已于上年底病逝和好友张采真在武汉被国民党杀害的消息,而妹妹又患病住院。张采真牺牲后,他的妻子和孩子还在上海,沈从文在1月2日致王际真信中表示:"我若在此可以支持下去,就不回武昌,因小孩子把父亲死去,显得孤零,我不能不在上海蹲下了。"1月17日晚,胡也频在汉口路666号东方旅社参加秘密会议时被捕,次日晚7点左右,沈从文收到胡也频从狱中托人带出的便条,请他设法找胡适和蔡元培营救。沈从文和丁玲一起往来奔走,到处求人设法营救,但胡也频还是于2月10日被枪决。3月21日,沈从文又护送丁玲母子回常德老家,4月10日又陪同丁玲返回上海,由于此时已经错过武汉大学的开学时间,原本他也不想再教书,于是留在上海继续从事写作,对此他在4月13日致王际真信中说:"本来到近日情形下,我要教点书,是有办法的,要作点事,也是有办法的,因为熟人那么多,而且我又那么随便。可是书我绝不教,事也绝不找人帮忙。还有若果我成天去找人想法拿一点国家的钱到日本去,也还不缺少那些机会,不过我目下不要这个机会。我自己心里总是想我会在一个短短日子中写出许多文章来,足够我行动自由方便,但到底不行,'行动自由'这一点点方便就无从得到。"

由于当时左翼文学遭受沉重打击被迫转入地下，国民党倡导的民族主义文学又无法赢得读者青睐，因此出版界显得极其沉闷和萧条，职业作家要想生存实属不易。沈从文原本计划应南京《创作月刊》的邀请参与创刊和编辑工作，计划将它办成不受任何党派左右的独立刊物，丁玲认为沈从文的这一打算无异于与虎谋皮，此时身处北京的徐志摩也在给沈从文信中调侃道："北京不是使人饿死的地方，你若在上海已感到厌倦，尽管来北京好了。北京各处机关各个位置上虽仿佛已满填了人，地面也好像全是人，但你一来，就会有一个空处让你站。你那么一个人一天吃得几两米？难道谁还担心你一来北京米就涨价？"5月28日，沈从文接受徐志摩的建议，从上海赶到北平谋职，借住在燕京大学达园教师宿舍。然而北京求职并不顺利，卖文为生又远不如上海方便，因此沈从文在究竟是赴青岛大学任教，还是回上海做职业作家之间犹疑不定，6月29日在致王际真信中说："六月的北京真是热闹。诗哲在此，陈通伯夫妇在此，梁思成夫妇在此，大雨也要来了，陈雪屏不久又要在此接老婆了，还有许多许多事情，全是那么凑堆儿在一起。……我不久或到青岛去，但又成天只想转上海，因为北京不是我住得下的地方，我的文章是只有在上海才写得出也才卖得出的。"最终在8月份，沈从文经徐志摩推荐决定到杨振声任校长的青岛大学任教，临行之前他与徐志摩在胡适家楼上进行了一次长谈，徐志摩谈及当时家庭生活的种种不快，并且还许诺沈从文可以把他年轻时的事情写成小说，这也是两人最后一次见面。

1931年9月7日，青岛大学开学，沈从文被聘为讲师，担任了中国小说史和高级作文这两门课程，九妹沈岳萌也跟着他进入青岛大学读书。

1931年11月13日，沈从文致信徐志摩谈及自己的创作计划，"预备两个月写一个短篇，预备一年中写六个，照顾你的山友、通伯先生、浩文诗人几个熟人所鼓励的方向，写苗公苗婆恋爱、流泪、唱歌、杀人的故事"，信中还托徐志摩帮助离开青岛到北平的方令孺找工作，始料未及的是这竟成为致徐志摩的最后一封信。

11月19日，徐志摩在济南因飞机失事遇难。11月21日，沈从文正与青岛大学文学院的几个同事在校长杨振声家里喝茶聊天，突然接到来自北平的急电，沈从文这才得知好友徐志摩遇难的噩耗。沈从文连夜搭乘火车赶赴济南，第二天一早到达济南后，先与齐鲁大学校长朱经农会面，之后匆匆赶往津浦车站，和北平来的梁思成、张奚若、张慰慈等人会合，众人一起前往城中偏街停柩的一个小庙里瞻看了徐志摩的遗容。下午张嘉铸和徐志摩长子徐积锴也从上海赶到，当晚棺柩被抬上火车南行。当夜10点，沈从文也坐火车返回青岛，于次日早晨到达后，当即给王际真去信告知噩耗。1980年沈从文到美国讲学之际，四处打听已从大学退休20年的王际真的地址，令沈从文感动不已的是，时隔半个世纪后王际真依旧完好如初地保存着这封信。回到北京后，沈从文于1981年8月写下长文《友情》，其中这样写道："志摩先生是我们友谊的桥梁,纵然是痛剡人心的噩耗,我不能不及时告诉他。如今这个才气横溢、光芒四射的诗人辞世整整有了五十年。当时一切情形,保留在我印象中还极其清楚。"在徐志摩遇难后不久,沈从文还写了两首悼亡诗,生前并未公开发表,后收入《沈从文全集》。正所谓"大悲无声",沈从文对徐志摩的英年早逝需要时间来慢慢接受,"觉得相熟不过五六年的志摩先生,对我工作的鼓励和赞赏所产生的深刻作用,再无一个别的师友能够代替,因而当时显得格外沉默,始终不说一句话。后来也从不写过什么带感情的悼念文章。"

在青岛大学期间,沈从文的生活状态相比吴淞中国公学和武汉大学时期要放松得多,同事间的关系也更为亲密,他们常常聚在一起饮酒喝茶。在沈从文到来之前,青岛大学就有"酒中八仙"之说,这"八仙"分别是校长杨振声、文学院院长闻一多、外文系主任兼图书馆馆长梁实秋、教务长赵太侔、秘书长陈季超、总务长刘康甫、理学院院长黄际遇和女作家方令孺。"八仙"之一的梁实秋在《酒中八仙——记青岛旧游》一文中说:"七名酒徒加上一位女史,正好八仙之数,乃自命为酒中八仙",为何青岛大学酒风如此之盛他也给出过解释:"青岛是一个好地方,背山面海,冬暖夏凉,有整洁宽敞的市容,有东亚最佳的浴场,最宜于家居。唯一的缺憾是缺少文化背景,情调稍嫌枯寂。故每逢周末,辄聚饮于酒楼,得放浪形骸之乐。"他们轮流在顺兴楼和厚德福两处聚饮,宴席开始之前先将30斤一坛的花雕抬到楼上,每次都是痛饮完才告结束,"有时结伙远征,近则济南,远则南京、北京,不自谦抑，狂言'酒压胶济一带，拳打南北二京'，高自期许，俨然豪气干云的样子"。后来胡适应邀来青岛，被他们饮酒的海量所惊骇，赶忙戴上太太给他的刻有"戒"字的金戒指以示免战，在离开青岛后还致信梁实秋，"看你们喝酒的样子，就知道青岛不宜久居，还是到北京来吧！"1934年8月，梁实秋果然接受胡适的邀请，离开青岛转赴北京大学任教。

沈从文虽然既不喝酒，也不划拳，但时常也做东请客。1933年6月上旬，来青岛投奔三姐的张宗和就见识过一次大场面，在日记中这样写道：

那一晚上，沈从文请客，请的全是青大的大教授，如梁实秋、杨振声、赵太侔、赵少×、游国恩、吴××、张××，带我认得的陈逵、赵龟王，一共十四位客。他们这些教授，到了席上，教授的尊严像是会失了，闹酒划拳。那晚很奇怪，像是不很划拳的某人赢了不少回，他老是叫五五五，别人全输在五上。许多教授，如杨先生、赵先生、梁先生，猜起拳来很神气，声音叫得响亮，尾巴也带得好听，一切都表明他们老于此道。谁知他们却输了，他们一输就说某人的拳有毛病。尤其是大胖子赵太×有一次他接连输了六拳，他再也不同他划了。我们连酒带饭一共吃了二十多元，这儿请客真是太费了。

沈从文原本就好朋友，爱热闹，自然对此十分适应。与沈从文同时新聘的讲师还有赵少侯、游国恩、杨筠如、梁启勋、费鉴照，

1932年春闻一多又请来21岁的诗人陈梦家担任助教，此时已经是讲师的沈从文也不必再像武汉大学时期那样为职称感觉低人一等。这样的氛围也并非人人都能适应，孙大雨就与这里的教授不对付，与学生之间的关系也不和睦，所以还没到暑假便一走了之。

在青岛任教期间，沈从文讲课时并没有既定的程式，往往是操着一口湘西话即兴而谈，据他当年的学生臧克家回忆："他上课，声语低，说的快，似略有怯意。"沈从文在教学生写作时经常爱讲一句话："要贴着人物写。"他从来不给学生出命题作文，而是由学生自命题，爱写什么就写什么。沈从文从事教学的长处原本也不在讲课上，而是给学生改作文。他自己的文章就常常是一改再改，即便出版后也会在书上继续修改以便下次修订，有些文章真可以称得上百改不厌，久而久之形成习惯，因此对待学生的习作他也是修改得非常细致，写的批语常常比学生作文本身还长。同时同事过的梁实秋认为沈从文还有着丰富的人生经验和好学深思的性格，因此并不擅长讲课的他仍不失为成功的受欢迎的教师。江青当年就旁听过沈从文的课，有一次沈从文当着全班学生的面夸赞了她的一篇作文，为此江青喜不自禁，准备织一件毛衣送给他，直到"文化大革命"时还说她最喜欢的老师就是沈从文。

沈从文生于水乡，对于水本来就有着特别的敏感，而青岛的海天水云更让他感受到身处滋养生命的阔大空间中，恢复了与自然界的有机联系，正如同他在《水云》里所描绘的那样，"用身前这片大海教育我，淘深我的生命。时间长，次数多，天与树与海的形色气味，便静静的溶解到了我绝对单独的灵魂里。我虽寂寞却并不悲伤。因为从默会遐想中，体会到生命中所孕育的智慧和力量。心脏跳跃节奏中，俨然有形式完美韵律清新的诗歌，和调子柔软而充满青春狂想的音乐。"

此时身为讲师的沈从文不可能像闻一多、梁实秋等教授那样单独租赁一座小楼，这样的房子月租金高达100元，几乎是他整月的工资。沈从文被学校安排在福山路3号青岛大学单身教职员宿舍楼里，搬进去的时候这栋房子才刚建好，院子里的建筑垃圾还没有清理完，一共住了12个教职员。虽然是单身宿舍，但位置极佳，在房间里抬头就可以望见大海，距离汇泉湾、海滨浴场不过一箭之遥，因此沈从文几乎每天清晨都由福山路顺坡而下，前往太平湾，或者到俄国公爵别墅，之后再返回来。闲暇时他也经常去海边散步，来了兴致时还在沙滩上竖蜻蜓。尤其是1933年2月初，沈从文求爱成功后张兆和也一同来到青岛，经沈从文介绍张兆和被安排在已改名为山东大学的图书馆工作，风景宜人再加上两情依依，更是让他感受到生活之甜蜜。事业稳固、生活舒适而又收获爱情的沈从文也进入了创作勃发期，这一时期成为他一生中读书消化力最强、工作最为勤奋、想象力最为丰富，而创作力也最为旺盛的阶段，常常一篇小说刚要完成，另一篇小说的构思又接踵而至。他在致鲁海的信中就曾说过："在青岛两年中，正是我一生中精力最旺盛，文字也比较成熟的时期。在青岛，海边、山上，我经常多处走走，早晚均留下极好印象，大约因为先天性供血不良，一到海滨就觉得身心舒适，每天只睡三小时，精神特别旺健。解放后到其他城市度夏，总觉得不如青岛。"

在青岛任教期间，沈从文正处于年富力强之时，文字也经过10年的不断打磨趋于成熟，为了给学生做示范他又尝试了多种文体和不同的写法，凡此种种使得他的作品较之过去更趋精炼成熟，"不能不使人承认，这是他教学期间，对中文各种文体变化苦心钻研的结果"。其中沈从文的《三三》就是为学生作的范文，是他在青岛期间为学生示范如何叙述平凡事而写，与《八骏图》相对照，是两种不同的格式，《八骏图》也是当时为学生举例而作的。沈从文在青岛期间创作完成了《泥涂》《阿黑小史》《凤子》等3部中篇小说，以及《三三》《黔小景》《躁》《厨子》《若墨医生》《懦夫》《月下小景》《三个女性》等近30部短篇小说，还有《记胡也频》《记丁玲女士》《从文自传》等3部长篇传记，另有诗作《对话》《黄昏》《微倦》和文论《创作杂论》《论徐志摩的诗》《上海作家》《甲辰闲话（三）》等。在作品集出版方面，1931年沈从文出版了《沈从文子集》《石子船》《龙朱》等文集；1932年又出版了小说集《虎雏》《泥涂》《都市一妇人》和散文集《一鳞集》《一个妇人的日记》，同时还编辑出版了包括胡适、戴望舒等39人在内的《现代诗杰作选》；1933年暑假离开青岛前，沈从文还出版了《阿黑小史》《慷慨的王子》《凤子》3个文集。其中享有盛名的《从文自传》全文有85000字左右，沈从文仅用了3个星期便完稿，而且是一气呵成，不用重抄便径直寄往上海付印出版，真真可以称得上文思泉涌、佳作天成。《人间世》杂志在面向国内知名作家征询"1934年我爱读的书籍"的意见时，周作人和老舍不约而同地都选择了《从文自传》。此外，沈从文的名作《边城》也是酝酿于青岛，只不过到了北京以后才落笔的。

杨振声早在1932年7月便辞去国立青岛大学校长一职,9月国立青岛大学改名为国立山东大学,沈从文又在山东大学继续任教一年时间,后应杨振声之邀到北平参加中小学教材编辑工作,遂于1933年暑假辞职,与张兆和、沈岳萌一起离开青岛前往北平。

编辑教科书系1933年杨振声接受教育部委托的工作,遂邀请沈从文和朱自清协助进行,负责编写中小学、师范学校、职业学校等教科书,其中在北平编选的《高小实验国语教科书》于1935年由商务印书馆出版。沈从文积极投身其中,1936年6月27日他到教科书编辑处办公时还告知杨振声和朱自清,自己已代表教育部与正中、商务、中华、世界四家书店签订合同,由这4家书店5年内每年为教科书编辑委员会提供2万元编辑费。编写期间,由于遭逢全面抗战爆发而受到一定影响,全部工作一直持续到1939年才最终完成。

为了便于开展工作,初到北平的沈从文就住在西城西斜街55号甲杨振声家里。直到1933年8月12日,沈从文为了筹备婚礼方才先租后买位于西城府右街达子营28号的房子作为婚房。9月23日,沈从文和杨振声应《大公报》之邀编辑的《大公报·文艺副刊》创刊,两人通力合作,具体编务主要由沈从文负责。沈从文以此为阵地将不同倾向的北平新老作家聚集在一起,形成"京派"文人圈,同时也培养了卞之琳、萧乾等大批文学新人。1933年10月13日,沈从文在其上发表《文学者的态度》一文,引发了"京派""海派"之争。起初该刊每周两期,分别于周三和周六出版，1935年1月6日出至第133期时改为周刊，其后又改为每周日、二、五出3期。1935年8月1日，《文艺副刊》又与《小公园》合并后改名为《文艺》，每周日、一、三、五出4期，沈从文和杨振声负责编星期日的专版，其余3天的半版由他们共同推荐的萧乾接编。1936年4月起，《大公报·文艺》完全交给萧乾负责发稿，所有来稿也都寄给萧乾，但按惯例每隔一两个月在北平举行的作者茶会，仍由沈从文和杨振声负责主持。

自离开山东大学后，沈从文除了继续从事创作外，主要忙于教科书编写和《大公报》文艺副刊的编辑和组稿工作，中断了大学教学工作，但他由于从事编写的教科书工作归属教育部领导，因此与教育界依旧保持着密切联系。

1937年7月7日卢沟桥事变标志着全面抗战爆发，沈从文从个人意愿上讲不准备离开北平，要与120万市民共存亡。7月28日北平沦入敌手，8月11日晚上10点，沈从文接到教育部秘密通知，让他同北大、清华教师一起撤离北平。沈从文在与张兆和商议后，只身于8月12日早上7点与一批北大、清华教授乔装改扮后结伴南下。9月4日，沈从文到达武汉，先借住在陈西滢夫妇家里，后来搬到为编写教科书租用的别墅里，与杨振声一起利用武汉大学图书馆的资料继续编写教科书。1937年8月8日，杨振声接受教育部任命担任长沙临时大学筹委会秘书主任，因此教科书编写工作实际上一度由沈从文独自负责，直到10月2日在陈西滢家遇到刚从北平辗转到达武汉的朱自清。10月28日，沈从文在长沙与杨振声、朱自清商谈教科书编写事宜，决定将编辑处迁到长沙，这是因为"此间因联合大学在此成立，所以显得十分热闹，大有一番新气象"。11月26日，沈从文在致大哥沈云麓信中说，一旦战事发展影响到教科书编辑工作，"当另外想法作事。或教书，或作别的事。"由此可见，沈从文并没有忘情于教书工作，只是编写教科书重任在身无暇兼顾。

1938年1月，教育部决定将编写教科书的编辑处迁往昆明，沈从文先在沅陵"芸庐"停留3个多月，后于4月30日到达昆明，与先期到达的杨振声、萧乾等会合，继续从事教科书编写工作。沈从文与杨振声一家同住在青云街217号的一座临街小楼里，同时此楼兼作编写教科书的办事处。张兆和携二子到达昆明后，又在北门街租了蔡锷旧居的房子做住处。1939年3月起，编写的教科书开始接近尾声，沈从文将由他负责编写的书稿上交教育部。1939年5月15日，由于昆明经常遭受日机空袭，沈从文全家搬到呈贡县龙街镇的杨家大院。由于编写教科书工作即将结束，沈从文也开始另谋打算，在5月15日致大哥信中说："工作年底即告结束，将来必不继续。预计可作数种生活法，或编报，或教书，或上前方到任何一军去看看，或回乡住下来，写点文章。"后来沈从文编成的教科书由于"内容没有充分迎合国民党的政治口味"而无法印行，编书一事自然宣告终止。

1939年6月6日，时任西南联大常务委员会委员兼秘书长的杨振声向朱自清提议聘请沈从文为西南联大师范学院教师，朱自清时任西南联大文学院中文系主任兼师范学院国文系主任，对于沈从文从教一事感觉"甚困难"。6月12日，据朱自清在日记中所记:"访莘田,商谈以从文为助教。"6月16日,朱自清又与沈从文商谈任教一事,"从文同意任联大师院讲师之职务"。1939年6月27日,西南联大常务委员会第111次会议通过决议,"聘沈从文先生为本校师范学院国文学系副教授,月薪贰百捌拾元,自下学年起聘"。沈从文于1939年8月正式受聘西南联大,10月2日开始上课。1939—1940学年沈从文开设的课程有:1. 在文学院中文系:①与朱自清合开"国文一(读本)"和"国文二(读本)",系一年级必修课;②单独开设"国文二(作文)",系一年级必修课。2. 在师范学院国文学系:单独开设"各体文习作(白话文)",系二年级必修课。此时沈从文已在呈贡龙街安家,每周有3天左右时间在昆明上课,另外几天到呈贡家中。每周实际上课时间总共为3小时,工资每月280元,但实际按七折发放。由于受到战事影响,虽然地处抗战大后方,但也同样面临着物资短缺和物价飞涨,吃的、用的东西都在涨价,因此沈从文在教书之外,还需要通过写文章赚取稿费来维持一家人的生活。由于受到战事影响,作家与商业的关系也不同往常,不容易靠稿费和版税维持生活,因此许多作家搁笔。沈从文虽然还在坚持写作,但所获得的稿酬和版税都受到极大影响。抗战期间交通阻隔,许多书店都无法及时结算版税和给付稿酬,沈从文与开明书店迟至1946年才结算版税,结果低得简直超乎想象,"拿到三百六十元,因为是按照伪币折合的。算起来要自己一本书十八年的版税才能买一本书,这是书店的制度。"也正因此,生活水平较之以前降低了许多,但沈从文从不叫苦,脸上经常露出温和的微笑,巴金清楚地记得:"在昆明一家小饭食店里几次同他相遇,一两碗米线作为晚餐,有西红柿,还有鸡蛋,我们就满足了。"后来陈渠珍为沈从文谋得了湖南省参政席位,每月可领350元,经济压力才得到缓解。

由于一年级国文课是由沈从文与朱自清合开的,所以期末时两人也要一起合改试卷。12月21日,朱自清来到沈从文在北门街的住处,两人一起批阅一年级学生的试卷。据朱自清1940年1月23日日记所记:"整日阅试卷,全部阅完,打算明天上午计分。整夜失眠。一年级一班三名同学的卷子不见了,为此烦恼。沈马虎了事,给我造成困难,必须马上写信给他,要他找到那三份卷子。"1月24日,朱自清致信沈从文,让沈从文寻找一下那3份试卷。1月25日,朱自清到中老胡同沈从文住处,沈从文将找到的3份试卷交给朱自清,朱自清另外交给他50份新的试卷。沈从文留朱自清一起吃酒酿鸡蛋,朱自清赞不绝口,觉得"很新鲜,味道也好"。沈从文做事马虎还不止这一件,朱自清对此是深有体会。1947年1月4日,朱自清接到沈从文来信后到沈家补写缺了末半页的《论诵读》,沈从文还对他说自己当天就要发稿,所以必须赶快补完,写完了就在他家吃饭。朱自清只好在沈从文书房里紧赶慢赶地补写,结果写完后他突然发现之前说缺了的那末半页正在沈从文的窗台上放着。沈从文一看抱歉地笑笑说:"真折磨了你!"好在一经比较,发现补正稿居然比原稿还详明些,所以决定用补稿,也没算白费功夫。

1940年6月,沈从文为了节省开支,从北门街租住的房子搬往位于文林街的西南联大师范学院宿舍，与他同住的有孙毓棠和卞之琳。10月13日，日军出动27架战机轰炸昆明，西南联大师范学院男生宿舍全被炸毁，办公处及教员宿舍也多处被震坏。空袭过后，师范学院只能借昆华工校的校舍上课。沈从文与卞之琳他们合住的宿舍屋顶和墙面局部被洞穿，邻室半坍，沈从文跑警报回来，远远地便看到自己宿舍里面的情形，走近一看更是让他吃了一惊，卞之琳还浑然不觉地坐在房中看书，竟然不知道墙壁已被炸塌。由于宿舍已成危房无法再居住，沈从文又搬到了文林街20号楼上。转年1月29日，新住处周边又遭到空袭，幸好沈从文居住的一间宿舍没有被毁，只是在房顶大开天窗，地面上落下一堆泥土，他一直住到1946年初。这里也成为西南联大学生和昆明文学青年经常造访的地方，沈从文也在此间发现了学生汪曾祺很有文采，1941年2月，沈从文在致施蛰存信中就预言"有个汪曾祺，将来必有大成就"。沈从文对于得意门生汪曾祺不仅在文学创作上着力培养，而且在生活中也是关爱有加。有一天晚上，喝得烂醉如泥的汪曾祺坐在路边，正好被演讲回来的沈先生看到，开始还以为是一个生病的难民，走近之后才认出是汪曾祺，他和两个同学把汪曾祺扶到他的住处，灌了好些酽茶才醒过来。另有一回，汪曾祺去看望老师沈从文，此时他正牙疼，腮帮子肿得老高，沈从文开门后一看，一句话没说，出去买了几个大橘子抱回来让他去火镇痛。

1940年秋，沈从文还与张兆和同在呈贡乌龙的友仁难童学校义务任教，沈从文上国文课。除此之外，他还在另外三所中学任教过,分别是育侨中学、本地县中和一所私立中学,"这些难童华侨和边区子弟,我们实近于相互教育。因为从来不拿钱,并且生活打成一片,对他们印象还好。"

1940年7月,巴金第二次前来探望在西南联大读书的萧珊,距离上一次正好一年,两次都住了将近3个月,其间巴金还和萧珊乘坐火车到呈贡去看望沈从文一家。沈龙朱清楚地记得,有一天父亲和巴金带着他出去玩,当他们正悠闲地躺在草地上仰望天空时,突然敌机从面前掠过飞往昆明,继而便听到轰炸声。没过多久,飞机又折返回来,在距他们头顶不远处忽然其中一架扔下了炸弹,"父亲赶紧叫我们翻起来,'趴下趴下',他用自己的身体捂在我们身上,趴下。瞬间,轰隆一声,我们没看见,但是炸弹爆炸了。"隔了一天,他们才知道距离他们不远处,有一个插秧的农妇被炸死了。

1940年8月14日,西南联大又遭敌机轰炸,新校舍内的4栋学生宿舍,北区常委会办公室、训导处、总务处、图书馆藏书室及两处教室,南区生物实验室,昆中北院师院教职员宿舍,昆中南院女生宿舍均被炸。正在图书馆工作的沈岳萌在敌机轰炸时热心帮助别人抢救东西,但当等到警报解除回到住处,发现自己的房间已被小偷洗劫一空,为此深受刺激,导致精神失常,最终于1942年12月从西南联大图书馆离职。沈岳萌入职时的工资是每月100元,此时已涨至每月1000余元,而沈从文1943年7月被改聘为教授时月薪也不过360元,据1945年4月西南联大俸薪表所记,沈从文此时月薪也才涨到440元,扣税后实领

426.5元。因此沈从文既为妹妹的病担心，也为她丢掉这么好的工作感到十分惋惜，1943年1月11日他在致弟弟沈岳荃的信中还说："九问题极困难，在学校事本极好，有一千多一月，忽然要辞去，相信观音要保护她，把什么东西都送给别人，一天默默念佛，我已用尽方法无可为力，一定要跟一莫名其妙之女人同去。努力想方设法把她找下乡，以为可休息一二月，当为制份行李，再找事做，谁知昨天一嚷，就又走了。"1943年3月5日和6日，沈从文接连给大哥写了两封信，说九妹痴迷于幻想和迷信活动，病情已经严重到丧失理智，经常将家里的贵重物品随手送人，此时沈从文的收入受到战事影响远不如从前，经不起九妹这样折腾，为此他表示自己已经无能为力，在信中说：

我这时节什么力量都用完了，头痛喉干，心中虚虚洞洞，只想哭哭泄一泄积压在心上的东西，可不许我哭出声来。天气已夜，虎虎正在看他母亲作面食，龙龙在大院中玩，九高高兴兴在厨房中作菜，只因为要我送一布袋并热饭一碗给花子，……

……会要改变改变性情，会觉得自己行为可羞，谁知即此成例，直到如今。半年来，不大明白情形的，还以为我不大理她，因之抑郁无聊，转面念佛。到近来熟人对其行为全领教后，方知道真正问题所在，都以为最好是换移环境才有希望，正因为若不变更生活，她未必真疯，我却只有气而且急，终至于死！即此勉强支持，事业工作，也全说不上，学校教书，就无从继续了，大小四口，怎么应付生活，困难处实无从想象。这么下去既救不了她，却只有毁我和孩子。（我明明白白向她提及此种极端困难处，她竟毫不以为意，只是微笑。）兆和在这个情形下，一面明知我的困难，一面又绝不便说她，然而忍受下去，眼看到孩子挨饿害病，而我毁去前途，怎么能忍，不能忍而居然忍受下去，一句话不说，家庭本来应有的幸福与精力，可说全耗尽了。

关于九的事，十年来我从不曾向你们要求帮助，如今实在需要你和得余来帮帮忙处理处理了。很明显事情即我们这里生活，实在已近于战时生活，单纯而简单，好好工作，老老实实吃饭，省省俭俭用钱，宽打窄用，量入为出，无交际，无幻想，更无花样。九却完全生活在空想中，还只觉得这里不美，那里不妥，与之谈事实，竟像是完全无意义。老以为在修佛道，比一切人精进虔诚，万想不到家中目前需要是应付生活，并非挽救灵魂。彼虽云在学佛，一般念经者常态生活，却无兴趣，事事得从惊人着手，到别人全不吃惊时，便只累我了。

五号晚

昨天说好再不去花子处，今天又不肯在家中写字，依然走去，必至吃饭时要用人叫方回。大哥，我看我已不大济事了，希望为她换一地方，或可将我挽救一下。至于她，其实一点不疯，只是不安于现状，与目下家庭这种生活习惯太不相合，即有机会作事，恐亦难持久，因神经不安定而易变，只是三五小时内事，任何人亦难忍受彼易变性情，任何工作亦不能用此种头脑性情来担负也。她虽出外十多年，性情依然如家乡中表嫂辈，尚在算命求神中决定行止，回来比在此对于她舒适，亦可想见。若能回沅陵凤凰，与大嫂三嫂住，一定比在此继续下去好。因目前二三同念佛的，大致都头脑不甚清楚，说及她慷慨处时，反而夸奖她，全想不到她将衣物给人后，要穿时还依然得我设法，我事实上又精疲力竭，用全副精力在应付一家生活，自己衣裤已破烂不堪，尚无法补充也。

专颂

安好

二弟　从文

三月六日

拖至1945年3月，沈岳萌病情更重，沈从文又无力为她进行长期医治，于是再次和大哥商议，最终决定让此时身在昆明的凤凰同乡严超护送她回乡。回到家乡后，沈岳萌精神失常，经常离家出走，后来自行嫁给一个乡村泥水匠莫仕进，三年自然灾害时饿死。

西南联大对教师的管理相对宽松，沈从文在1942年5月致大哥信中就说"一星期四小时，此外即自由处置，天不管地不怕"，他"若想作高级公务员，向重庆一走，早就成什么文化委员了"。此时沈从文还有着一个宏伟的创作计划，他打算重写以吕家坪为背景的《长河》，续写以王村为背景的《小砦》，正在写以沅陵为背景的《芸庐纪事》，到写成10个时便取个总名叫《十城记》，但是后来因已写部分出版审查时频频被扣而没能实现。

1942年6月10日，西南联大师范学院和云南省教育厅合办暑期中学教员讲习班，沈从文被聘为文史地组讲师，于8月1日正式上课。八九月间昆明物价飞快上涨，较好的衬衣一件700元，较好的皮鞋一双上千元。因此西南联大许多教授都生计困难，独身的金岳霖还好应付，但每月薪金也只有六七百元，连购置一件较好的衬衣也不够，孩子较多的张奚若和闻一多就更为困难。为此闻一多不得不在教学之余，为人刻章来维持生计。沈从文孩子较少，还可以勉强对付。

1943年7月22日，西南联大常务委员会第268次会议决议"改聘沈从文先生为本大学师范学院国文学系教授，月薪叁百陆拾元"，任职时间从8月份算起。沈从文的教授职称在当时也曾引发过不少人的非议，其中最为有名的是刘文典，身为国学大师的他尚古薄今，对写作白话文出身的沈从文平日里言语间就颇为不屑，听闻沈从文被评为教授，公然大叫道："在西南联大，陈寅恪才是真正的教授，他该拿400块钱，我该拿40块钱，朱自清该拿4块钱，可我不会给沈从文4毛钱！如果沈从文都是教授，那我是什么？我不成了太上教授？"还有一次，日军飞机突然来袭，大家纷纷躲警报，沈从文年轻些跑得快，超过了刘文典，竟引发刘文典勃然大怒，破口大骂道："我跑是为了保存国粹，为学生讲《庄子》；学生跑是为了保存文化火种，可你这个该死的，跟着跑什么跑啊！"这也的确有些过于轻视，简直有点不把沈从文当人看，也难怪梁实秋曾十分感慨地说："一个没有正常的适当的学历资历的青年而能被人赏识于牝牡骊黄之外，是很不容易的。"无论别人怎样评价，沈从文成为西南联大教授的事实已定，开始出席西南联大教授会。

1944年沈从文还一度想要到美国，在9月16日致正在哈佛大学讲学的胡适信中说："我希望因此有机会到美国看看，住二三年，或自费，或在需要教'现代中国文学'的什么学校，担任这个部门的课。因为在国内大学谈这个问题已近十年，解释它的过程得失及作品得失时，还有条理。"

1944年下半年，沈从文一家从呈贡龙街的杨家大院搬到位于跑马山的桃源新村。新村村长李沛阶眼见沈从文一家生活十分清苦，有意提供帮助，邀他到自家酒厂里当挂名股东吃干股以改善生活，沈从文婉言谢绝。沈从文之所以搬家至桃园新村以及与李沛阶熟识，是因为本年度他与闻一多、潘光旦、吴晗等协助地方人士办起了一所建国中学，校址就设在桃园新村，而李沛阶是建国中学的董事，闻一多教文学，潘光旦教优生学，沈从文教现代文学，吴晗教历史，对于"几位大学教授肯于在乡村中学任教，令诸教师学生感动"。不仅如此，张兆和也在此任英文教师。

1946年5月4日，梅贻琦代表西南联大常委会在全校师生大会上宣布西南联大结束。5月10日，西南联大各校复员计划启动，师生开始向平津转移。6月7日，沈从文被北京大学聘为文学院教授。7月12日，沈从文与家人乘飞机离开昆明到达上海，许多文学界朋友劝他留在上海写作，但沈从文并未同意，后又与家人一起到苏州，张兆和为了协助父亲生前创办的乐益女中复校而暂时留下教英文，直到1947年2月才在接到沈从文来信后携二子来到北平。8月27日，沈从文独自从上海飞往北平，年底搬进位于沙滩中老胡同32号的北京大学宿舍，这是一座非常大的院落，整个院子里住着北京大学20几位教授。沈从文在担任北京大学教授的同时，还在辅仁大学兼职授课。

1948年11月下旬开始平津战役，北平处于解放军的包围之中。北京大学的国民党负责人陈雪屏来到沈从文家中劝说他一起南逃，可以为他们全家提供飞机票。沈从文在中共地下党员乐黛云和进步学生李瑛等人劝说下，决定留下来迎接北平解放。11月28日，他在致大哥信中说："惟至今为止，还不知向何处走好。因体力与生活方式，实在都不宜卷入政治，且已深深感到学校也不相宜。既不想作官，也不拟教书，所以很希望一个人能回来住住。"

由于之前已遭到以郭沫若为代表的左翼作家的批评，已预感到中国行将进入新时代的沈从文知道自己不适宜再从事文学创作，12月1日因所编《益世报·文学周刊》停刊在致季陆的退稿信中就说："人近中年，观念凝固，用笔习惯已不容易扭转，加之误解重重，过不多久即未被迫搁笔，亦终得搁笔。这是我们年龄的人必然结果"，他看似已为此做好了心理准备，且并不悲观绝望，"旧的社会实在已不济事了，得一切从新安排，在过程中我们这一代可能会大半要牺牲于是非不明胡涂混乱中，也不妨事。因为大多已年在四十至六十之间，四十年内忧外患，各有一份，在个人工作上也各尽了所有能力，为国家为职务做了点事"，并且还鼓励季陆："应当单纯而勇敢来准备接受新时代的新教育。为了这个时代，能用笔，也不要因为发展方式不尽合本来理想，即搁下不干！"

其实，沈从文内心并非真的如此淡定自若，面临如同改天换地般之沧桑巨变，他也心怀忐忑，12月7日在致另一投稿者吉六的信中说："人近中年，情绪凝固，又或因性情内向，缺少社交适应能力，用笔方式，二十年三十年统统由一个'思'字出发，此时却必需用'信'字起步，或不容易扭转，过不多久，即未被迫搁笔，亦终得把笔搁下。这是我们一代若干人必然结果"，但他又因与国民党政见不合不愿南下，甘愿留下来静观其变，并且发出预言："在这个社会由分解圮坍到秩序重得过程中，中年一代既由于种种问题难适应，可能会要牺牲大半，……许多努力得来的成就，在时代一切价值重估情况中，自不免都若毫无意义可言。这其中自然有的是悲剧，年青人能理解这悲剧所自来，不为一时不公平论断所蔽，就很够了。"同时也不忘鼓励吉六，其实也是在鼓励自己："试为重造自己来作一点努力吧。即觉得所习见学习方式，不容易与平时习惯相合，也得放弃了这个本来写作情绪，作一些新的尝试。"

12月12日，沈从文所写的《复姚明清信》在长沙《小春秋》上刊发，这也是他在放弃文学事业前最后见报的文字。12月31日，他在1947年11月刊载于《文学杂志》上的小说《传奇不奇》文稿后面写下题识："卅七年末一日重看，这故事想已无希望完成"，同日在赠给周定一的条幅落款处写有"三十七年除日封笔试纸"。

12月陈雪屏又来到即将解放的北平抢运学者教授，他与沈从文早在1930年就已相识,在西南联大任教时又是沈从文的上司,因此再次劝说沈从文全家乘飞机南下,沈从文也明知这是离开北平的最后机会,但仍予以拒绝。

1949年1月上旬,北京大学校园里突然出现了转抄郭沫若文章《斥反动文艺》的大字报,同时在教学楼上还挂出了"打倒新月派、现代评论派、第三条路线的沈从文"的大幅标语,这让沈从文感到惊恐不已。他以为这是要对自己进行政治清算的信号,从而深受刺激,自此开始陷入极度的精神紊乱之中。在致此时远在香港的表侄黄永玉的私信中,沈从文这样写道:"城,三数日可下,根据过往恩怨,我准备含笑上绞架。"1月18日,沈从文在整理旧稿时忽然看到徐志摩和陆小曼的书信合集《爱眉小札》,不由得生发感慨,"历史正在用火与血重写,生者不遑为死者哀,转为得休息羡。人生可悯。"1月27日,梁思成和程应镠得知沈从文精神紧张后相继写信给他,邀请他到当时位于北平郊外的清华园休养予以缓解。1月28日,沈从文跟着罗念生一道来到清华园梁思成家,在此居住了一周多。1月31日,北平和平解放,沈从文在看到"解放军进城威严而和气"的景象后稍感放松,"早知如此,他们定将多一如我之优秀随军记者",但依旧未能完全摆脱不见容于新政权的幻觉。

2月份,沈从文在接受《新民报》记者采访时,还试图为郭沫若批评自己的文章《斥反动文艺》进行自我辩护,"我觉得郭先生的话不无感情用事的地方","郭先生说我只写恋爱小说,其实不对,在抗战时期我写的东西很多,不过有的是受检查没有被通过不能出版，自焚的作品就有好几部"。沈从文一直怀疑有人监视自己，北大宿舍的家门钥匙原本出去时都放在固定位置，谁要进屋可以随时开门，但他老觉得有人动了钥匙；开有小窗子的屋后面是一条窄小的胡同，他老觉得晚上有人趴在小窗子上往屋里看。3月28日，精神极度紧张的沈从文试图自杀，用剃刀划破自己的颈部，割伤了两腕的脉管，又喝了些煤油，幸被年方15岁的长子沈龙朱及时发现后送医获救，旋又入精神病院医治。这段时间沈从文自然已无法从事在北京大学的教学工作，只是偶尔给北京大学博物馆专修科的学生讲讲陶瓷史之类。

弃文搞文物

1949年8月,随着病情有所好转,沈从文经文化部文物局局长郑振铎介绍,到刚刚成立的历史博物馆担任设计员,虽然沈从文此后依旧为北京大学博物馆专修科学生上课,并且还在辅仁大学继续兼课,但人事关系已从北京大学转入历史博物馆。自此沈从文逐渐告别了大学教学生涯,而开始专心从事文物研究,开启了人生中最后一次身份转型。

身为文学家的沈从文突然转行从事文物研究,很多人为此感到不可思议,同时也为沈从文没能继续从事小说创作而感到惋惜。其实早在全民族抗战期间,沈从文已经有些跟不上时代的步伐,作品数量锐减,小说创作更是如此。八年间他出版的新作只有《湘西》《昆明冬景》《烛虚》《云南看云集》等几个散文集,小说方面只有未全部完成的《长河》第1卷和《小砦》等几个短篇小说,未见出版的《看虹摘星录》刚在刊物上以《看虹录》《摘星录》分别发表时便被当作色情文学予以严厉批判。为了缓解创作激情消退所引发的焦虑感，沈从文开始将兴趣逐渐转向搜集古陶旧瓷上。早在1938年来到昆明后不久，沈从文便与早他一年来此任教的施蛰存一起到福照街逛夜市，"有一次，从文在一堆盘子碗盏中发现一个小小的瓷碟，瓷质洁白，很薄，画着一匹青花奔马。从文说，这是康熙青花瓷，一定有八个一套，名为'八骏图'。他很高兴的花了一元中央币买了下来。"有一次，他们看到一件旧衣服上有两方绣件，极像是从朝衣补褂上拆下的，沈从文便劝施蛰存买下来。施蛰存当时有意搜寻缅刀和缅盒，一天他买的一个缅盒引起了沈从文的兴趣，从此见到就买，买多了再随手送给朋友。

抗战胜利后，沈从文随北京大学迁回，住在中老胡同北大宿舍，张允和于1947年也来到北平，借住在他家。张允和只见沈从文家中除了书籍、漆盒外，到处充满了青花瓷器，之后又大量收集宋明旧纸。由于战后通货膨胀货币贬值，一家人的生活并不宽裕，张兆和劝沈从文少买古物，但不见效。沈从文有时见到喜欢的古物舍不得放手，又怕妻子埋怨，便劝张充和买下，久而久之原本并不嗜好古董的张充和也收藏了一些旧纸和青花瓷器。朱光潜与沈从文同在北大宿舍一个院中，他最喜欢与沈从文一起去看古董，但由于家里管得紧，只能时不时买点小东西。到了过年时，沈从文去向朱光潜夫人说："快过年，我想邀孟实陪我去逛逛古董铺"，意思是趁着过年让朱夫人能宽宽手给朱光潜几个钱，朱光潜也如法炮制向张兆和说想让沈从文陪着去，但当两人走后，两位夫人一照面便什么都明白了。随着收藏经验不断丰富，沈从文也从起初广泛地收藏文物字画逐渐转向专门化，在云南专收耿马漆盒，在北平先是专收瓷器，在外国人尚未注意之时便开始大量搜集青花瓷器，后来又收集锦缎丝绸。也正因此，张充和对于姐夫沈从文弃文搞文物并不感到可惜，"他说他不想再写小说，实际上他哪有工夫去写！有人说不写小说，太可惜！我认为他如不写文物考古方面，那才可惜！"

1947年，北京大学成立由胡适、汤用彤、裴文中、杨振声等人组成的北京大学博物馆筹备委员会，同时决定成立博物馆专修科。1948年2月，北京大学正式筹备成立博物馆，由韩寿萱担任馆长，馆址位于沙滩北京大学图书馆后面。沈从文虽然并未参与北大博物馆的筹建工作，但表现出异乎寻常的关注，不仅积极参与"中国书画展""中国漆器展"等各专题的布展工作，而且还将自己在昆明购置的西南漆器借给博物馆，专辟一展室公开展出。后来沈从文干脆将自己多年苦心搜集的宋、明、清瓷器、漆器以及刺绣绸缎等民间工艺品，以及《世界美术全集》《书道全集》等藏书一并捐给北大博物馆。然而，这些由沈从文捐献的文物并未能充分发挥作用，1974年1月27日，沈从文在致北大教授吕德申信中就提出，通过自己近20年来与北大考古系毕业学生的接触，了解到这些捐献的文物并未得到考古系师生们的重视，如果一切冻结在库房中而从不利用，是不是能够考虑考虑用个什么方法把自己所捐文物退还，因为此时他正在协助修改中国工艺美术学院的教材《漆工艺史》，又在协助进行全国瓷器生产改进和提升工作，这些东西在他手边可以发挥极大作用。同年11

月26日，沈从文再次致信吕德申，请他向北京大学反映将自己之前捐献的《世界美术全集》《书道全集》等图书资料以及几十件西南漆器和百十件明清瓷器退还，并借给自己"一部《图书集成》，一份廿四史，一份十三通，一部《玉海》，一部《三朝北盟会编》，和一些基本工具书，如《骈字类编》《三才图会》，都十分平常而自然"。

1948年9月，沈从文为参加中国博物馆协会北方委员集会，还撰写了《收拾残破——文物保卫一种看法》一文，以委员身份谈了自己对当前文物保护问题的看法，该文分两次于10月1日和16日在《论语》半月刊第162和163期上连载。10月7日还撰写了《关于北平特种手工艺展览会一点意见》，在10月9日《大公报》上发表。

1948年秋冬时节，沈从文为了给北京大学博物馆专修科讲授"陶瓷史"一课，还专门编写了课程计划《中国陶瓷三十课》。同时在授课过程中，他深切地感受到需要一本陶瓷工艺史方面的教学参考书，因此又陆续写出《中国陶瓷史》书稿，并于1949年6月拖着病体最终完稿。该书稿包括以下5个部分，分别为：1.《题记》；2.《彩陶的衍化》；3.《黑陶之发现及其意义》；4.《青瓷之认识》；5.《越窑——秘色瓷》。为了撰写这部书稿，沈从文还在搜集查阅资料的过程中撰写了一组札记。同时他还着手撰写《漆工艺问题》，虽未能最终完成，但也留下了一些手稿。

1949年3月6日，沈从文完成《关于西南漆器及其他》一文，而此时他正处于精神高度紧张之中，这也是他在1月31日北平和平解放后完成的第一篇文章。3月13日,沈从文在致张以瑛信中谈及关于自己工作安排的设想时说:"如工作恰巧和时代需要相配合,当然还可为国家下一代做些事。(因纵不能用笔写文章,即作美术史小说史研究,也必然还有些新的发现,条理出一个新路,足为后来者方便。)但如果工作和时代游离,并且于文字间还多抵牾","自然即容易成为'顽固'","即有些些长处,也不免游离于人群的进步理想以外,孤寂而荒凉","平时这孤立,神经支持下去已极勉强,时代一变,必然完全摧毁。这也就是目下情形。"张以瑛是张兆和堂兄革命烈士张鼎和之女,曾经得到过沈从文夫妇的帮助,此时在天津为革命干部,2月上旬曾专程到北平看望沈从文并进行劝慰开导。

1949年4月,北京大学博物馆从校内迁往东厂胡同2号新址,之后举办过苗民刺绣图案展、现代博物馆介绍展等专题展览。一个月前,沈从文试图自杀被及时发现才抢救过来,又到精神病院医治了一段时间,此时病情刚稍稍稳定些,但他依然对此表现出极大的热情,抱病参加了这些展览的筹备布置工作。北京大学化学系主任袁翰青在参观了沈从文参与筹办的展览后,于5月3日专门致信向他表示感谢,信中说:"博物馆事业在中国虽然刚刚萌芽,可是我们认定它是人民教育的一个重要部门,政府和人民一定会重视它的。而从事这项任重道远的工作的人,也一定会受到各方面的崇敬的。我以极诚恳的心情写这封短信,来表示我对于先生和北大博物馆诸位先生的敬意。"

1949年7月22日,华北高等教育委员会批准北京大学正式成立博物馆学科，韩寿萱担任主任，并正式开始对外招生。虽然新成立的北京大学博物馆委员会中依旧没有沈从文的名字，但这丝毫没有妨碍他积极主动地参加博物馆的工作，有时还会给博物馆专修科的学生讲陶瓷史，或者介绍与展览有关的一些具体文物知识。

凡此种种，可以看出沈从文之所以弃文搞文物，以及进入历史博物馆工作，虽然多少有着为新形势所迫的因素，但也并非乱点鸳鸯谱，或者拉郎配式的随意安排了这样一份赖以糊口的工作，而是有着一定前期铺垫的，沈从文的确有能力也有兴趣从事文物研究工作。

沈从文被分至历史博物馆陈列组，主要工作是在库房清点登记馆藏文物，曾经数过上万枚古钱币，临时性任务是抄写文代会等时事宣传橱窗内的图片说明，参加布置陈列室以及编写文物说明文字和抄写陈列卡片。沈从文离开长期握惯了的笔，转而从事文物研究起初也有些不习惯，"工作转到历史博物馆时，我的存在只像是一种偶然。一切对我都极陌生。虽然每天还是一些熟人在一处吃喝，工作时也似乎还肯出力，事实上即家中人也一点不熟习，好像是客人偶尔在一处。同事就更加生疏了。一天要我数钱、拔草，就照做，但是一点看不出这对国家有什么意义。对我自己，头脑极沉重，累极时想休息又不可能，实在只想哭哭，以为既然并不妨碍别人，但是听馆中人向家中说这很不好，也不敢了。见什么人都吓怕。"

虽然沈从文也有过怨言，但并没有妨碍他从事文物研究工作，历史博物馆丰富的馆藏资源也为他提供了便利的研究条件。这年冬天，沈从文开始研究中国古代玉工艺，在此后两三年间写出了《玉的出产》《玉的应用》《玉的处理》《玉的价值判断色泽问题》《玩玉的贡献》《中国古玉》《中国雕玉工艺发展的几个段落》《玉的出处——于阗及其他》《玩玉者对古玉研究的贡献》《汉碧玉马头——〈历史教学〉封面图案说明》等诸多文章。沈从文用力之勤、成果之丰令人惊叹，其中有些他还当作讲稿在中国工艺美术学院兼职授课时使用过，这显然不是纯粹的门外汉所能期许的。沈从文还在文化部文物局创办的《文物参考资料》上发表了数篇研究文章。沈从文之所以能迅速成为文物研究方面的行家里手，除了勤奋努力和肯用心钻研外，也与他兴趣广泛好读杂书有关，在转行之前已有相当的知识储备。

随着文物研究工作的逐渐开展，沈从文的病情也慢慢得到缓解。1950年2月，他又接受组织安排到华北大学四部学习。通过学习改造，沈从文的思想观念有所变化，在致布德信中说："我曾经严肃检讨过我自己，三十年学习用笔，有个根本错误，即对现实的无知。……即因为这种工作态度，和社会总发展要求就不免游离，一切努力当然也就毫无意义的白费了。唯一特别处，即一生受社会或个人任何糟蹋挫折，都经过一种挣扎苦痛过程，反报之以爱。"4月，沈从文又转入华北人民革命大学政治研究院继续学习，于12月方才结束。然而沈从文对于此次为期长达10个月的学习改造总体上并不满意，认为"学习既大部分时间都用到空谈上，所以学实践，别的事既作不了，也无可作，我就只有打扫打扫茅房尿池，可说是在学习为人民服务"。沈从文的确利用节假日，一个人默默地将学校里十来个小便池打扫得干干净净，为此还受到表扬。学习结束后，沈从文撰写了学习总结《我的学习》，后经丁玲审阅后转交给《光明日报》刊出，他在文中说通过学习认识到"自己过去习作中一部分，见出与社会现实的脱节。由情感幻异的以佛经故事改造的故事，发展成'七色魇'式的病态格局。以及《看虹录》《摘星录》中夸侈荒诞的恋爱小说，再到解放前夕以抽象观念拼合来说明战争"，造成此种状况的原因"除了读书范围杂，以尼采式的孤立，佛教的虚无主义和文选诸子学，以及弗洛依德、乔依斯造成的思想杂糅混合"以及"对一切政治的怀疑与不信任"。当时也有领导在学习结束后动员沈从文继续搞文学创作，但他并未接受，理由是自己"极端缺少新社会新生活经验，曾试写了个《炊事员》也无法完成"。

1950年1月，沈从文仍回历史博物馆工作，恰逢正在进行"原始社会陈列"的筹备工作，他被安排撰写讲解词。后来沈从文回忆这段经历时说过，当时博物馆里的八九个研究员"多还只习惯坐下来围在炉子旁谈问题，从无人肯入库房工作，更不会去陈列室作'说明员'，我却不声不响在午门楼上一面学一面向人说，作说明员。转转整整十年（这个楼上冬天经常在零下十多度，不生火）。凡事懂得多些，也就是在那么一种情形下学来的"。沈从文在写好讲解词后多次给观众试讲，经反复修改方才定稿。2月6日，"原始社会陈列"正式展出期间，沈从文又担任讲解员，用自己写的讲解词亲自给参观者讲解。此后，他又接受了用历史唯物论观点写一本题名为《从猿到人》的通俗读物的任务,为此忙碌了几个月。历史博物馆又于4月份与敦煌文物研究所联合举办"敦煌文物展",沈从文不仅抱着极大兴趣参观了精彩纷呈的敦煌壁画摹本,而且还主动为观众进行讲解。从此之后,曾经是著名作家和北大教授的沈从文经常担任展厅讲解员,3年后也即1953年7月他还在讲解时结识了从朝鲜回国的志愿军军人王序,此时王序正为找不到职业方向而发愁,在沈从文影响下决定从事文物研究和保护工作,后来成为著名的考古专家。此时早已离开北大的沈从文依旧对北大心怀牵挂,5月6日在参观清华大学营建系展览后还发出感慨:"文物馆东东西西好。多为梦家一手收集。北大如有人稍稍肯照此办理,三年来博物馆也就大有可观了。好话总不相信,误事,也影响到国家需要。"

1951年10月25日,沈从文又接受组织安排到四川参加土改工作,能够参加这项工作本身就体现着组织对他的信任,他对此也十分重视,认为土改斗地主"比革大学习自然,为的是同一目的去参加人民革命"。为了更好地完成土改任务,沈从文离京前还特地向参加过土改工作的丁玲请教,丁玲告诉他"凡对党有利的事就做,不利的就不做"。

临行前,林宰平专门来电劝告他,如果身体不好最好不要下去,但沈从文还是执意要参加,他有着自己的打算,"希望有机会看看大地主被人民斗争,也希望看看比较小的地主被斗争情形。更重要是学习明白人民如何处理历史中这个大事情,如何生长,如何生产。也只有从这种学习中把我认识清楚些,再进而学忘我,来学习为人民服务。或用笔，用到这个国家一切生长方面，或不再用笔，即在一种极平凡工作中作公务员到老。"结果在火车上，沈从文不小心摔了一跤，脖颈磕在了扶手椅的木扶手边上，膝盖处也撞破了，由于车上条件有限，只是简单擦了碘酒和松节油，到达武汉后才买了些药敷上。

沈从文之所以如此积极参与土改运动，是因为他不仅将这次参加土改工作视为自己一生中极为重要的一次转变，而且也由此激发起新的创作热情，在写给张兆和的信中说："希望能好好的在领导下完成任务。并希望从这个历史大变中学习靠拢人民，从工作上，得到一种新的勇气，来谨谨慎慎老老实实为国家做几年事情，再学习，再用笔，写一两本新的时代新的人民作品，补一补二十年来关在书房中胡写之失。"在写给两个儿子的信中也说："这回下乡去是我一生极大事件，因为可以补正过去和人民群众脱离过误。二十多年来只知道这样那样的写，写了许许多文章，全不得用。如能在乡下恢复了用笔能力，再来写，一定和过去要大不相同了。因为基本上已变更。你们都欢喜赵树理，看爸爸为你们写出更多的李有才吧。"10月31日下午，沈从文与土改工作组一起乘船路过枝江县，江岸的景物房子不但触发了沈从文的情感，而且也激活了他的文学记忆，这些地方过去与他的生命有着极多联系，他写的许多文章都是在这种光景中产生的，在写给两个儿子的信中说："不意一下子，我的工作能力全失去了。只希望好好来为这个伟大国家伟大时代来再写几年，看到江岸边的种种，我的创造的心又活起来了。我一定要为你们用四川土改事写些东西，和《李有才板话》一样的来为人民翻身好好服点务！"

11月8日，沈从文被安排到内江县第四区烈士乡土改工作队，当天下午在致张兆和信中说："我们活在北京圈子里的人，见闻实在太小了，对于爱国主义的爱字，如不到这里地方来看看，也是不会深深明白国家人民如何可爱的。……三三，只要我支持得下去，我一定会要为这些苦难人民再用几年笔的。……这么学习下去，三个月结果，大致可以写一厚本五十个川行散记故事。有好几个已在印象中有了轮廓。特别是语言，我理解意思，还理解语气中的情感……这几天总想起革大那个老同志。手似乎在解冻，有个半天空，也许就可以把他用三千字画出来了。"11月12日，沈从文完成了中华人民共和国成立后所作的第一篇文艺性作品《老同志》的第三稿，为此他总共花费了三天空闲时间，约有5000字以上，"完成后看看，我哭了。我头脑和手中笔居然还得用。"受此鼓舞，沈从文还在次日致张兆和的信中表示，自己希望3年内将拟写的另外几个中篇故事草稿完成，其中"有三个必然可得到和《边城》相近的成功"，还计划以革命烈士张鼎和为原型创作一部长篇小说。他还写信叮嘱两个儿子别忘了给《老同志》的原型——革大炊事班的那个老同志做个凳子。1952年1月14日，沈从文修改完成《老同志》第七稿，但他自己并不满意，次日又写信给张兆和说："你可把文章看看，如觉得还好，就给什么刊物发表，让丁玲处理也成。如要改，请他们改。"然而《老同志》于该年5月份投稿时却遭遇退稿，沈从文对此并不甘心，又于8月18日在致丁玲信中说："寄了篇文章来，还是去年十一月在四川写的，五月中寄到一个报纸编辑处，搁了四个月，现在才退回来，望为看看，如还好，可以用到什么小刊物上去，就为转去，不用我名字也好。如要不得，就告告毛病。多年不写什么了，完全隔了。"然而《老同志》在沈从文生前始终未能发表，不仅浇灭了他好不容易才燃起来的创作热情，创作自信也因此受到重挫。

1952年1月，由于沈从文已经不在北京大学任教，因此北大催促他家从沙滩中老胡同32号北大宿舍搬离，1月20日，沈从文给杨振声写信谈及北大催促搬家一事，托杨振声找人商量一下解决办法。最终还是从北大宿舍搬出，到交道口大头条胡同租房居住。2月25日，沈从文在给长子沈龙朱的信中说："搬了好，我们没有权利住下去的。不过地方太僻，和一切隔绝，即和图书馆还隔得那么远，要读书也无可为力。"其实依照沈从文的收入水平，在中华人民共和国成立前完全可以买下一套四合院，但他把钱都用来购买文物，叠起来能有两个等身齐高度。文物如果是用以收藏倒还罢了，沈从文常常是买回来一段时间之后就无偿赠送给博物馆或图书馆，别人也知道沈从文对此毫不在乎，有时候甚至连收条也不打，如此一来自然攒不下买房钱。

沈从文在内江县烈士乡进行土改工作的确对他的思想深有触动，1952年2月9日，在致张兆和信中说："我们住呈贡乡下八年，虽在生活上和当地人近于完全打成一片，但是却如在一种不相关的自然状况下共同存在，彼此之间的荣枯哀乐，是不相通的，是在完全游离情形中过日子下去。虽前后将近八年，还不如这次三个月里相互熟习",由此也"才深一层明白文艺座谈所提'普及'和'面向工农兵','为工农兵'的重要性。"2月20日,内江县烈士乡土改工作宣告结束,沈从文又随队返回内江县城,并于2月24日到达重庆。2月25日—26日,沈从文参加土改工作总结会,并在会上作了20分钟关于内江县第四区糖房剥削问题的发言。

3月7日,沈从文回到北京,工作热情很高,每天天不亮就出门上班,在北新桥买个烤白薯边吃边暖手,再坐电车到天安门,往往门还没有开,他就在门口坐等开门后再进去,正如同他在致马文珍信中所说的那样,"五更造饭,六点左右出门,至少得有十二时在外"。在沈从文参加土改工作期间,放在办公室里的公私图书都被收归图书室,其中包括他从其他地方借来以供参考、摹绘等工作用的书籍图录,由于遭没收后无书可还不得不照价赔偿。3月8日,沈从文和几位历史博物馆的同事一起被抽调参加北京市的"三反""五反"工作,他被分配到古玩业检查组,主要进行收缴文物的检查鉴定工作,历时约20天。其中4月份的一天,沈从文还到兼课的辅仁大学面对学生做了自我思想检查。清查工作结束后,历史博物馆关于他的去留问题征求本人意见,本年夏天进行了全国高等学校院系调整,沈从文兼职授课的辅仁大学已与北京师范大学、中国人民大学合并,而中国人民大学商调他任专职教授。然而沈从文选择继续留在历史博物馆,"新大学的行政中心已经同我续约,但我决定及时引退,不再向学生灌输发霉的东西"。不过沈从文也并未就此彻底告别大学,还在中央美术学院兼职授课，1953年下半年还接受中央美术学院聘请担任波兰留学生吴光启的指导老师，给他和另一研究生黄能馥上中国染织美术史课，但这都属于义务性质，对于学校送给的兼课费他也分文不取。

7月4日，历史博物馆为了丰富馆藏成立了文物收购组，沈从文是4名成员之一，此后数年间经他手收购了许多文物，其中有些由他廉价收购的具有历史价值的文物，曾于1956年在历史博物馆内部举行的"反浪费展览"中被作为花钱买来的废品展出。同时他还替多所大学代购教学用文物。有些文物沈从文认为有历史价值和艺术价值，但博物馆又不愿收购，这时他往往会自己垫钱买下，过段时间后再无偿捐赠给需要这些文物的单位。也正因此，连续数年间，沈从文都将平均每月工资的四分之一用于购买图书和文物，以至于在1953年3月次子沈虎雏生病时竟然因穷极而无法就医。10月1日，沈从文注释完清代寂园叟的陶瓷专著《陶雅》，他根据近年来出土文物加上自己的见解添加批注多达700余处，总计数万字。由于沈从文对于陶瓷有着深入研究，还被聘为在周总理关怀下于是年成立的"建国瓷艺术设计委员会"顾问，该委员会承担着为北京饭店举行国宴，以及国家驻外使馆招待国宾使用瓷器的设计工作。沈从文作为顾问经常去协助工作，还自己花钱买来许多古瓷供设计组参考，之后全部捐赠给中央美术学院。此外，他还经常协助中央美术学院解决印染、图案等课程教学中遇到的问题。

1952年，全国实行从折实工资向固定工资制转轨，由于沈从文来历史博物馆前是北大教授,因此工资一直高于馆长,此次文化部派人来复查工资定级时沈从文表示:"只要给我工作便利,薪资则永远不要超过馆中业务领导",也正因此,他被定级为副研究员,比之前降了一级,此后20余年始终如此。

1953年1月,历史博物馆又成立了出版组,由沈从文与姚鉴、潘絜兹、傅振伦4人负责馆内编辑出版事宜。沈从文在做好本职工作之外,还义务帮忙提供教学参考资料,在3月28日日记中这样写道:"为图案系一助教拟一百牡丹花纹图案,故宫清明宋瓷中即可得四一种。可能还是近于多事,因教授先生都不要那么多资料来教学,教学已廿卅年,一切都很觉得已足够,多事可能对他们即是一种搅扰。"这是目前所见沈从文为他人提供教学研究资料的最早文字记录,自此开始他总是有求必应,30余年间累计次数在三位数以上。沈从文从事文物研究工作简直到了忘我的程度,为了节省上下班路上的时间,他于3月份搬入位于东堂子胡同的历史博物馆宿舍,甚至还抱病坚持工作。3月31日,他半夜未睡,身体发热和胸部刺痛,但依然勉力支撑病体去上班。4月4日这天病仍未见轻,"早上勉强来。肺不受用,已退烧,还咳,鼻未好。糟糕之至。"4月7日,病情依然严重,但仍然抱病工作,当天美术出版社的编辑来找他谈《长沙出土古代漆器图案选编》出版事宜,由于李杏南那里收藏的残锦不够付印,他又到西湖营跑了半天。回到家中后病情加重,夜里右腰疼痛不止,鼻子出血、胸部难受、眼睛发胀。沈从文忘我的辛勤工作也取得了丰硕的成果,7月26日《明代织金锦》一文在《光明日报》上发表,9月

3日《中国织金锦缎的历史发展》又在《新建设》第9期上刊发。

党和国家领导人也没有忘记沈从文,想让他重新回到文学创作队伍中去。1953年9月23—10月6日,沈从文以工艺美术界代表身份参加了全国第二次文学艺术工作者代表大会。会议期间,毛泽东、周恩来等国家领导人在人民大会堂接见了包括他在内的12位老作家,毛泽东关切地询问了沈从文的年龄后说:"年纪还不老,再写几年小说吧。"虽然沈从文当时并未回答,而是报以微笑,但在事后回忆时依旧记忆犹新、感动不已:"这次大会,经主席接见,一加勉慰,我不能自禁万分感激而眼湿。……照我当时的理解,这对我过去全部工作,不会是完全否定意义。若完全否定,我就不至于重新得到许可出席大会为代表了,不至于再勉励我再写几年小说了。……我估计到我的能力和社会需要,若同样用五六年时间,来继续对文物作综合研究,许多空白点,一定时期都可望突破,或取得较大进展。我再辛苦寂寞,也觉得十分平常,而且认为自然、应当、十分合理了。"曾担任过毛泽东秘书,时任中共中央宣传部常务副部长的胡乔木也在9月份致信沈从文,表示自己可以着手安排沈从文重返文学创作岗位,但沈从文由于正犹疑不决,迟迟没有回信。11月,沈从文在致周扬信中表示:"老朋友为公为私,多以为我还是写点小说,一面对国家有益,一面对个人生活也会稍有转机",但他自己认为"工艺美术一点常识,若用得上,就为打点杂,尽尽力,可能比写点文章还切实际,而对人民有益","现在就坐下来让国家养着写文章,我觉得不大好"。此后胡乔木又致信沈从文,并专门安排严文井找他谈话,想请他撰写30种历史人物故事，但终因"怕和历史专家见解有参差"，没能写成。

其实，沈从文起初本已准备答应"归队"当专业作家，但就在这时他忽然接到即将与中国青年出版社合并的开明书店发来的通知，新中国成立前由该书店出版的他的所有著作凡已印、未印书稿及纸型均已代为焚毁，这使得他每到执笔时即想起焚书事，引起工作失败感，最终决定还是继续待在历史博物馆搞文物研究。直到1981年沈从文在致友人信中还认为此次焚书之举非比寻常，"照常情说，这并不是小事，决不是发行部门可以单独执行的，即无明令指示，至少也经过书店所有重要负责人通过（比如叶绍钧、王伯祥诸先生同意）。因此不多久，各图书馆也就有会于心，静悄悄的或把我作品书卡从图书室抽去，或搁在一旁作为不外借图书。据我所知，就包括北大、北图在内。到了文化大革命，那就更搞得彻底，红卫兵的破四旧革命行动那会有错？我凡事得沉默接受。"

同一年，台湾的国民党当局也认定沈从文是"反动文人"，对他的所有作品予以全面查禁。然而相较而论，开明书店焚书一事对沈从文的打击无疑更为严重，眼看着数十年的心血付诸东流而顿感心灰意冷，再也没有勇气和信心拿起笔来从事文学创作。

1954年1月25日，他在写给道愚的信中讲述了由此造成的摧毁性的精神打击："关于旧有的习作，出版的书店，早通知我说已烧了。印出的既全部烧去，那能说再出版？有什么值得出？谁来出？……本意写作还有益于人，有益于国家，才把它在一个极长而寂寞的学习中支持下来。什么人都受不了这个试验时，我还是不以为意，要把它搞好。以为必有一天，可以用到更有意义的更新的需要上去。到书店正式通知我说书已全部烧去，才明白用笔已完全失去应有意义。同时还看到许多莫名其妙的作品，都还在翻印。我知道，我的对于工作的认识和希望，完全错了。"该信虽然已经写好，但是始终未发出。这年秋天，沈从文在写给潜明的信中再次表露了作品被焚毁所造成的内心痛苦，此前他还深信自己的作品对于国家有益，"无论如何，比封建迷信妖魔鬼怪的戏剧，庸俗的电影，为无害于人"，但自此之后"才明白对人民毫无用处，远不如水漫金山寺和同类作品为人民所需要……我的工作，完全成了一种胡涂的浪费"。

为沈从文始料未及的是，他的政治地位自此却在不断攀升，不仅参加了第二次文艺工作者代表大会，而且还于1954年12月21日—25日在中南海怀仁堂列席参加了政协第二届全国委员会第一次会议，此后又于1956年1月在政协第二届全国委员会第二次会议上正式成为政协委员，1956年10月1日还以全国政协委员身份到天安门观礼台出席了国庆观礼。"文化大革命"结束后又分别于1983年第六届和1988年第七届全国政协会议上当选为常委，而这绝非一般人所能企及的，也是他在国民党统治时期从未得到过的政治待遇。

1955年，沈从文一边忙于文物研究，一边也从事与文学有关的活动，这年上半年应邀为人民文学出版社重版《红楼梦》草拟注释，一共拟出近500条，1957年10月出版的新版《红楼梦》

中的部分注释就来自于沈从文。本年度，沈从文还以自己在四川省内江县烈士乡参加土改工作的经历为素材着手创作小说《财主宋人瑞和他的儿子》，最终于1958年2月完稿。

1955年11月21日，沈从文在致丁玲的信中谈及自己所面临的左右为难的困境，请求丁玲帮助自己解决。原来，此时沈从文在参加由出版总署组织的《中国历史图谱》一书的编写过程中，出版总署领导与编写提纲的一位专家有了意见分歧，沈从文夹在其间无所适从。虽然此时丁玲的处境也极为艰难，但还是将沈从文的来信和自己写的信一起交给中国作协书记处第一书记刘白羽和中宣部文艺处处长严文井，请求他们帮助解决。

刘白羽收到信后又向中宣部副部长兼中国作协党组书记周扬作了汇报，12月7日，周扬作出批示，并致函文化部副部长陈克寒、文化部副部长钱俊瑞和文化部文物事业局副局长王冶秋三人，提出中国作协可以让丁玲、严文井等去看望一下沈从文，同时希望文物管理局对沈从文给予照顾，并考虑重新安排沈从文的工作。12月9日，陈克寒在周扬来函上作了批示："请冶秋同志找沈一谈，并复周扬同志。"12月14日，王冶秋与沈从文谈了两个小时，沈从文提及两点想法：第一，从事文学创作。他认为自己虽然与现实生活有些隔离，但之前参加过四川土改工作，如果继续深入下去还是有东西可写的。如果组织上认为他可以做这项工作，他愿意听从组织决定。第二，进行中国工艺美术史研究。他认为自己在明锦、丝织、瓷器和玉器等方面都有些知识储备，深入钻研是可以做出成绩的，希望能让他到各地去看看藏品，以及现在的生产情形。谈话结束后，王冶秋将他与沈从文谈话的情况分别致函中宣部和文化部领导，他的个人意见是如果沈从文觉得能够写作，可以将他调往作协从事写作，如果不能则让沈从文在历史博物馆或者故宫博物院从事研究工作，由他主持计划于明年在故宫设立的织绣服饰馆。12月20日，周扬作出批示，认为可以让沈从文先写一些通讯特写类的作品，"把这样一个作家改造过来，也是一件值得做的事。如作协不好安排，可否分配到中央美术学院任教，这样总比在历史博物馆和文艺界接近一些，也许于他的心情也有好处"，陈克寒也作出批示："请考虑能否让他搞创作。"

1956年1月中旬，刘白羽在致周扬函中说严文井已经征求过张兆和对于沈从文工作安排的意见，她觉得还是让沈从文主持故宫织绣服饰馆比较合适。此外刘白羽还提出虽然沈从文是全国政协委员，但他并不适合从事行政工作，如果让其主持故宫织绣服饰馆应该以专家兼行政工作对待，给他配备一个有力助手，这样既可以从事织绣服饰的专门研究，也能够腾出更多时间跑跑写写。1月19日，周扬作出批示："同意这样办。只是他的行政职务问题，须与文化部商量决定。"2月16日，中国作协党组又在致文化部党组函中对沈从文的工作安排提出建议："关于沈从文先生的工作问题，经我们几次和他本人及夫人接触，最后他夫人表示还是去故宫博物院主持织绣服饰馆，同时进行写作为好。……如这样安排，则应配备一个有力的助手帮他进行领导和组织工作，让他以主要精力去从事这方面的研究工作，并以一定的时间出去参观和深入生活，进行写作。他的待遇以专家兼行政工作的办法解决。"5月7日,文化部文物管理局向历史博物馆下发了《调沈从文到故宫博物院工作通知》,"你馆沈从文同志业经部同意调故宫博物院工作。接通知后,请即办理调职手续为荷。"然而沈从文实际上并没有到故宫博物院报到,在现保存于故宫博物院档案室的沈从文调动工作通知右边写有"没有来"三个字。同时,故宫博物院人事科还在中国作协致文化部党组的函件上写有这样一段话:"因本人不愿来院工作,现征得组织同意来我院陈列部兼研究员工作",就这样沈从文的人事关系依然还在历史博物馆,只是兼任了故宫博物院陈列部研究员。1956年5月,沈从文应故宫博物院院长吴仲超之请兼任了故宫博物院织绣研究组的顾问,每周抽出一定时间到故宫上班,帮助故宫鉴定藏品,以及开展织绣文物研究和培养织绣文物后备力量。沈从文在为期两年的兼职中不仅帮助培养了织绣研究方面的骨干,而且他也得以接触故宫收藏的大量织绣文物,从而为开展相关研究奠定了坚实基础,产生了诸多研究成果。沈从文之所以没有接受组织安排正式调入故宫博物院,当时很可能是因为他想编写完《中国历史图说》一书再过去,对此他在1956年8月4日致大哥的信中也曾提及,后来便一直拖延下去。

虽然沈从文工作调动一事因他本人没有前去报到而搁浅,但与王冶秋谈话时所提出的希望能到各地去看看藏品的愿望很快得到满足,自1956年10月7日起他与同事余庠一起离开北京,先后到济南、南京、苏州、上海等地参观博物馆,了解了各地博物馆的陈列内容、收藏现状,并且搜集了大量资料,也借此机会游览了当地的一些名胜古迹，同时拜访了一些久未谋面的老友，此行历时约一个月。11月22日，沈从文又以全国政协委员身份离京到湖南长沙考察，同行的还有另两位政协委员。

11月25日，沈从文一行到新建不久的湖南省博物馆参观，并记下了自己的一些观感，"湘绣醴陵瓷在博物馆看到一点点。瓷质好，作法待改良，一般说来比景德镇好，又相当价贱，将来有前途。湘绣似不如苏绣之精。主要在图稿差，水平不高，因之工人再好也无从着手。……苗瑶族刺绣精美惊人，有从来未见到的。……将来会成为国内时髦饰物。"期间沈从文因病情加重住进了湘雅医院，住院时为了解闷特意买来赵树理的《三里湾》阅读，但观感不佳，在致次子沈虎雏的信中说："笔调就不引人，描写人物不深入，只动作和对话，却不见这人在应当思想时如何思想。一切都是表面的，再加上名目一堆好乱！这么写小说是不合读者心理的。"沈从文后又于12月10日在致张兆和的信中说："我每晚除看《三里湾》也看看《湘行散记》，觉得《湘行散记》作者究竟还是一个会写文章的作者。这么一只好手笔，听他隐姓埋名，真不是个办法。但是用什么办法就会让他再来舞动手中一支笔？简直是一种谜，不太好猜。可惜可惜！这正犹如我们对曹子建一样，怀疑'怎么不多写几首好诗'一样，不大明白他当时思想情况，生活情况，更重要还是社会情况。"由此看来，沈从文并未完全丧失对于自身写作能力和水平的自信心，甚而为自己没能继续从事文学创作感到惋惜，他在信中还说自己准备以张兆和堂兄革命烈士张鼎和的事迹为基础创作一部小说，但可惜的是最终未能完成。

沈从文住院5天后出院，12月4日到湖南省博物馆开会，会后又到附近的一座寺庙参观，只见百十个尼姑正在织帐罗，在别处这样的景观是看不到的，"这倒是自古有之，讲丝绸史，古代越罗婺罗都是女姑子织的，在历史上十分著名"。12月8日，沈从文又过湘江到岳麓山下的湖南师范学院（今湖南师范大学）参观考察，主要了解历史系的教学情况。当时湖南师范学院远离市区，沈从文认为有些不妥，在致张兆和的信中说："一个学校和都市完全脱离，有些知识可能也就永远得不到了。教员生活关系简单如隐士，长久也不是个办法。"

在湖南考察期间，沈从文得便还回了一趟湘西老家，这也是中华人民共和国成立后他第一次回到故乡。12月13日上午，沈从文离开长沙赶赴湘西，下午4点到达沅陵，住了一夜后又于12月14日下午到达吉首，途经张八寨时看到"过渡时还和写《边城》情形一样，只是风景更好些。有个十来岁小女孩在拉船，四围竹树如画，动人得很"，但一切也正起着深刻的变化。沈从文对此深有感触，后来写成《新湘行记——张八寨二十分钟》一文，发表在《旅行家》1957年6月号上。12月17日，由于同伴查夷平此次湘西之行的主要目的是搜集苗族山歌，在此之前已经向四五个当地歌手发出邀请，因此沈从文陪着他到湘西苗族自治州州委会议室进行了录音采集。12月18日，沈从文在一位当地文化干部陪同下一起赶赴家乡凤凰，于下午4点半到达，晚上在由城隍庙改建而成的会场上观看了露天电影《天仙配》。由于沈从文离家日久，整个城中认识他的人已不到10个，即便见到当年的玩伴儿也不知说些什么好了。留存在记忆中的故乡依旧那样熟悉，然而现实中的故乡却又感到如此陌生。12月22日上午，沈从文离开故乡返回吉首，最后于12月30日回到北京。

1957年1月9日，沈从文致信大哥沈云麓，告知他人民出版社准备出版自己的作品选集，托大哥代为搜集以前出版过的旧集子，以便进行筛选。人民出版社之所以会在开明书店销毁沈从文所有作品3年之后计划出版作品选集，乃是因为上一年也即1956年5月2日，毛泽东在最高国务会议上正式提出了"百花齐放，百家争鸣"的"双百"方针，不仅文艺界随之活跃起来，而且出版界也迅即掀起重新出版五四以来代表性作家作品的热潮，作为现代著名作家的沈从文也在其列。不仅如此，1957年2月17日，主管文艺工作的周扬为了贯彻"双百"方针还专门交代《人民文学》主编严文井："你们要去看看沈从文，如果他能出来，将是你们组稿的一个胜利。"沈从文接受邀请再度萌生了创作欲望，写出了《跑龙套》《一点回忆，一点感情》《谈"写游记"》等作品在《人民文学》和《旅行家》等刊物上发表。2月27日，沈从文列席参加最高国务会议，听取了毛泽东主席所作的《关于正确处理人民内部矛盾问题》的讲话，他还做了详细的笔记，保存至1966年"文化大革命"爆发时销毁。3月5日—20日，沈从文又参加了第二届政协全国委员会第三次会议，并在会上作了关于加强博物馆文物研究工作和少数民族文化工作的发言。3月，沈从文应中国作协要求拟定了本年度的创作计划，准备分别以安徽和四川内江糖房为背景写两个中篇小说，但与此同时也没有忘记文物研究工作，在创作计划中又提出了文物研究工作的重要性和现实研究条件极差之间的反差。然而，此后沈从文实际上主要忙碌于文物研究方面的工作，并没有真正投入精力于文学创作中。4月12日下午5点，沈从文离京奔赴南京、苏州、上海、杭州等地考察丝绸生产情况，并参观访问博物馆，为筹建丝绸博物馆进行前期准备工作。

4月份，中共中央决定开门整风，在报纸上出现了"大鸣大放"给中国共产党提意见的风潮，这时也有人拿着上海《文汇报》开具的介绍信来采访沈从文，让他就新中国成立后为何放弃文学创作发表意见，并声明将由《文汇报》代他鸣不平。沈从文断然予以拒绝，说自己"解放后改行，是自己决定的，有什么不平？"也正因此，沈从文幸运地躲过一劫。也正是在这一年，沈从文和王家树合编的《中国丝绸图案》一书由中国古典艺术出版社出版，这也是他关于文物研究的第一本合著。沈从文之所以能够躲过反右扩大化运动的冲击，也与妻子张兆和平日里的不断规劝有关。

8月4日，沈从文离开北京到青岛休养，8月11日他在青岛收到张兆和的来信，信中说："拜读了你的小说。这文章我的意思暂时不拿出去。虽然说，文艺作品不一定每文必写重大题材，但专以反对玩扑克为主题写小说，实未免小题大做"，同时张兆和也不忘鼓励沈从文，"我希望你能写出更好一些，更有分量的小说，因为许久不写了，好多人是期待、注意你的作品的，宁可多练笔，不要急于发表，免得排了版又要收回"；"只是希望你不要因此气馁，你多写，你会写得好的"。

青岛原本就是沈从文的福地，当年在青岛大学（后改名山东大学）任教期间不仅求爱成功，而且也迎来了创作高峰期，此番时隔20余年后沈从文在此又找回了些创作自信，他在8月13日致张兆和的信中说："在这小房间里，五点即起来作事，十分顺手。简直下笔如有神，头脑似乎又恢复了写《月下小景》时代，情形和近几年完全不同了"，"因为似乎生命全部属于自己所有，再也不必为上班或别的什么老像欠债一般，还来还去又总不会完，——这里却真作到了自己充分支配自己。"为了寻求创作借鉴，沈从文还阅读了凯·巴巴耶夫的《土库曼尼亚春天》等外国乡土小说，他认为巴巴耶夫写得很好，"小事件写地方景物人事；写景三五行，对话三五行，相当生动。这几天看的书，都恰好是有关乡土的特写速写，对我极有启发。"8月22日，沈从文在致大哥的信中再次谈起，自中华人民共和国成立后自己被迫放弃写作是国家的损失，同时也表达出对当前创作能力下降的苦恼，"正得用时不曾使用，不曾有机会继续使用，时间一过，能力丧失，再回来找寻，找寻不着了。这种个人悲剧大致也是无可避免的。……如真的能够继续不断的写下去，应当可以说从量上有希望及契诃夫，从表现问题上，也可以希望比契诃夫还广一些，或者深一些。可是社会变动太大，在大变动中难于适应，孤立进行的工作自然难以为继，新社会要求于一个作者又大不同于十九世纪或'五四'时代，我的有用精力才转到了文物工作。……可惜的还是写短篇的能力，一失去，想找回来，不容易。……人难成而易毁，毁的原因有时由外而至，有时由内而来，由外而来，还可望外面环境好转而得恢复一部分。由内工作失败感而形成的一种看不见，摸不着，但是却存在的事物，腐蚀着自己的对工作信心和热情时，却不易挽救。我还得努力来把一切失去的力量找回来，好多为国家作些事情。"正所谓用进废退，沈从文此时所面临的由于长期停止文学创作所导致的生疏和隔离感，实际上是带有共性的，在很大程度上也可以用来解释为什么"文化大革命"结束后许多知名作家重获创作自由，却鲜能再创辉煌的重要原因所在。然而，沈从文也并未直接选择放弃，甚至还在8月23日致张兆和的信中，希望妻子同意自己捐助老家学校四五百块钱，"将刺激我多写些文章，为他们而写"。8月26日，沈从文在致张兆和的信中又说自己"在这里住下，写什么似乎易落笔，易设想，脑子也似乎恢复了过去二十多年前写《月下小景》情形，人比较聪敏了好些。如写中篇，易构想"。

然而，沈从文3天后也即8月29日便离开了青岛，因此这封信中所说的"如写中篇，易构想"不过是一种创作设想而已，并未真正付诸实施。在青岛休养期间，沈从文的文学创作并没有取得多大进展，反倒是完成了《边远地区少数民族文化与中原文化的关系》等论文初稿。回到北京后，沈从文更是无暇再顾及文学创作，而是一如往日那样沉浸于文物研究中，并且还希望能够在此方面做出显著成绩以争取入党。10月28日，他在致大哥的信中就说："还只想就一二点研究冷门，为国家弄出点成绩，再来请求入党。现在如血压那么高下去，就什么都不好办了。"沈从文明确表示想要入党并非只有这一次,他在1959年1月7日致大哥的信中也表达过类似的诉求:"这几天来,全北京都为苏联卫星上天兴奋。(我觉得真是只有请求入党,来纪念这件大事,才足表示对社会主义阵营理想全面的拥护和成功深深信心!)",此后又多次在致大哥的信中提及想要入党。

10月份,由人民文学出版社组织选编的计有29万余字的《沈从文小说选集》出版,这也是沈从文在中华人民共和国成立后出版的第一个文学作品集,印数为24000册。沈从文在为这本选集所写的《题记》中回顾了自己从事文学创作的道路,不无伤感地写道:

当更大的社会变动来临,全国人民解放时,我这个和现社会要求脱了节的工作,自然难以为继,这分未竟全功的工作必然停顿下来了。一搁就是近十年。由于工作岗位的改变,终日长年在万千种丝绸、陶瓷、漆、玉、工艺美术图案中转,新的业务学习,居多属于物质文化史问题,和对人民生产服务的需要,越深入越感觉知识不足。在这种情形下,我过去写的东西,在读者好友间还未忘记以前,我自己却几乎快要完全忘掉了。……记得二十四年前,上海良友公司印行我习作选集时,在那本书题记中,曾向读者深致歉意,觉得费去万千读者的宝贵时间,心中极不安。希望在另外一时,还能够写出点较新较好的东西。现在过去了二十多年,我和我的读者,都共同将近老去了,我还写不出什么像样作品。……目前还只能把二三十年前一些过了时的习作,拿来和新的读者见面，心中实在充满深深的歉意。

沈从文在收到这册书后百感交集，脑海中不由得又浮现出几年前收到开明书店焚书来信时的景象，他并未因《沈从文小说选集》的出版而重燃创作欲望，而是继续埋头于文物研究，本月即应邀参加了定陵新出土的服饰、丝织物的研究工作。11月3日，沈从文在致大哥的信中谈起了新出版的《沈从文小说选集》，然而非但没有为此感到欣喜，反而颇多怨言，为丁易在《中国现代文学史略》中"就用三五百字贬得我一文不值"感到不满，同时对于这部选集"是否能卖多少，也只有天知道"，"一个人不断努力三十年工作，却会让人用三五百字骂倒，而且许多人也就信以为真。令人感到毁誉的可怕，好像凡事无是非可言。看到那些不公的批评，除灰心以外还感到一种悲悯心情，想要向他们说：'你们是在作什么聪明事？你那种诽谤，对国家上算？你不觉得你那个批评近于说谎？'"沈从文在11月8日致大哥的信中再度谈及该选集，表示"历史极有意义，我想只要身体能支持，总还可写两本新书"。11月20日，他在致大哥的信中又感慨自己从事写作多年"却和做梦一样竟和本业离开来搞文物，又搞得简直是疯头疯脑"，"我还能写大作品，但得用我自己的方法。和学习什么一样，如只照目下有些人方法，什么也不能写好的！"这也再度显露出沈从文的内心矛盾处，他既无法彻底忘情于文学，但事实上又始终没有真正将宏伟的写作计划付诸实施，只是在文物研究的间隙偶尔创作一些散文或者短篇小说之类的作品。

1958年6月，沈从文到位于北京市郊的八大处修养，期间完成了纪实散文《管木料场的几个青年》和文物研究论文《龙凤图案的应用和发展》，在致张兆和的信中谈及近期所写的《天安门前》《春游颐和园》《新湘行记——张八寨二十分钟》等作品时，先是认为自己还能写动人的小品文，接着又说："但是目下写作方法似乎缚住了手中这只笔，不大好使用。未用它前得先考虑写的是否真，再考虑读者，自己兴趣、文字，放在第四五以后，写出来不可免会见得板板的，或者简直就写不下去。……读者和编者要求支配作者向浅处写，一时还不能习惯。"8月23日，沈从文带着一批故宫和历史博物馆收藏的明清绸缎、刺绣离京南下，先后到杭州、苏州、南京举行丝绣展览，此举是应有关方面安排为促进江浙等地生产的丝绸产品改进和提高花色纹样水平，前后历时正好3个月。这一年时任中宣部副部长的周扬为庆祝反右斗争胜利，在北京西长安街邮局对面的一个饭馆里设宴招待文艺界人士。中宣部、文化部、全国文联、中国作协等多个部门出席宴会，沈从文也受邀参加。席间周扬当众宣布，准备让时任北京文联主席的老舍多管一些全国文联的工作，想请沈从文接替老舍担任北京文联主席，沈从文事前毫无思想准备，一听就急忙站起来说："这不行，我还是做我的文物研究工作。我是个上不得台面的人。"由于沈从文态度坚决，这件事就此搁浅。1975年冬沈从文在致钟开莱的信中还为此感到庆幸，"我至今还活得上好，或许正是不妄想做'作家'，才在倏忽风风雨雨中，活得格外健康而自由！若还放不下'过去一切'，忘不了'个人小小得失'，或在五三年即照鼓励'归队'，或照五八年在二百同行鼓掌欢迎下，去接老舍'北京市作协主席'的虚位，现在恐就无机会来用菜豆大小字，向远在海外的老友谈闲天抒情了。"

1959年也即在历史博物馆工作的第十个年头，已经57岁的沈从文不辞辛苦地撰写了大量文物研究论文，单是该年在报刊上发表的就有《谈挑花》《金花纸》《介绍几片清代花锦》《谈皮球花》《谈谈〈文姬归汉图〉》《蜀中锦》《谈瓷器艺术》等诸多论文，还与张仃等人合编了文物专著《明锦》，本年度交由文物出版社出版。此外又做了大量的日常工作，他的辛勤付出也获得了一致认可，历史博物馆向他发放了本年度的年终奖。沈从文收到奖金后却又退了回去，在致馆长的信中他这样说："我想在馆工作这一年，做事极少，且作得极不好，给我这分奖金，在馆中本出于好意，事实上可令我十分为难，不知如何是好。工作已十年，能少犯错误，即很好了，不应当受奖，所以还给公家，少笔开支。或不可能再由公家收回，就请你为设法处理一下，或捐献给公家，或补贴十分需要经济补助同志。"

1960年元旦刚过，沈从文便致信大哥说自己原本打算拟定一个创作计划，"请一年创作假，来完成个四嫂一家的长篇小说。如批准，即可过宣化、合肥以至昆明各处走几个月，再用半年来用笔。……其实如照主观估计，还能抽出三个月回到乡下住住，一定也可写本新的湘行记，怕抽不出身来这么办，也就不便提到工作计划上来了。"1月8日，他又致信大哥说："因为工作，有必要明白外国收藏、研究东方文物，和其他关于比较研究工作情况,如果能就国内各大博物馆陈列室及库房各看一个月,再去各国各看一月半月,显明对整个工作十分有益。……可是却似乎不会有这一天。……因为除我自己明白这么各处走动,对国家,对新的文物研究工作有益,竟像是再无第二个人能注意到。郑西谛未死前,有机会谈也不谈,现在一死,更无熟人可谈及了。"1月18日却再次致信大哥谈及自己新的创作计划:"我可能已决定要写一年小说,初步估计将去宣化住二月,合肥住二月,如便利,且有可能要到自治州住十天半月,再上贵州昆明,共用二月时间,即回北京着手写个长篇。……大致年终当可将廿五万字初稿完成。"但是接着又说:"搁笔究竟已十年,体力又时有好坏,目下对写作要求又不同往年可以放手从个人认识问题写去,毫无任何抽象拘束,现在主要是用传纪体写革命,实不大好写。"2月26日前后,沈从文拟定了有关工艺美术图录出版的规划,该日在致大哥的信中再度提及创作计划,"无论如何五月将起始写小说,如何着手还看实际情形","如无身体上变化,一年必可将工作告一段落。无论如何明年将向党作一种献礼,照目下体力估计,作得好的。"此后,沈从文先于4月18日在8日写给大哥的信末附言中说"近日正在草拟个服装史的计划",又于4月28日致大哥的信中谈及文物研究和小说创作的计划。5月16日沈从文在致大哥的信中说:"拟写长篇虽已有眉目,因搁笔过久,还不知从何着手写起!恐怕总得要作些试验,先写几章看看。搁笔太久,人也老了,年轻力壮时使用准确而又有情感的文笔,已不易回复,也许即再努力,亦不可能回复转来成为手中工具了。"6月25日,沈从文开始实施创作计划，离开北京前往宣化，为创作以张鼎和为原型的长篇小说搜集素材，7月5日回到北京。7月22日—8月13日，在北京参加全国第三次文代会。9月4日，又离京赶赴宣化，继续搜集长篇小说素材。9月14日，沈从文开始着手写作长篇小说，完成了其中一节，9月20日—22日又完成两节。10月上旬，沈从文还请熟知张鼎和当年革命情形的吴昭毅住在自己家中讲述其革命事迹。此后又因文物研究工作牵绊，以及因病住院一段时间，长篇小说创作再无多大进展。

1961年5月27日，沈从文在致大哥的信中说："又最近闻周扬说，还是让我写小说，也许不久还是要把搁下十年的旧业，重新再抓起来。如先得将拟写的长篇完成，我想有可能去青岛写半年。"6月27日，沈从文关于作协安排他到青岛休养一事致信作协副秘书长张僖，信中说："这次承作协同志费神为安排去青岛休息种种便利，实在感谢！关于车费，我希望自己花合理一些，不必要公家破费，望你能够同意，免得我住下情绪上反而成为一种担负，也失去了组织上让我休息之原来好意！国家正在事事讲节约，我们能从小处作起，从本身作起，我觉得是应当的。务请将我应出车费收下，免得住在那边心不安定，只想早回！"然而，在青岛休养期间，沈从文拟写的长篇小说丝毫没有动笔，反倒为景德镇陶瓷研究所审校了书稿《中国的瓷器》，此外完成了一篇长篇散文《青岛游记》。沈从文之所以坚持由自己出车费，恐怕也是早已感到力不从心，设若由中国作协负担一切费用而毫无进展感觉内心有愧，倒不如自费以求心安理得，能够写出自然皆大欢喜，没有写出也不必为此增添额外心理负担。张兆和通过阅读沈从文来信得知其创作状态后，于7月23日写信劝道："先后收到你五六封信，……关于创作的一些经验和甘苦，你谈的我觉得很对，也正是这次文艺工作会议开了二十天会所要解决的问题。可是对于文艺批评家的态度，以及作为一个社会主义国家的作家对创作所采取的态度，你的一些看法我不敢苟同。我觉得你的看法不够全面，带有过多的个人情绪，这些个人情绪妨碍你看到许多值得人欢欣鼓舞的东西。惹不起你不能自已的要想表现我们社会生活的激情。你说你不是写不出，而是不愿写，被批评家吓怕了。……说是人家要批评，我就不写，这是非常消极的态度。当初为寻求个人出路，你大量流着鼻血还日夜写作，如今觉那样关心创作，给作家各方面的帮助鼓励，安排创作条件，你能写而不写，老是为王瑶这样的所谓批评家而嘀咕不完，我觉得你是对自己没有正确的估计。至少在创作上已信心不大，因此举足彷徨无所适从。"张兆和到底是与沈从文同甘共苦生活了近30年的结发妻子，上面这段话可谓一针见血地直指要害，点中了沈从文为何迟迟写不出长篇小说的软肋。

　　沈从文并非没有时间，也绝非无法分出精力从事文学创作，也不完全是外在批评压力所致，而是他本人对于文学创作业已失去了当年的自信，自己原来习惯的写法无法和目下的要求相合，因此难于下笔，又不愿空耗生命，故此频频转向文物研究而获得充实感，从而在文学创作和文物研究之间常常举棋不定、摇摆游移，最终在几度抉择中还是将文物研究置于优先位置。由此导致的结果非常明显，自中华人民共和国成立之后，沈从文在文物研究方面取得了显著成就，而在文学创作上却乏善可陈，逐渐完成了从文学家到文物研究专家的身份蜕变。值得注意的是，无论从事文学创作成为著名作家，还是搞文物研究成为知名专家，沈从文自己并不以"天才"自居，他在1968年3月9日致二儿子沈虎雏的信中曾经说过："我可不相信'命运'和'天才'，一切工作结果，都通过极大困难，运用惊人耐心，而加以克服得来的。过去写短篇是这样现实态度，后来搞文物还是用同样态度。"1968年10月26日，他在致二儿媳张之佩的信中也说："从表面看，我并不比别人用功，底子又不怎么好，似乎什么一学即懂，事实上学来相当辛苦！当时不少搞文学的熟人，都成了一时红人，来去什么都坐飞机，出国即作'贵宾'，生活过得极好，我一点不羡慕，每天天不亮即去天安门，在电车上捧个烤白薯暖手，情况如此不同，丝毫不在意。十年过去后，就知识积累而言，彼此也就大不相同。"

1961年11月27日，沈从文参加了中国作协组织的参观团，一行9人离京到江西参观访问。沈从文原计划到井冈山体验生活，以便创作出以张鼎和为原型的世家子弟如何背叛出身阶级而走向革命的长篇小说。然而等他到达之后却发现，随着世事变迁已不可能再置身当时的氛围中。沈从文出身于凤凰上层社会，虽然后来家道中落而不复当年的辉煌，但也始终没有彻底沦落到底层社会，加之后来他和弟弟沈岳荃分别通过从文和从军都取得了不俗的成就，从而光宗耀祖，再现家族的辉煌；他本人又对革命敬而远之，因而要想成功塑造革命者的光辉形象实属不易，因此始终没有自信能把握人物和铺陈故事。此行除了观光游览外，也并非毫无收获，在为期4个月的时间里，沈从文和阮章竞、戈壁舟等诗人相约写诗，创作了不少古体诗，距离他从军时学做古体诗正好40年，他在致时为《人民文学》编辑的张兆和信中谈及此次创作旧体诗的缘起时也说："因为诗人多，大家写诗，我也把四十年前老家当拿出试试，结果似乎比黄炎培老先生词汇略多，比叶老也活泼有情感些。若是别人写的，发表在贵刊上，我说不定还要加以称赞称赞，以为编者还有眼力！另抄一份请斧正。正经的还是题革博三首五绝，还像样子。较长的《井冈山之晨》，是只有到了此地才写得出的。其中除了三五句用时事，不免近打油，其他似乎还有气势、感情，文字也足相符。"沈从文的旧体诗的确有一定的功底，虽然时隔40年才重新开始创作，但出手不凡。1962年1月12日，张兆和在致沈从文的信中就说："诗写得很不错，白尘同志觉得惊异，连我也没想到。编辑部准备发，除《史镜》篇外，准备全部发表。"并在信中转达了其他编辑的约稿请求，"郝芬同志托我转告你，散文写好，第一篇请给《人民文学》，因为等了你很久了。《红旗》有个编辑（浩然）也来找过你，希望你回来后即电话通知他。这两个刊物在国内外有影响，写出来应把最好的给他们。"同时张兆和也有意借此鼓励沈从文重拾创作信心："全家都为你高兴，问题不在目前写出多少首诗多少篇文，主要的是心胸开阔，情绪饱满兴致高，这对你身体有好处，也是重新拿起笔来写出更多好文章的开始。"沈从文也的确受到鼓舞，1月

14日在致张兆和的信中说:"若生活环境变变,或抽象什么变变,能有机会使用生命到写作上时,即用《猎人日记》手法写我的生活回忆录,写十个《湘行散记》,不会什么困难,且可望写得更活泼有意思。也能向纵深方面发展,深入许多方面人物的灵魂深处,其中还包括我从来未接触过的一种人,譬如说'泼妇'或其他。"2月上旬,张兆和也来到江西南昌,两人在此休养了约一个月,其间一同游览了景德镇和大茅山。

1962年6月17日,沈从文致信吴旸,劝他不要研究自己,"我有那么一种想法,我卅年前写的小文章,多已过了时,没有多大意义。……还是不用糟蹋有用生命到上面,我也觉得心安一些。已印出来的作品,我无法禁止别人去读它,或严格批评它,但是这些书若从我手中拿去,终不免像是向人在'推销落后思想',另外一时容易出毛病,不大好办。所以你拿去那几本书,不看时即盼还给我,免得受不必要的指摘,犯不必犯的错误。"6月下旬,沈从文又到青岛休养,7月初返回北京,在此期间写有古体诗《白玉兰花引》(原名《忆崂山》),后曾于1975年春题写于黄永玉的《木兰花长卷》上。7月14日,沈从文又到大连休养,历时一个月,在此期间恰逢"大连会议"召开,会议主题为讨论农村题材短篇小说创作,但沈从文并没有参与这次会议,只是于8月2日晚上受邀出席了宴请参加大连会议与会人员的宴会,和赵树理、周立波等人同桌吃饭。晚宴时邵荃麟也曾对沈从文说"你来参加吧",但沈从文觉得"不正式邀可不好去。或许有机会听一二次"。"文化大革命"期间,"大连会议"被冠以"黑会"而遭到全面否定,许多与会人员为此受到批判,而沈从文却因此又侥幸躲过一劫。

1963年6月18日,沈从文到香山参加《中国工艺美术史稿》一书的审稿会,住在香山饭店322号房间,这也是时隔整整40年后他再次住在香山,只觉得草木依旧而人事全非,一个月后返回北京。10月15日,沈从文又离京到广州、桂林、长沙等地考察,了解当地工艺美术品的生产情况,11月14日回到北京,考察期间以及考察结束后,围绕沿途观感写了不少古体诗。

1963年12月,文化部副部长齐燕铭在文化部召开的党组会议上,传达了周恩来总理的指示,责成中国历史博物馆开展《中国古代服饰资料》的编写工作。原来有一天,周恩来总理在陪外宾看一部古装戏时,发现包括演员服饰在内有许多地方与历史情形不相符,而他在出国访问时也发现许多国家都有本国的服装史或服装博物馆,于是在一次会议上问起国内有没有谁在研究中国古代服饰,看能不能编辑一本《服装图谱》一类的书以赠送外宾,在座的文化部齐燕铭副部长当即推荐了沈从文。齐燕铭之所以会如此,乃是因为大约两年前沈从文就曾写信给他呼吁编写《中国古代服饰》。在正式传达周总理指示之前,齐燕铭已着手进行了前期准备工作,指示历史博物馆支持沈从文开展工作。历史博物馆根据沈从文的要求,还从中央美术学院调入刚从国画系毕业的范曾,让他和馆中美术组人员一起担任该书的绘图工作。同时齐燕铭还在写给文物局局长王冶秋的信中强调:"沈从文先生虽然身体不好,不能每日上班,但遇重要课题应派人去他家请教,或分一题目在家中研究,希望他能把多年研究所得贡献出来。"齐燕铭正式传达周总理指示后，立刻引起历史博物馆领导的高度重视，决定由副馆长陈乔亲自主持，并成立专门的编写小组，由沈从文担任主编，负责搜集和编排材料，组织全书的编纂工作。

1964年1月，在沈从文主持下《中国古代服饰资料》编写工作开始进行，虽然他自1961年起便呼吁开展这项工作，但真正着手后非但没有感到欣喜，反而多少有些疑虑，1月18日在致大哥的信中说："我的构思基本方法，和一般人又不大同，这些稿又照例得层层送上去，由馆长到部里，且可能还得到中宣部，得迁就他人的意思，说些和本书真正无关的话。或照别人意思，写出一些似是而非的习惯话，反而把真正研究心得大量删去。这都是相当费力而不讨好的事情。"好在编写工作十分顺利，4月30日编完隋唐五代部分，书稿送交文物局和文化部领导审查，提出修改意见后再由编写小组讨论和修改，同时还请康生题写了书名，并请郭沫若作序。5月13日，美术组完成了全书图版的临摹绘图工作，其中正图189幅，附图40幅。沈从文作为主持者还亲自负责撰写文字说明，一天要完成6000字。后经历史博物馆和财经出版社商议决定，准备将该书作为向建国15周年献礼的重点图书隆重推出。不久，《中国古代服饰资料》的全部文稿和图版便交付出版社，其中说明文字共计20余万字。9月份该书按计划即将出版，沈从文还为此写了"后记"，但由于政治形势突然发生变化，导致未能按时出版。当时社会上正在围绕毛泽东主席关于"帝王将相、才子佳人统治舞台"的批评意见展开讨论，凡是涉及帝王将相、才子佳人的作品都得经受严厉批判。这时《中国古代服饰资料》编写小组召开最后一次工作会议，原本是要讨论沈从文撰写的该书"后记"，但会议上有人提议要根据新的政治要求对全书进行修改，此后又有许多小组成员奔赴各地开展"四清"运动，因此编辑工作陷入停顿，出版计划也随之搁浅。1966年"文化大革命"爆发后，有一天历史博物馆办公室接到财经出版社一位副社长打来的电话，让他们派人把《中国古代服饰资料》的材料取走。历史博物馆的李之檀和边宝华赶到财经出版社后才得知该出版社已经被解散，而《中国古代服饰资料》一书的画稿原稿也因被造反派贴在大字报上批判而被毁掉，好在工人师傅冒着风险将根据画稿制成的玻璃版保存了下来。剩下的一麻袋文稿和打样如果当天不尽快取走的话，第二天也将被当成废品送往造纸厂。李之檀和边宝华赶紧将书稿和玻璃版运回历史博物馆妥善保存，后来才得以在香港出版，否则的话包括沈从文在内整个编写小组的数月辛劳将付之一空。

总的来看，沈从文在历史博物馆从事文物研究期间兴趣十分广泛，无论丝绸、瓷器、木、玉、石、陶、金属加工等工艺品，还是绘画、家具、乐舞、兵器等事事物物都有所涉猎，并撰写了大量的研究文章，也出版了研究专著，就像他在1965年4月8日致张充和信中所说的那样："本来凡事近于'玩票'，惟照例得一一摸索下去，常识积累日多，终于便成了一个真正'杂家'。"然而与此同时，文学创作却逐渐荒废下来，"由于新的要求不同，再下去，即并作一读者能力也将不免完全失去了"。虽然沈从文对于自己弃文搞文物多少也有些遗憾，但更多的还是庆幸，1982

年9月21日,他在致常风的信中就曾说过:"我们还深深庆幸改业之早,说不上什么有先见之明,但由于预感到亚细亚式之封建继承。总会在大胜利之后,还有不断新事故发生。人越不中用,越庸碌,才可望幸免于在无意中灾星当头。因此几乎真正作到无声无臭,在冷冷清清博物馆陈列室,或灰扑扑文物库房中工作了廿年,于'人弃我取'意义下,老老实实在一种凡事打杂现实中过了廿年。"

"文化大革命"中的磨难

1966年5月16日,中共中央政治局扩大会议通过了关于开展"文化革命"的《"五·一六"通知》,由此宣告了持续长达十年的"文化大革命"运动拉开了帷幕。通知发布当天,沈从文在致邵洵美的信中说:"半年来日读报刊,新事新闻日多,更不免惊心动魄,并时怀如履薄冰惶恐感。在此'文化大革命'动荡中,成浮沫沉滓,意中事也。"果不其然,不久文物研究成就卓著的沈从文就被当作反动学术权威列为批判对象,历史博物馆为此还专门成立了"沈从文专案组",之前刊发出版的文物研究文章和专著,以及尚未来得及出版的《中国古代服饰资料》书稿都成为沈从文确凿无疑的历史罪行。同时还翻检旧账,以郭沫若《斥反动文艺》中的论断为依据,将沈从文确定为"反共老手"。

在"文化大革命"刚开始时,沈从文也曾针对别人的批评写过《我为什么强调资料工作》《大连会议事件》《我为什么研究杂文物》等申辩材料,也做过公开回答,还主动将家中自费购买用以研究和收藏的瓷器等古董上交，但依然被列为需要接受劳动改造和批评教育的对象。时年已64岁的沈从文被指派每天打扫馆中的厕所，因其年事已高，也会安排做一些拔草或打扫院子之类的轻活，文物研究工作自然无法再继续进行。关于打扫历史博物馆的女厕所一事，沈从文后来还开玩笑说这是造反派领导和革命小将对他的信任，虽然政治上不可靠，但是道德上可靠，看似轻松的言语背后实际上包裹着的却是噬心般的痛楚。1985年，一家杂志社的工作人员采访沈从文，其中有个外文版的女编辑。沈从文讲述了自己在"文化大革命"中最大的功劳是扫厕所，他打扫得可干净了，连缝道中的污垢都被他用指甲抠了出来，有些得意地说他打扫的厕所在当时可是全北京最干净的。这个女编辑听了之后很受感动，突然过去拥着沈从文的肩膀说了句："沈老，您真是受苦受委屈了！"这完全是她听了沈从文谈话后毫无矫饰的自然反应，然而正所谓"丈夫有泪不轻弹，只是未到伤心处"，这一句话正好戳到已经83岁高龄的沈从文的伤心处，他顿时就像个受了委屈的孩子似的嚎啕大哭起来，弄得满脸都是鼻涕眼泪，这让在场的所有人都深感震惊而不知所措。最后还是张兆和出来，像哄孩子一样又是摩挲又是安慰，才让沈从文渐渐平静下来。

沈从文逐渐感到形势的严峻，早在1966年7月4日致大哥的信中就说自己极有可能被赶回老家，"设能在家乡过三几年安定晚境，有个三间容膝安身之地，有一二亲人在身边，已是十分幸福"。此时他正与博物馆的几位领导一起，被集中到位于北京西郊的社会主义学院学习，其间他还曾返回单位看大字报，之后自己也写了一张大字报。

8月25日，沈从文被群众组织抄家，自此之后两年间不定期地被抄家，直到1968年8月第8次被查抄后方才终止，原本分配在东堂子胡同的三间宿舍，也被强行分走两间给工人居住。在经历反复查抄后，沈从文放置在家中的所有已出版著作的样书以及为编写《中国古代服饰资料》一书搜集的资料都被抄没或焚毁，剩下的图书资料由于只剩下一间房无处存放，不得不以每公斤7分钱的价格当成废纸卖掉，以至于"文化大革命"结束后无资料可用，不得不花费6000余元重新购回一批图书。令人感动的是，在如此严峻的政治形势下，沈从文依旧惦念着文物研究工作，当论文《狮子在中国艺术的应用及其发展》被查抄时，他还不顾风险地写下了"这个问题有用，盼望莫毁去"的签条。

8月份的一天，沈从文在一个20来人的小会上被批斗，这给他留下了极深的印象，直到时过一年多后仍然在致次子和儿媳的信中说："一嚷后，我即永远感到恐怖"，只这一次小规模的批斗便把他的工作信心"全嚷掉了"，之所以会如此，他自己解释说是因为"我素来即能'任劳'而不善于'任怨'，能'处常'而不善于'应变'"。

虽然沈从文并未被剥夺北京户口赶回老家，但养女沈朝慧的北京户口却被注销，同时还遭到胁迫不得不离京返乡。沈朝慧是沈从文三弟沈岳荃的女儿，沈岳荃在1951年镇反运动中被错误对待而判处死刑，直到1983年才平反昭雪，被重新确定为起义人员。沈岳荃去世后，沈朝慧于1958年从湘西到北京投奔伯父

{135}

沈从文，被沈从文认作女儿，并托人办了北京户口。沈朝慧被迫离京后过着颠沛流离的生活，沈从文百般无奈下曾于1967年给昔日在山东大学任教时的学生江青写信，希望能让她回到自己身边，非但未能如愿，反倒增加了一项罪名，成为他检查交代的一项内容。好在不久之后，政策稍微松动，沈朝慧又回到北京，并于1968年2月11日与中央美术学院教师刘焕章结婚。

9月15日上午，沈从文在历史博物馆被作为"反共老手"公开批斗，同时《中国古代服饰资料》也被定性为宣扬帝王将相的"大毒草"，为了更好地接受批判改造，沈从文还获准记录批判发言。9月底，沈从文与馆内其他受批判者一起被集中到机关内住宿，规定他们上午按照上班时间集中学习《部队文艺工作座谈会纪要》等文件和阅读报纸，下午则写检查材料，直到晚上10点以后才准许睡觉，一直持续到10月5日才获准回家。

1967年已届65岁的沈从文依旧要拖着病体接受劳动改造，2月2日在致次子沈虎雏的信中说："我们每天学毛选和政策文件，劳动照常，天气过冷，室外打扫园子已不常进行，只收拾毛房。我每天均步行去天安门，脚已好，心脏不大好……我因心脏不大好，医生叫休息一星期，还是半年来初初看病，初初休息的。"可见，此时沈从文的状况不容乐观。5月6日，沈从文又主动提出自己由于身体原因不能全职上班，没有开展文物研究的工作能力，因此不适合再拿工资，当日在致历史博物馆革命委员会的信中说："拟从五月份起，不再支领个人薪资"，或者"即仍由个人签名支领后，再全部缴还"，"到运动结束，并且个人又恢复工作能力后，也只希望每月有一点生活费用,就很够了"。其实此时沈从文经济上并不宽裕,早在1966年8月历史博物馆就曾宣布暂时扣发工资,先按家中每人12元的标准发放生活费,沈从文每月按三口人算可领36元,较之此前已经大为缩水。此后自1968年6月起,沈从文只能领取一二十元的生活费,家庭存款又业已上缴或被没收,家中生活主要靠的是张兆和的工资收入。

即便如此,沈从文依然惦念着文艺界的情况,1967年5月11日他在致儿媳张之佩的信中说:"旧有的作家几乎在扫荡情形下全垮下了,将来除去旧领导外,自然还得留下部分年事较轻的,照主席指示下乡下厂,搞三五年看。主要还是得靠如何培养新生力量。"同时他在信中还指出,当时学校培养作家的弊病在于教写作的对于写作却是外行,"取法乎中,斯得其下",自然培养不出作家来,而他本人在短篇小说创作上"似乎还有发言权。可惜我心脏受了较大限制,不然一定请下乡,或即回来家乡住一年,一月试写一个,一年时间内会至少写得出十个一切都新的样板短篇"。此时沈从文之所以萌生出写作的念头,与其无法再继续从事文物研究工作有关。

不仅沈从文受到"文化大革命"冲击,次子沈虎雏也很快被打成了现行反革命,长子更是早在1957年还在上大学四年级时即被划为右派分子,并因此开除了学籍,中断学业后做了一名钳工,直到1979年才平反。当次子沈虎雏在大会上被宣布为"反革命"时,儿媳张之佩坚持着不曾落下一滴眼泪,沈从文在致儿媳的信中对此表示钦佩,同时也对儿媳在次子沈虎雏被捉去后独自带着孙女沈红度过了20天表示感谢。也正因此,沈从文对于儿媳多了一份信任和关切,经常在信中谈及自己对于时局的看法,以及当时北京城内的情形。7月10日,沈从文在致儿媳张之佩的信中说:"北京正在搞大联合、斗、批、改,预期八九月中能得到初步成果。文化教育二系统日来即均在进行这一大工作,……各单位也将分别斗批本机关当权派,和专家学术权威。如何进行还不得而知。只听说学校中和科学院文学所,已有不少熟人得到'解放'……我还从未单独开会。血压过高,已在家中住下,将来如何处分,诸事只能交付于天。十多年来和人不争权,不争利,不争名位,帮人做事总是赔本,学的通是过去人还不曾认真研究过的劳动人民文化,凡事由无到有,十年摸索结果,各部门都有了点常识,也做了不少事情。若比较公平的估计,我不会有太多错误。"沈从文所言的确也是实情,自中华人民共和国成立后他不仅早已收敛了过去不断挑起文学论争时的锋芒,而且处处谨小慎微,行为处事颇为低调,毫不计较个人名利得失,因此自信能够早日获得"解放"。8月5日,沈从文在致张之佩的信中说:"北京有些机关在解放'书生',凡和'三家村'、'阎王殿'无关系的,如科学院文学研究所,共划了卅五人,真是一大片,有些熟人即已宣告无事,……二姨父和我照理说来也应当得解放了,一时还无消息,只能静静等待,并加强自我改造。……我和三家村无来往,也不依附阎王殿中人,但十多年来做事可能多了些,或过于热心为别人做事,到一定时候下,也易成为错误或过失。所以检查时还是犯或大或小错误不少。惟多是工作上的错误,或者不会如茅盾、巴金、老舍、冰心等依附阎王殿过失之大，问题之麻烦。"9月23日，沈从文在给次子沈虎雏的信中也说："大学里和文学所的'秀才'，还在陆续解放。卞诗人大致也在解放中。……我们单位还无解放消息，事实上我和'三家村'、'阎王殿'均无关系，只是机关中唯一非党员专家，陪上了。过节若解放不得，大致就得拖到年底去了。或许将在明年五月才能决定，也未可知。""闻新华书店除主席著作，另外只有卅几十种小书可买，……至于旧书、译书卅年代作品，解放及新作品，旧书店又当成'批判参考书'出售，惟得机关介绍信才能买。我有些工具书似应当去找回来，花点钱也有必要，只是精力已来不及，大部分文物研究工作即有机会再搞，也怕来不及重起炉灶了。"

然而，沈从文迟迟没有迎来"解放"，反倒于10月1日与已被打倒的两位馆长一起被造反派集中到历史博物馆住了一天，"三重高墙外即有五十万人游行，几乎不闻声息。一人无事可为，趁空清理清理两处毛房，存在真是十分离奇。"也正因此，10月6日他在致沈虎雏的信中谈及自己的情况时，不再像之前那样乐观，"我们图博部分，早即说将放在最后"，"有一个党员副馆长和王主任或许今年都可望解放。我还提不到，因为要批评'专家路线'，我也许还要作为对立面，一直搞下去。"此后也正如沈从文所说的那样，熟人中像卞之琳、李健吾、钱锺书等都已被解放，而他作为历史博物馆的"专家权威"却依然是被批斗的对象。

10月底，沈从文原本有一次获得解放的机会，他参加了历史博物馆组织的毛主席思想学习小组，每天上午学习，原计划学习两个月后再让他们在群众大会上做检查，如果群众满意获得通过便可解放。然而学习刚进行了一个月，便因社会上开展揪斗叛、特、反运动停顿了下来。

文学创作和文物研究在沈从文一生中都占据着十分重要的位置，然而"文化大革命"一来不仅这两方面的工作都陷入完全停滞，而且也成为批斗他的两重罪证，为此他感到十分苦恼，12月他在写给程应铨的信中不无感慨地写道："冬天来，阳光满室，独自在房中思索近五十年过去，真感到存在离奇，工作近于两次学习，两次却又忽然报废！"沈从文始终想不通，自中华人民共和国成立后，他"只是在冷冷静静的午门楼上转，转了整十年"，"史学底子虽极差，只是从实物出发，切切实实学下去，居然在许多过去'空白点'方面，理出点头绪，工艺史、陶瓷史、丝绸史、金属加工艺术史、漆工艺史……和若干制度发展史，慢慢的都有了发言权。实事求是一点来检查，是应当得到国家奖励的"，"可是运动一来，工具书一处理，稿件卡片一毁失，近廿年为新社会十分耐烦热心搞的准备工作，却在短短几天中，就毁去了"，"除了保存在脑子中一些线索纲目，具体材料，差不多全完了"。然而，这封信还没有写完就被抄走，非但没能通过向老友倾诉来排解心中苦闷，反倒成为新的罪证，专案组在原信上附有标签，上面写的是"文化大革命信。可供参考"。

造反派也曾找沈从文做过外调，向他调查三四十年前曾经接受过他经济上接济或者帮助修改过文章的人，这些被调查的人中有许多已经做了国家部委副部长等高官，每当这时，沈从文都会以"事太小,早忘了"搪塞过去,不愿意落井下石,以免让这些尘封已久的往事成为造反派攻击人的工具。1968年2月16日,沈从文在致张之佩的信中曾谈及过这件事:"我一生对人热心,卅年前为几个年青人改了改文章,困难时帮助点费用,这本是十分平常事情。一切早忘了。想不到这也成了当前的麻烦。因为这些人多作了市长、部长,虽并无来往,却三番五次有人来问来问去,以为有什么秘密可以明白。我总觉得学什么,困难都难不倒,对付人,可很不好办。"

1969年6月,沈从文终于获得期盼已久的解放,他在9月12日致张宗和的信中谈及过具体情形:"我已于六月里正式解放,在一个团结会上宣布的,手续似乎比所有熟人简单许多。……三月前,写过一次数字不多比较完备的检查,主要是过去在写作上的思想反动,分别在三个排会上谈一次,就通过了。得到解放,首先应当感谢毛主席对知识分子的伟大政策,其次是广大群众的谅解。"不仅如此,沈从文还在8月20日写给徐盈长子徐城北的信中谈及了当年之所以被定案的原因:"我的定案过程特别简单,主要只说'写了六七十本黄色小说,编过反动《战国策》刊物,思想反动。但在政治问题上并未发现什么。(是思想认识世界观未得到根本改造,是人民内部矛盾。)'至于近廿年工作犯罪或错误,一字不提。随即宣布作为人民内部矛盾解放。……从此以后若在什么文件提及历史,大致就有称为'反动黄色小说家'可能。"9月初,张兆和的审查结论也予以公布,认定她不是地主家庭出身,但通知她本月要和中国作协人员一起下放湖北咸宁五七干校。这意味着相濡以沫的夫妻俩要被迫天各一方,沈从文为此很受打击,毕竟此时他年事已高,又患有高血压和心脏病,两个儿子也都不在身边,南北分离的夫妻俩是否还能再见不得而知。9月12日,沈从文在致妻弟张宗和的信中对张兆和将于月底离开自己下放咸宁干校心感忧虑,"长日心痛,心脏硬化、胀大、劳损,行动有时已感困难。稍不小心,报废将是一二十分钟事","三姐一走,我的狼狈可想而知。因为除了二姐偶尔来看看,只一表侄媳隔日来打一次针,此外即再无熟人。一出事故,可能会是完事以后许久,才会为同住同事发现。"9月26日,张兆和与作协同事共计约百人离京南下赴咸宁五七干校,数年来从未请过事假的沈龙朱也特地赶来为母亲送行,并在家中住了一晚。张兆和的二姐张允和一家也于当年11月3日离京下放到宁夏。

沈从文此时的身体状况确实不好,患有严重的心脏病,10月13日他在致张兆和的信中说:"我血压不大稳定,一度破纪录到二百四十。因此三天中跑了三个医院,有的折腾到五小时,经过心电、透视等等检查,都肯定心脏肥大损伤(或说丰满),供血情况不良","去和工宣队长商量,还是同意医院建议,让我再休息二星期看"。

虽然如此,沈从文依旧不愿空耗生命,想找机会做点事情。刚获解放时,他曾计划完成500种重要锦缎的研究报告,但当时的条件并不允许。10月20日,他在复张兆和的信中说:"我总还那么预感到或妄想到,写小说已成过去事了,不提它好。搞文物易和'破四旧'发生矛盾","此后若还可以用笔,或有必要受鼓励再用笔,可起点点对外宣传作用,写百把首好诗,大致还来得及。"

11月1日,沈从文到历史博物馆取回了此前被查抄的照片、文稿和记事本等,其中包括《中国古代服饰资料》的改正稿,但私人书信、自存样书以及文学手稿等不在发还之列。此后直到1973年10月,历史博物馆将沈从文放在馆中研究室的部分书籍返还给他,沈从文又于是年11月3日致信历史博物馆领导,要求归还从家中查抄走的私人信件、文学作品样书和手稿。11月中旬,博物馆先将群众组织查抄的少量残存的已印行文学作品发还,1974年又将残存的私人信件和少量文学稿件发还。然而,据沈从文自己回忆,已故大哥沈云麓当年为他收藏,又于解放后带到北京交给他的数十年来的来往信件,有6公斤的一大包始终没有发还,由此造成的损失是无可挽回的。

11月10日下午,历史博物馆开始动员馆中人员下放,沈从文是其中之一。此后博物馆领导还专门找他谈话进行动员,但沈从文并不愿离开北京,而是希望继续留下来进行物质文化史的研究,认为这比让他去五七干校看看菜园、喂喂鸡、干点杂活之类的更有意义。然而,最终历史博物馆还是决定将包括沈从文在内的18人下放咸宁五七干校。此时已经67岁的沈从文疾病缠身,下放的咸宁干校当地条件十分简陋,为此他已做了最坏的心理准备,在整理东西时望着"一桌文稿,看来十分难过,虽允为好好保存,我大致已无可望有机会再来清理这一切了。比较难过,即近廿年搞的东西,等于一下完事,事实上有许多部分却是年青人廿卅年搞不上去的"。同时，他还在离京前与长子龙朱有过两夜长谈，"也就是告他，我始终不能算个积极分子，是走了大段曲折弯路才明白党，接近党，相信党的。若在他们印象中，我始终是'被保护的旧知识分子'，为什么许多人全垮了，独我却被保护下来？……我就把近五十年在早期如何艰苦挣扎才站起来，到社会上露面，依靠自己比依靠他人为多。如何从不和国民党合作，以及后来又如何不至于走周扬路线，比较详细如实地告给了他，用一个同志态度告他过去种种，以及当前心情。……仅仅以为是'被保护'，是缺乏应有理解的。"

11月30日中午，沈从文离京南下，原本此次历史博物馆早已拟定18人下放，但准备成行时沈从文却发现包括他在内只有5人，算上家属也不过十多人，临上车时又有别的人另找原因说离不开，结果只剩下他和另外两个病号及他们的家属真正乘车赶赴咸宁。不料到达咸宁五七干校后，才得知"榜上无名"，原来五七干校嫌他年事已高、体弱多病无法参加劳动拒绝接收。沈从文对此一无所知，只因他的户口已迁出北京，五七干校这才不得不勉强收留。由于原不在接收计划内，所以沈从文的食宿一时还无法安排，只得在岁暮严寒雨雪霏微中蹲在接待站前的空坪里等候，直到过了4个小时左右接近黄昏时，才被安排在位于30里外用来安置故宫博物院下放人员的九连宿舍。该宿舍位于咸宁五七干校的中心地带，又名"452高地"，汽车站、邮电所和医疗站都在百步之内，唯独吃饭和取水不太方便，需要步行半里路。干校实行军事化管理，每天早上6点半听到军号声起床，晚上9

点半熄灯睡觉，早上学习一小时，晚上读报一小时。由于沈从文不在名单之列，在这里是借住性质，因此并没有给他分派看房子或者值班等任务，倒也相对比较自由，"白天我去大湖堤边拾干苇引火，或在大路旁推土机经过处拾干竹根，供同住引火用。虽无什么价值，可还是有点意义。"

虽然夫妻俩都在咸宁五七干校，但张兆和所在的五连与沈从文所在的七连相隔有五六里远，由于沈从文患有高血压和心脏病，到了咸宁后还在路上发病昏倒过，因此不敢独自前往五连探望张兆和。12月19日，张兆和趁着与同住的下放人员到沈从文住地看电影的机会，才得以与沈从文匆匆见了一面，电影结束后她又随队返回五连住地。

沈从文在五七干校虽然日子清苦且疾病缠身，倒还比较乐观，他在12月20日致沈虎雏的信中说："来到这里虽只半个多月，见闻却远比过去十年坐软席车出外参观有教育价值得多。这里属文化部系统，高知大官成堆，不管部长、副部长、司局长或专家权威，不分上下，同吃、同住、同劳动。挑水、挑尿、种菜、下厨，一律动手。"他还在致表侄黄永玉的信中说："这儿荷花真好，你若来看，一定会很喜欢的。"虽然此时黄永玉正在另一个地方接受贫下中农再教育，但是看到来信后也不由得心动，倒真想找个机会去看看。之所以如此，既是天性使然，同时也是因为身为小说家的沈从文十分懂人，懂得人的种种弱点而永远乐于为善，不苛求于人也不沉溺于事。1970年初，他又被安排看了半个月菜园子，认真负责的他还颇有心得，觉得"牛比较老实，一轰就走；

猪不行，狡诈之极，外像极笨，走得飞快，貌似走了，却冷不防又从身后包抄转来"。

新年过后，此前被安排到嘉鱼长江边运砖的唐兰等人返回干校，沈从文借住的宿舍原本就是安排给他们的，因此包括他在内的历史博物馆下放到干校的三户人家，又被安排到双溪居住。1970年2月14日中午11点，沈从文等人到达双溪后，才发现这里的文化部双溪指挥部并不知道他们今天会来，还没有安排住处，吃过午饭后商量了一个小时，才将他们安排在区革委会楼上一间大的空房里，中间用草席临时隔开，睡觉则是在稻草上铺褥子打地铺。这样的临时性住所毕竟不是长久之计，2月20日指挥部又将他们安排到医院附近的一所暂时空置的杨堡小学里，但因区里正在此开大会，参加会议的代表住在里面，需要等会议结束后才能搬进去。正当此时，沈从文的病情开始加重，"最近一星期血压高到二百卅至五十，低的已百卅"，并且已出现过两三次轻微的发晕，所以自感病体沉重的他在致张兆和的信中做了最坏的打算，"万一忽然完事，也极其自然，不足惊奇。到时要大弟或小弟同来收拾一下残局。小弟有了治家五年经验，并且有个家，明白什么需要就拿走，用不着的，就分散给同事中较困难的。"沈从文在双溪当地医院做了检查后发现，除去之前已确诊的左心室肥大外，又增添了右心室问题和心脏左移位，血压低压保持在120毫米汞柱~130毫米汞柱之间，病情已经极为严重，医生建议他到温泉陆军医院或咸宁医院做进一步深入检查。为此沈从文向指挥部写了报告，但没有获得批准。

2月28日，沈从文等人搬到杨堡小学，这也是自打来到咸宁五七干校后第二次搬家，好在此后暂时稳定下来，由于体弱无力，沈从文的部分行李物品仍然在区革委会的仓库里寄放着。3月3日，沈从文在致张兆和的信中谈起自己的日常生活情况，"一日三顿，早上用一饼度过（加点糖水），中午去打饭，或多取二两，或一馒头，晚上即不再出门，泡泡水饭，用豆豉酱和一个鸡蛋（盐水煮，不限量）对付"；"一天去大厨房取开水一次，洗脸事有时便免了"；"大便得走大半里路，用区医院的，标准清洁。只是过远一点而已，夜间雨中似乎麻烦一些。"虽然相较于在北京时期的生活差距极大，但也有着相当不错的自然景观可供欣赏，在双溪期间沈从文诗情迸发，甚至一度将写诗视为自己弃武从文、弃文搞文物之后的第三回改业，写出了不少关于干校和下放人员生活的旧体诗，且以赞颂为主，前者如《大湖景》《大湖中拖拉机手》《大湖畔基建工程》《双溪工作点》等，后者如《九连三战士》《金大夫》《老贾》《老苏》等。小说和散文方面却没有触及，3月27日沈从文在致张兆和的信中对此曾经说过："这里不可能写得出小说和散文"，"写诗会概括外景形象，和人事种种，倒可以望有些新东西。如我写到的几种方式，都还较新，至少在报刊还不曾见有如此写'五七干校'事情的！将还做些更新的试验，不图意外成功，即无所谓失败。"4月24日，中国第一颗人造地球卫星发射成功，沈从文闻讯后非常激动，还特地为此作了一首五言诗《红卫星上天》。

沈从文通过写诗既在很大程度上填补了生活的空虚，同时也能借此排解心中压抑着的散乱情绪,他在9月18日的日记中就曾这样写道:"九月十八日,阴雨袭人,房中反潮,行动如在泥泞中。时有蟋蟀青蛙窜入,各不相妨,七十岁得此奇学习机会,亦人生难得乐事。写成后,忽忆及五十年前读李商隐诗似有相同一首,如实有其事,真是巧合。"沈从文之所以能在如此艰苦的环境下依然坚持写旧体诗,与他早年间吃苦受难的经历有着直接关系,所以不仅不以为苦,反能苦中作乐,"想想过去工作,也就十分自然,因为初学写作那几年,生活情形比目下可糟得多。即初搞文物那一二年,在零下廿度灰扑扑阴森森午门上库房中搬坛坛罐罐,也不是你能想象的",但他"一律默默的接受下来,终于把要学的慢慢搞通了,同时也可说工作搞对了。这次还不能说已是真正在作改业准备,不过初步试试而已"。只是后来因写旧体诗遭到家人反对,他自己也知道写诗容易触犯时忌而引发灾难,因此沈从文在1970年10月10日致张兆和的信中表示自己不再写诗,重新转向文物研究,"将照原定另一计划,尽可能把廿个(小的约廿个)有关车、马、兵器等等制度发展,用简单散文,一个个写出来"。同时,沈从文的孩子们还一再嘱咐他"病中不宜和人随便通信,免出麻烦",对此他也认为十分有道理,并听从张兆和的意见"为了少使大弟担心,我不会再写给他,也可以不给他信"。

四月间当地连续阴雨不断,由于年事已高行动不便,沈从文每天去大厨房三次吃饭便如同过"小关",4月1日晚上到医院上茅房,结果在半路一二尺的高坎上失了一脚仰天翻倒,"幸好是带点'溜'的姿势,只是后半身在泥浆中蘸了一下罢了。若作'马打滚',就未免狼狈。"

4月18日,沈从文的大哥沈云麓在老家病逝,直到过了11天他收到大嫂来信后才得知这一噩耗,当即给大嫂寄去50元,还决定以后每月寄20元以接济大嫂。6月18日,沈从文在致张兆和的信中说,他从历史博物馆第二批下放咸宁五七干校的同事口中得知,自己已经成为"编余"人员,"即想,想个什么办法向领导请求,不再给我工薪,至多每月给个三十元生活费已够多了。因为我其所以不请求退职退休,主要就不是为了这份工薪,而是为了近廿年学的种种,还对馆中有用,对改陈有用,对文化史的编写,工艺史和其他几种专史教材通通有用",感慨自己"绝想不到那么热心为公、而又还能作点事的人,却已无多机会再接近工作"。其实,是年沈从文已经68岁,早已过了退休年龄,他之所以与张兆和商量如何让领导不再发放工资,意在表明自己不愿退休并非为了贪恋多领工资,而是纯粹为了继续从事文物研究工作。张兆和在6月20日回信中表示不赞成沈从文不领工资,沈从文在当日复信中也同意张兆和的意见,决定不向领导提出,"因为无此规矩,反易突出","个人倒希望较早有个总安排,省得老是为此忧心忡忡,负疚在心!"然而沈从文并不愿无功受禄,白领工资,既然工资暂不宜退,他便开始想方设法继续从事文物研究,以此来弥补内心的负疚感。

沈从文在7月1日致信张兆和再度谈及退休事宜时说,"我倒只希望争时间把未作工作搞完它,金钱和名分不考虑。如还有三五个月不动,或将在这里尽可能把近廿万字服饰说明抄一份出来,多留份底子,因为这也许是我一生中最后一次值得留下的工作。"7月4日,沈从文在致张兆和的信中接着谈起自己渴望工作的迫切心情,"得知熟人中郑天挺和冯家昇都在心肌梗塞短期中即故去。因此我总想能有个机会,争争时间,把准备改写的《丝绸艺术史》《漆工艺史》,和《服饰资料说明》改正稿抄出来就好。"7月中旬,沈从文还给身在北京的长子沈龙朱写信,让他将一封表达自己渴望工作的信转寄给历史博物馆革委会委员王镜如,王镜如并未同意。7月下旬,他又给历史博物馆革委会委员高岚写了一封信,让沈龙朱转寄,沈龙朱觉得同样不会有结果并没有转寄。

8月份,张兆和因为劳动过度加上营养不良得了浮肿病,沈从文得知后写信给她,信中说由于这一阵子他总是觉得头重心闷,加上气温高达40度,无法坐车前去探望,让她请半个月假来双溪住。8月15日,张兆和请假来到沈从文住处,10天后返回,但在途中遇到大雷雨,在咸宁县城停留3天后才回到干校住地。

11月13日夜间,沈从文突然腹中绞痛,在双溪卫生院初步诊断为结肠炎,或者也有可能是肾结石,住院近一周后依然不见好转,又转到咸宁县人民医院,初步诊断为肾结石。由于人民医院病人较多,没有空置病床,沈从文只得住在外科病房的廊道里。11月21日,沈从文给文化部咸宁五七干校第23连领导写信,在报告自己病情的同时也反映了所面临的困难,请求给予帮助。11月26日,咸宁县人民医院再次诊断后确诊为高血压心脏病,将沈从文转到内科继续治疗。12月11日,由于血压仍然过高,

"高时到230，低压过150，平均尚在200／130"，沈从文再次致信咸宁五七干校23连领导，请求批准他回京治疗，但未获批准，继续在咸宁县人民医院接受治疗，于12月28日出院返回双溪。1971年1月17日，沈从文再次致信23连领导，请求回京治疗，依然未获批准。2月8日，沈从文致信文化部五七干校校部领导常萍，提出回京治病的请求，12日常萍在信上作出批示："请二大队研究提出报告校部。"

沈从文与张兆和之间为此也曾有过争论，张兆和抱怨沈从文拖了自己的后腿，对此沈从文也在致张兆和的信中做了解释："你是在集体中长大，从集体中得到发展，受人尊重，得人认可的。所以一切十分正常，接近新事物也是正常的。可望少出差错。不能创造，却能守常、应变。我却是个创造型人物，虽能写得《大湖景》《红卫星上天》，作个普通发言，也毛病百出。所以你上次所说'拖你后腿'，也有部分是实情，话说得使我极痛苦，应抱歉的还是我，而不是你。"

由于杨堡小学重新开学，沈从文等人又于1971年3月初不得不搬离。沈从文先被安排在一间由猪舍改成的小房子里，周边环境极差并不适合人居住，"前有大牛棚，左有大猪圈，附近即公共茅房，臭得比公共茅房厉害得多。房间还只一丈多宽，上见天光"，由于他坚决拒绝入住，又被安排到一户农民家中临时腾出的小房子里。本月，沈从文在没有任何资料可供参阅的情况下，完全凭着记忆写出了《狮子如何在中国落脚生根》一文。4月20日，他在写给马国权的回信中表示自己希望早日返京，从而将20

年来搞的杂文物常识整理出个头绪来，同时重新修订《中国古代服饰资料》。然而，眼看着回京遥遥无期，沈从文唯有在极端孤寂中仅凭记忆来写写有关文物方面的文章，5月25日在致马国权的信中说："明知后来无人，而且用处不大，亦复闷头作去，野人献曝，只能说'用心还好'而已，绝不能期望有何成果也。"在这之后，沈从文凭记忆又写出了《朱画云气棺》《谈车乘》《谈辇舆》《唐宋以来丝绸彩色加工》等几篇短文。

此时沈从文独自生活，又无法从事任何有意义的工作，因此难免觉得孤独寂寞。5月1日，长子沈龙朱携着新婚妻子马永昶一起来咸宁探望父母，先到沈从文这里住了4天，这让他感到十分高兴，在致张兆和的信中说这是他十年来最高兴的事。

此后陆续有历史博物馆下放人员返京，沈从文因之前尝试过不断给领导写信而未获同意，早已心灰意冷，对于回京一事已不抱太大希望，甚至做好了永远回不去的打算，但也难免有些怨言，6月24日他在致张兆和的信中说："回不去，有些事未必是什么'原则'问题，更不是政治问题，不过是些豆子大小想不到的小事，因为'私'字起了作用，我学得再好，也会用不上。甚至于永远回不了，都有可能。因为我尽管把工作当成'责任'去努力，而别人却有当成'权位'加以排斥，而把最不得用的亲友安排到接班人位置上。"

8月11日下午，沈从文与张兆和一起坐卡车来到咸宁的文化部中转站，在县城住了9天后开始前往丹江。8月21日中午，到达丹江后两人又被安排在相隔三四里远的两处地方。沈从文由于患有高血压没有安排劳动任务,张兆和则担任了蔬菜班班长,除了与冯雪峰等人一起管理菜地外,每天还要到食堂帮厨。沈从文的住处熟人极多,但在"文化大革命"时期的特殊氛围下他反倒希望能够离他人远点,尽可能不来往或者少来往,以避免惹上不必要的麻烦。幸运的是,不久之后沈从文和张兆和被调到了一处,对于此种安排夫妻俩都十分满意,沈从文在致沈虎雏和张之佩的信中说:"我们住的一间,比东堂子中那间大些,……因后窗靠山,无人通过,所以十分清静,也少人来往。从清静说,有些像桃源。附近一排房子住八家,均不来往。东东西西无丝毫尘土,桌子柜子都干干净净,所以妈妈十分满意,以为几十年住处,或数这里最好。"

1972年2月初,沈从文不愿"坐以待毙",他听别人说高知想回北京,必须得到总理批准,为此给周恩来总理写了一封长信,请求批准自己回京。2月4日,沈从文终于获准回京治病,当即在张兆和陪伴下返回北京。回京后正好接到国家文物局传来的意见,让他重新校阅《中国古代服饰资料》书稿,并计划予以出版。3月16日,张兆和离京返回丹江五七干校,沈从文则留在北京边治病边工作。由于沈从文的供应关系还在丹江五七干校,因此3月25日假期即将期满时,沈从文又向历史博物馆递交了续假申请,从此在正式调回北京之前便经常用续假方式留京工作。

1972年4月下旬,历史博物馆领导又要求沈从文将《中国古代服饰资料》的文字稿从20万字压缩到5万字。历史博物馆领导鉴于沈从文在东堂子胡同的住所过于窄小,不利于开展研究工作，还在地安门大街黄化门附近给他安排了一个较宽敞些的单间宿舍，但是由于东堂子胡同距离博物馆、医院和亲戚家都比较近，沈从文为了便于工作和生活起见仍然留在该处。此后，沈从文又向历史博物馆领导提出改善自己住房条件的申请，但未能如愿。

沈从文对于《中国古代服饰资料》一书惦念已久，如今重获机会，自然不愿放弃。虽然此时沈从文已经年届70，但依然忘我地投身于文物研究工作之中，拖着病体抓紧时间校阅，有时一手捂着鼻血还在坚持工作。《中国古代服饰资料》的文字压缩工作也进展得十分顺利，从4月下旬到6月底短短两个月间已完成了五分之四。沈从文希望这本书能在自己活着时出版，"也可算是近廿年学杂文物一份比较有分量总结，是七十岁后的工作，所以一字一字抄下时，总不免充满了一种不易说的感情。"

由于北京有着相对较好的医疗条件和生活条件，病情大为好转，他在6月20日致张兆和的信中也说："这一阵子几几乎任何人来，都说我精神比熟人都好得多。也许反映的是熟人在变动中都越来越稳重，既合乎年龄身份，也符合客观要求。我却越老越天真，越见童心，且学会了用工作转移注意力（等于针灸麻醉法），体力上的毛病，全被工作转移了，就近于毫无什么毛病。……古人说的'明道'，或许指的就这种境界。……总之，用个'完全彻底为人民服务'态度去接受新任务，又不以个人得失为重，不要名，不重利，只求把工作搞好，国家变动再大，总还要这种人守住工作岗位的。"

一年以后也即1973年5月7日，沈从文将定稿交给历史博物馆，这也让他感到如释重负，觉得自己"大致还可望看到印出的这本大型新书"。历史博物馆也在考虑用什么办法解决沈从文回来的问题，直到1973年11月20日，沈从文才接到历史博物馆领导通知，说他的行政关系已经从丹江五七干校迁回博物馆，同时户口及供应关系也已转回北京。沈从文回京后也曾多次请求将妻子张兆和也从丹江五七干校调回，但迟迟未能实现，只能通过张兆和申请退休的方式才能返京。起初张兆和并不愿退休，但又别无良策，最后不得不决定如此。1973年8月24日，张兆和从丹江五七干校返回北京，她住在原单位分给的小羊宜宾胡同5号的住所，而沈从文依旧住在东堂子胡同，两处相隔两里地，从此沈从文开始了"东家食而西家宿"两头奔走的生活。为了节省路上往返的时间，沈从文经常每天到小羊宜宾胡同吃中饭，再把晚饭用个小竹篮带回东堂子胡同住处。登门造访过的亲戚朋友都不由得担心他的身体能否吃得消，纷纷劝说他应该有个节制，不能这么傻干，但他自己倒觉得无所谓，也没有丝毫委屈感，直到3年后他在给次子和儿媳的信中还说："一生不会为吃、住、穿感觉必须如何如何，也不在工作上考虑个人得失，对名、利、权都不感兴趣。现在几几乎除了工作，什么都不在乎。"携带晚饭到住处的做法冬天尚可，但夏天天气炎热，住处窄小越发显得特别闷热，又没有冰箱，饭很容易变馊。表侄黄永玉十分担心他吃了会害病，对此沈从文说他有办法，黄永玉不由得好奇地问他是什么办法，也想跟着学习保存食物的先进办法，结果却听沈从文说他饭前总是先吃两片消炎片。沈从文这样两头奔走的生活持续时间长达数年之久，这一方面自然是受限于条件简陋，另一方面也是由于沈从文曾在小羊宜宾胡同接待过来访者，但由此扰乱了家中的生活秩序，退休在家的张兆和在有客来访时不得不退避于廊下厨房中，所以沈从文尽量选择在东堂子胡同工作和接待来客。1974年5月9日，沈从文为此还在致历史博物馆副馆长陈乔的信中说"因为赶工作，家中六十五岁了的老伴，为此闹得不和，发展下去，（可不是笑话！）要工作，似乎真只有离婚不可"，因此希望能为他调换一个稍宽绰些的住处。一个月后，沈从文还给自己在青岛大学任教时的学生王林写了一封长达10页的信，在谈及自己身体状况和写作计划的同时，也希望王林能向博物馆领导反映一下自己的住房困难问题。王林当年曾经受过沈从文的提携和帮助，经常在沈从文主编的《大公报》文艺副刊和《国闻周报》文艺栏上刊发小说，后来投身革命，曾经担任过天津作协副主席和河北省文联副主席。虽然住房问题迟迟得不到解决，但是沈从文并没有将不满情绪带入工作中，他将此归结为自己缺少"应世"能力，"自己却十分习惯，不只生活得已够好，还能比别的不少亲友工作得更称心！……在近于玩票的情形下，'人弃我取'意义下，还抓了或大或小一系列工作，在国内多还是文物研究中的空白点。"

1973年12月，由于《中国古代服饰资料》要送去审查，沈从文考虑到该书稿几经修改不易识别，因此给领导写信请求退给他重抄一份清稿再上交送审，这份底稿则由自己保留在身边继续修改,"便于另外随时附加约四百到五百小图于说明中,今后客观上若用得上即随时取用。一时用不上,我还可留个底子,当作一份学习纪念。"此后沈从文又多次写信请求退还书稿以便修改誊抄,但都没有得到答复。沈从文忘我地投身于工作中,但毕竟年事已高,长期饱受高血压和心脏病的折磨,再加上生活条件和工作环境又不尽如人意,身体开始频频出现问题。沈从文自1973年2月起在老友林葆骆推荐下,开始每天吃40条蚕蛹来软化血管降低血压,虽然短期内也曾明显见效,但是这并不能从根本上解决问题,1974年3月5日,沈从文便因高血压引发左眼黄斑出血而出现眼睛视觉失灵。令人感佩的是,沈从文并未因病情加重停止研究工作,还在4月8日致信王㐨,让他代借或者送自己一本《辉县文物图录》,以便研究书中的工艺图案,而此时他只能用一只没有病变的右眼看书,"继续视力减退,所学一切,将不免完全失去廿年学习意义,未免可惜!"好在经过医院治疗,左眼黄斑出血得到控制并逐渐好转,而血压也下降到十多年所未有的数值。1974年5月,沈从文又经领导批准前往上海治疗眼疾。1976年1月,沈从文在两位助手帮助下,终于将《中国古代服饰资料》约20万字的修正稿抄好。然而让他感到万分遗憾的是,1976年1月8日周总理逝世,未能看到这部生前叮嘱他写的书,他为此感到非常愧疚,由于悲伤过度以至于眼睛及心脏都感觉不适,觉得"心脏似乎弄伤了,开始恢复了三四年来的小抽痛,不像即会大出事,但征兆极现实"。同时由于周总理去世,沈从文感到"工作中的主要支柱已过世,也许把第一本誊清上交外,其他定下的十分之九全不可能继续作去了"。

由于1972年中美建交，许多阔别祖国多年的美籍华人纷纷前来访亲问友，有个当年西南联大时的熟人钟开莱也向接待人员提出想看望一下沈从文。钟开莱毕业于西南联大数学系，此时在美国加州斯坦福大学任数学教授，因从小就喜欢沈从文的作品，自称是"沈从文迷"，借此次回国的机会想要见见沈从文。为此沈从文先向历史博物馆领导做了汇报，结果领导说不让看，怕见到住处不成样子传出去惹人笑话。为此历史博物馆也曾打算给沈从文再调整一下住处，但随着时过境迁又搁置不问。不承想不久之后，张兆和所在的中国作协机关领导倒是十分用心，为即将退休的张兆和在小羊宜宾胡同安排了面积为19.5平方米的住处，房子一大一小，系中间院子东厢房。1972年11月初，历史博物馆新上任的领导又在左家庄楼房中给沈从文分配了一个单元房，但因该处距离博物馆、医院的距离更远，沈从文还是决定继续留在东堂子胡同。

1973年5月，沈从文在西南联大时的学生许芥昱，此时身为美国旧金山州立大学中国文学教授，回国旅游访问，在接待处同志的安排下沈从文到许芥昱下榻的酒店与他见面。许芥昱要求沈从文留下居住地址，他好去登门拜访，并说："我想都没有想过你会亲自来这里；论情论理，我是你的学生，应该到府上拜候。"沈从文答道："过去的师生关系已经没有意义。现在你是宾客，我应该来见你。你无须要我的住址。如果你要再见我，就用同样的方法：向接待处的同志申请。你认识楼下的刘同志，他是北京大学毕业生，应该很方便。"许芥昱不同意，对沈从文说："可是我希望看看老师的生活情形。"沈从文没有再理会，只是简单地谈了谈他的日常生活。许芥昱猜测，不久之前沈从文开始大多数时间留在家里工作，可能是参考用的资料太珍贵了而不愿意在家里接待宾客，因此才不愿意透露地址给他。然而，实际情况并非许芥昱想象的这样，沈从文一来是担心违反接待外宾的政策而招致麻烦，二来则是因为住处实在简陋不便待客。此时的沈从文经过"文化大革命"洗礼后是高度讲政治的，他在向许芥昱介绍自己下放五七干校的经历时，便有意进行了一番美化，说他"最后一次到农村去，是在一九六九年（他没有说他到农村去是跟农人学习，或其他类似事情）。他获得配给一间舒适的小房子，坐落在优美的环境中。周围有五万亩的稻田，青葱而茂盛。他不曾参与任何体力劳动。将近两年的时间，他就在那里居住、休息，所做的事情不多。那地方是湘西，离湖北的咸宁不远，清华大学大部分学系的学生，都到那儿接受文化改造，自建房子耕种土地。在他们前去之前，那地方从未见过耕犁。"显然，许芥昱通过上述描述自然完全感受不到沈从文在"文化大革命"期间受过怎样的磨难，乍一听反倒像是到乡间度假或者体验乡村生活，而如果让他登门拜访的话，自然会瞬间了解到沈从文的真实处境，而这是政策不允许的。

1975年，钟开莱在准备离开美国来中国访问之前，再次提出想要探望沈从文，沈从文于9月9日复钟开莱的信中委婉地说："工作室即在住处。一房子图书，和个作坊差不多，接待远来客人，恐有失礼貌"，因此不宜登门造访，最好还是在钟开莱下榻的宾馆见面。9月15日，沈从文又致信中科院数学所分管外事工作的朱世学，表示还是由他前往钟开莱来京后下榻的宾馆会面最为合适。在沈从文的一再坚持下，最后由他和张兆和一同到新侨饭店与钟开莱见面并一起吃饭，后来沈从文还应钟开莱之约一块逛琉璃厂字画店，并帮他挑选购买了一些字画。钟开莱还告诉沈从文，美国已有大学开设了沈从文研究讲座，聂华苓也出版了研究他的专著《沈从文评传》。此后，沈从文还通过松枝茂夫来信得知，日本也有大学开设了关于他的研究讲座，而且他的文学作品很受日本读者欢迎，但"这些来自遥远万千里的招呼，不免令人反增痛苦"。1978年，聂华苓第一次来北京时也曾提出想见沈从文，但未能如愿。1980年，聂华苓再度来北京时又提出想见沈从文，但接待人员误将"沈从文"写成了"沈从又"，结果查无此人。后来她在出席中国作协举办的聚餐会上巧遇沈从文，并约好登门拜访，这才了却了心愿。1979年5月，钟开莱又到北京讲学，这次他不再通过接待部门安排，而是搞起了突然袭击，直接到沈从文家登门拜访，只见沈从文"住得很挤，卧室兼工作室，对他确实是莫大的不便"。

沈从文不仅对于美籍华人来访高度警惕、讲究分寸，而且对于海外通信也十分谨慎，脑子里时刻紧绷着一根政治红线。1974年夏，他在致妻弟张宗和的信中谈及身在美国的张充和通信时就特意叮嘱："望从经验教训出发，一切出以谨慎小心为是。因为外信一律在检查中，新的条例她是属于外国人的。在多变社会进展中，没有必要即不通信或少通信为得计。非写不可，也得有分寸，不宜说的不说，可以省事。要明白'外国人'便是外国人！界限应划得十分清楚，才是道理！我和三姊均已多年不和她通信。有的极好朋友从美国回到北京，想见见我，由于不由外交途径，我也不见。因此即可免去许多意料不到的是非。时代已大不同于过去，对这些事永远怀着一种警惕心，是必要的。这一点能记住，大有好处。一切要从国家出发，才可望少出差错！我和三姐近四分之一世纪，生活过得比较诸亲友似乎安定些，不是无因由的，有一定道理的。"

余生复辉煌

"文化大革命"期间,沈从文对于文学创作早已没有了当年的热情,几乎完全沉浸于文物研究工作之中,1975年11月9日在写给荒芜的回信中直言:"不到对近廿五年新工作明白明白一切绝望时,大致还是不会离开工作,转而去写什么'回忆录'的。"当时国内外许多人都在为他不再写小说感到惋惜,但沈从文对此却不以为然,反倒认为自己正是因为不做作家,转而研究文物,才能劫后余生,并且活得格外健康而自由,即便有人认为他可能被提名为诺贝尔文学奖候选人也不大动心。常言道环境能够改变人,沈从文自中华人民共和国成立后"下决心改业,放弃了空头作家的一切好处,也放弃了在大学里混的方便,到大家都认为是死气沉沉毫无出路、毫无前途的历史博物馆,从学公民及格,再学作说明员,一面学坛坛罐罐、花花朵朵,另一面也就老老实实,照主席指示,向一般观众学习"。历经数十年的风云变幻,的确近乎脱胎换骨般改变了沈从文,"即从这种学习中,学习到什么叫做完全彻底为人民服务，是包括了多少无形有形责任……由此才逐渐明白'学'字最容易见好是业务，而最不容易见好，而又必须搞好的倒是学做人，做一个社会主义建设时期'合格公民'的起码资格。"但如果说沈从文完全忘却了文学又不尽然，他依旧处于矛盾之中，而其诱因则是源自周总理去世这一历史性事件，担心因周总理辞世而导致中国古代服饰研究无法再继续进行下去，"从总理故去为一道线，也许又将近于'完全失败'，报废于刹那间的可能性已十分明显"。

1976年8月，沈从文在致巴金的信中说自己从事的文物研究工作因社会变动过大，也许又到了可有可无的情形，因此"说不定这剩余下来的有限五几年可用生命，不是'另起炉灶'来加以处理，就将来从廿几年前受过主席和总理当面鼓励过的，趁头脑还得用时，或试写点什么看看。或把原本已有较完整设计的《长河》四卷努力来完成它"。不久，随着"四人帮"的垮台，沈从文的文物研究工作又重新受到历史博物馆领导的关注，他也自然放弃了第三次改业的准备。

1977年8月9日，为了寻求工作支持，沈从文还曾致信邓颖超，反映了《中国古代服饰资料》所面临的编写和出版难题。1978年2月1日，中国社会科学院新任院长胡乔木听取秘书长刘仰峤汇报了沈从文的工作情况及工作条件后，向有关方面提出对于沈从文"可否向文物局或文化部商调历史所，使他写成中国服装史这本很有意义的书"，3月份沈从文从历史博物馆调入中国社会科学院历史研究所，4月份正式报到，职称也由副研究员晋升为研究员。对于胡乔木所提供的各种帮助,沈从文曾在5月份专门致信感谢。胡乔木在听闻沈从文的住房条件极差后,立即让秘书朱佳木前去实地查看。朱佳木进了沈从文的房间后,发现屋子里横七竖八拉着许多绳子,上面用晾衣服的夹子夹满了写着字或者画着服饰图案的纸条,必须弯腰低头才能从下面过去,而要想转身就更加困难。朱佳木回去之后,将所看到的情形向胡乔木作了详细汇报,胡乔木又让他陪着去了一趟。胡乔木看过之后,感到沈从文的确不能在那里再住下去了,必须马上搬出来,但一时间又找不到适合搬的地方。为此胡乔木专门开了一个家庭会议,决定用儿子的住房跟沈从文对调。中国社会科学院的其他领导知道后坚决不同意,最后还是由胡乔木出面通过国务院机关事务管理局在友谊宾馆长租了一个套房,作为沈从文的临时工作用房。同时,中国社会科学院还为沈从文配备了工作助手,成立了一个专门研究室,并且让沈从文与王㐨、王亚蓉和李宏(北京财贸学院教师)等助手一起住进友谊宾馆,进行《中国古代服饰资料》一书的校订和增补工作,同时借调在内蒙古煤矿工作的北大历史系研究生胡戟协助校对部分文献。1979年1月10日,《中国古代服饰资料》书稿完成校订整理工作,更名为《中国古代服饰研究》交由北京轻工业出版社审稿。国外有出版商听闻该书稿已经校订、增补完稿后,曾与沈从文洽谈,愿以最高稿酬出版,但遭到沈从文拒绝。后来沈从文获悉北京轻工业出版社准备和日本讲谈社合作出版该书,他坚决反对,从而该书未能按原定计划出版。后来该书稿又转给人民美术出版社,但该社也准备与日方合作，沈从文再次反对并撤回了书稿。沈从文专门致信中国社会科学院党委书记梅益，表明自己的态度："我不能将书交给外国人去印，文物是国家的，有损国格的事我不做。"梅益收到来信后，决定将书稿交由香港商务印书馆出版。1980年1月中旬，北京正是大雪纷飞，香港商务印书馆总编辑李祖泽在国家出版局龙文善陪同下到小羊宜宾胡同拜访沈从文，商定关于《中国古代服饰研究》的出版细节。由于房间窄小且只有一张藤椅，主客相互推让都不肯就座，于是干脆站在院子里畅谈，任由纷飞的大雪飘落在身上。1981年2月，沈从文到美国访问后回到北京，又与张兆和及王序、王亚蓉于1981年3月5日南下广州，在此同时校改《中国古代服饰研究》及《沈从文文集》这两部书稿。4月下旬，沈从文又开始动笔为即将出版的《中国古代服饰研究》写后记，5月1日定稿。1981年9月，《中国古代服饰研究》一书终于由香港商务印书馆出版，香港商务印书馆的陈万雄还亲自前往北京将样书送到沈从文手中。该书印刷精美、质地精良，包括700幅珍贵图片和25万字的说明文字，其中仅彩色图片就多达100幅，无论对文史研究、历史绘画、历史剧演出，还是服装设计都有重要的参考价值。胡乔木得知此书出版后，还给沈从文发来贺信，"幸获此鸿篇巨制，实为对我国学术界一大贡献"。此书正如同当年周总理所期待的那样，曾经在我国领导人出访美国和日本时，作为礼物赠送给对方国家元首。

  沈从文在国内尚受到冷落时，海外却早已掀起一股"沈从文热"，"在香港，沈从文的选集出了一百多种；美国大学里，已经有四个人因为研究沈的作品得了博士学位（一是澳大利亚学生），有三十多个青年研究沈从文的作品获得硕士学位；在巴黎一所大学的中文系里，要考取'终生中学中文教员'，必读的四本中国文学作品，内中就有沈从文的一本；在香港、日本，正出版或翻译沈从文的全集或选集。"与此形成鲜明对照的是，国内大学生对于沈从文几乎一无所知，美籍华人韩秀曾在美国约翰·霍普金斯大学讲授中国文学，有一次在学校茶话会上谈及沈从文时，在座的中国留学生竟然从未听说过这个名字，反倒要由美国学生来做介绍，韩秀对此颇为惊讶和感慨，当1983年她随丈夫到美国驻华大使馆工作时还专门拜访沈从文。

随着"文化大革命"结束，沈从文的文学作品也终于重见天日。再加上国门打开，海外"沈从文热"也对沈从文其人其文的国内研究产生了强力推动作用，从而将久受冷落的沈从文重新拉回文学研究视野中。

1979年春，香港时代图书公司约请沈从文选编作品选集，由于原来所藏样书被查抄后大都遗失不见，沈从文只得托学生程应镠在上海代为搜寻民国时期出版的旧版本作品集，与此同时素不相识的龙良臣等人闻讯后也从香港寄来24本旧版作品集，表弟黄村生也寄来20种香港翻印的书籍。1979年12月，沈从文在阅读了台湾现代文学史家司马长风所著的《中国新文学史》下卷后，致信给他说："尊著近代《中国新文学史》下卷，内容丰富，持论也比较客观，但对弟未完成习作过程的一份早已报废过时旧作，有些过于誉美处，不免转增忧惧。"同时，沈从文也与海外研究者有了通信往来，1980年1月12日就曾致信美国汉学家金介甫。金介甫曾于1977年完成了哈佛大学博士论文《沈从文笔下的中国社会与文化》，1980年6月间，他为了撰写沈从文传记还专门到访中国，其中单是与沈从文就进行了12次长谈，后又到北京、上海等地访问沈从文的亲友，并专程来到湘西实地探访，访问当地百姓，取得了大量第一手资料。

国内学者柳尚彭、孙玉石、龙海清等人也开始研究沈从文的作品，但他得知后曾予以劝阻，在致柳尚彭的信中劝他将精力"转用到鲁迅、茅盾、老舍、冰心以及千百位近三十年著名世界的真正现代作家，免得白费心力，且易取得真正成果，更不至于发生错误"。同时告诫孙玉石等"不必要去做这种劳而无功，且易出差错的试探"。1979年6月，中国社会科学院文学所在云南召开了现代文学史研究会，为许多五四以来的作家"平反"或"翻案"，其中也包括沈从文，但他觉得"可惜太晚了点，而我的书也烧得太早、太彻底"。沈从文之所以如此，一来是自己的作品散佚已久，很难集中起来进行研究，担心研究者难以做出准确公平的估价；二来他有感于世事倏忽多变，也担心为他作品说公平话的人将来会吃亏，倒不如少惹些麻烦好，正如他在致荒芜的信中所说的那样："年来在国内外得来的赞美，实已大大超过应得的甚多。懔于孔子所谓'血气既衰，戒之在得'的名训，一切赞许，不免转成一种不祥的负担"，"恐随之而来的将是意外灾星，实在招架不住"。后来随着政治形势不断好转，沈从文对于研究者的态度也有所转变，他在致孙玉石的信中一面继续加以劝阻，一面又说设若孙玉石坚持研究,"有几个书的题记,能暇中看看,或许就可把握到了我作品的整体。一即良友《习作选》代序,二即《边城》题记,三即《湘西》题记,四即《长河》题记,五即后来五七年《小说选》题记。"1979年12月29日,沈从文在致凌宇的信中说,读过凌宇的论文《沈从文小说的倾向性和艺术特色》后觉得"细致认真处,我和家中老伴读后,都十分感动","使我稍微担心处,是你出于家乡感情,很容易把我的一切习作成就,估计过高,对你不利"。凌宇是经萧离介绍认识沈从文的,因此沈从文也在致萧离的信中谈及此事,认为凌宇不免过誉,"若能作到明白凡是说到我的好处,都有可能在另一时会成为灾难性的打击,他也许能避开这种危险感增加,把十分可贵精力,转而用到照所需要的方法,依照当前受重视、得宠幸的,又对于国家真有特别贡献的大作家排队方式研究现代文学,就太好了,也对得起这位同乡一番真诚好意了。"

1979年10月30日,第四次全国文艺工作者代表大会在北京召开,此次文代会北京市共分得80多个代表名额,在投票时沈从文得票数为第四。沈从文对于自己能以作家身份参与此次盛会很受鼓舞,在接受记者采访时说:"我还要写小说,写第二部自传性的小说。"10月份,沈从文还接受了北京大学中文系硕士研究生凌宇的访问,并回答了凌宇提出的一些问题,后以《沈从文谈自己的创作》为名在《中国现代文学研究丛刊》1980年第4期上刊发。

1980年1月9日,沈从文在致徐盈的信中除了谈及徐昌霖准备拍摄电影《边城》事宜,还谈了国内关于他的研究论文的阅读体会:"都写得很认真细心,也写得极好。"具体到凌宇的论文:"对我那些旧作作具体分析时,引申材料,多极具体。令人担心处,是作者因家乡情感过重,使人容易感到'誉美过实',明日时事一变,易使他受累,因之使我转增忧惧。"对于邵华强的书稿《沈从文研究资料汇编》,他说:"就上海各大学公私图书馆所得报刊及单行本,为按年、月,某文于某刊某期发表,作成'长编'方式,一一列举出来(不久或将作为一本资料性专书发表),看来也使我感动,同时反增加痛苦。因为这些作品在五三年既已宣布过时,又早已在全国性范围内付之一炬,还有人如此用心周到,来调查研究,不能不使人痛苦!"沈从文的担心也并非毫无道理,1981年7月7日,沈从文在写给中山大学教授吴宏聪的信中即说凌宇"算得是北大中文系研究生中唯一用我作为研究对象,得到硕士的第一人",但也因此无法留在北大,在致吴宏聪的另一封信中说"因为系中两个正统派在口试时,似乎都认为把我成就不宜估计过高",所以"在国内,凡是问到我,要开我专题课或进行研究论文的,为了酬答他们一番好意,我总是诚诚恳恳劝他不用这么办,免得将来无出路可得,甚至于累及他前途"。沈从文对于凌宇的工作去向非常关切,曾于8月22日致信凌宇说此时中国社会科学院文学所需要进人,但无法解决家眷进京户口问题,问他是否愿意按此条件到文学所工作。

  沈从文期盼已久的住房问题在几经波折后,也最终得以解决。1977年8月9日,沈从文在致邓颖超的信中除了反映《中国古代服饰资料》所面临的编写和出版难题外,也反映了自己住房困难的现实问题。1977年11月22日,沈从文又致信时任中共中央统战部部长乌兰夫,除了谈及自己的工作情况外,也反映了自己住房困难问题,希望能够帮助解决。1979年12月10日,中国社会科学院分配给沈从文一套面积为36平方米的新住房,他与张兆和一同去看后觉得并不满意,"总拢来只比小羊宜宾大些些,共不及四十米"。这天他还到木樨地参观了丁玲、江丰等人分得的新住处,只见"一单元分二组,或各五间,或四六各一,以江丰四间而言,真是高级之至!"两相对比,沈从文的心理落差可想而知,也难怪他在次日致沈虎雏的信中感慨道:"照迁入者等级而言,多属副部长级,且为党员,我则至今还只算个四级研究员,那有希望可能?所以只能用善于等待方式,依旧在此拖下去","今天总算把《服饰资料》最后一校完成,至于此书何年月出版,正和房子相似,凡事'交付于天'!"12月16日,沈从文致信中国社会科学院党组书记梅益说自己看房后并不满意,要求将住房调整到位于崇文门外的中国社会科学院宿舍。荒芜出于好意为沈从文分房事而抱不平,但沈从文又深感忧惧,12月18日写信劝阻荒芜,"以个人才具平庸,思想又极落后情况说来,所得于党、国的'优厚待遇'已够多,而贡献则可谓毫无可称道处。新社会凡事重'实事求是',所以目下处境,实在不敢(亦并无)任何牢骚可言,更担心什么人为我放炮而得罪大人,即或因事小而不至于骤兴大狱,即任何'小狱'亦招架不住。"

1980年春节时,巴金到北京出席在人民大会堂召开的春节茶话会，其间他特地向周扬提出了沈从文的住房问题，希望通过中国作协帮助协调解决。为此沈从文于2月28日给巴金写信表示感谢，同时提出："你是不是还可以从人大方面，属于国务院系统管理房屋处熟人方面想想法，说句话？"信末附言中又向巴金着重描绘了自己与张兆和连书桌都得轮流使用的窘况，"因住处只一张桌子，目前为我赶校那拟印两份选集，上午她三点即起床，六点出门上街取牛奶，把桌子让我工作。下午我睡睡，桌子再让她使用到下午六点，她做饭，再让我使用书桌。这样子下去，那能支持多久！"同日，沈从文还给中国社会科学院党委书记梅益写信，其中谈及自己决定还是先搬到此前中国社会科学院准备分配给他的那套36平方米的新住房。不久之后，中国社会科学院又对沈从文的住房做了重新调整。

1980年5月2日，沈从文搬到位于前门东大街三号的中国社会科学院宿舍大楼507室，该房间为小三居，自此结束了夫妻分居而两头奔走的不便。然而美中不足的是，该房子紧邻交通要道，噪声污染十分严重，沈从文睡眠不佳而经常感到疲惫，加上年事已高，无法正常工作，由此导致此后三年在这里所拟写的文稿大都未能完成。对此沈从文也颇感无奈，只好将就着，在致西南联大时的学生萧成资的信中他曾说过："能迁此住处，总算二十年来，张先生有了个单独住房，在此已算特殊优待，我早晚已不必出门上公共毛房，不必担心跌倒中风，即是卅年来大大幸运！"1982年春，英国《龙的心》摄制组到沈从文住处进行采访，由于七八个摄制组成员和许多设备同时挤在沈从文的书房兼卧室中，使得他们全程只得站着工作，为此沈从文深感抱歉，摄制组成员答道："沈先生能在这样的环境里工作，我们当然能克服"。

早在"文化大革命"期间，沈从文便想到国外去看看，1974年4月14日，他在致张兆和的信中曾大发感慨："工作越搞得出成绩，将越会像八十年文物一样，将照例不许'出口'的了。"1979年12月下旬，沈从文本有过一次出访法国的机会，法国巴黎大学第三部中文系主任于儒伯来中国访问，回国前曾邀请沈从文和张兆和一起参加将于1980年5月在巴黎召开的中国文学讨论会，并特别说明来回一切费用均由法国方面承担，如同意在一张纸上签个字就成，但沈从文觉得讨论的主题是抗战文学，他对此没有发言权，所以不敢答应。王亚蓉又背着沈从文致信丘成桐，请他及其他在美国的沈从文的熟人邀请沈从文到美国访问。沈从文得知后于1979年12月28日致信钟开莱表示："这种异想天开的设想，我事前毫无所知"，"我根本不会想到出国事，特别是到美国。因为根本无此条件"，况且自己"又不作官，又不在帮，又非党员，即有机会，照习惯，也只会轮到什么有权势、有背景的人有份，永远不会派到我头上，事极显明。旧同行，即或有成百人被邀，或被派出国，也万万不会有我一份，并且我也不希望成点缀品而出去！"

1980年2月19日，张充和自美国来信表示傅汉思准备设法邀请他访问美国，沈从文在3月3日的回信中说："来美事，我不敢设想……至于我被邀来，恐永远派不到我头上。除非《服装资料》出后，在外得到好评，被邀来讲服装和绸缎，有较多发言权。别人也无法代替我。至于文学，也只能谈谈卅年代个人工作，别的忌讳多，不便褒贬。在外谈得一痛快，回来时会易出事故。因为在这里所有作品，五三年即已付之一炬，台湾情形相同。才转作文物研究，足足卅年。"1980年3月下旬，倪密、高辛勇、余英时和傅汉思四人联名，邀请沈从文于当年9月份到美国访问。3月28日，沈从文在复信中感谢他们邀请自己访美，"我非常愿意能得到文化高度发达、土地十分美丽的贵国来作短期访问并学习，且深信从你们社会和学校可学习到极多宝贵有益的知识，并深一层相互理解，使美中友谊也得到进一步扩大。"

沈从文访问美国一事得到中国社会科学院支持，于1980年10月27日与张兆和一起离京赴美，此次在美国讲学历时3个月，于1981年2月18日回到北京。讲学内容既有中国新文学，也有文物尤其是中国古代服饰研究，在耶鲁大学、哥伦比亚大学、圣·约翰大学、哈佛大学、乔治·华盛顿大学、普林斯顿大学、芝加哥大学、斯坦福大学、伯克利大学加州分校、旧金山州立大学、夏威夷大学、马萨诸塞大学等15所大学讲学23次，其间也与诸多久未谋面的亲友及学生会面。在演讲期间，傅汉思不仅充当司机驾车载着沈从文辗转各地，而且还经常充作演讲时的翻译，其中也有一些趣闻。有一次，沈从文在演讲时提起当小兵时他最得意的事是为上司炖狗肉吃，傅汉思知道对于中国人而言吃狗肉毫不稀奇，但美国人是把狗当成最亲爱的好朋友的，他们很难理解为什么要炖好朋友的肉吃，因此没有忠实地译出，而是稀里糊涂地混过去了。还有一次，沈从文在马萨诸塞大学演讲文学时，提起自己当年写小说时的情形,很谦虚地说:"我那时写小说,不过是一个哨兵"。傅汉思却将"哨兵"误听成"烧饼",于是翻译成"我那时写小说,不过是一个烧饼",他还生怕在座的美国人不理解,又自己加了一些说明,说这是中国的一种烤饼。之所以如此,是因为他实在太爱吃中国的烧饼了。在场的美国人倒没有感到诧异,毕竟除非饿上三天,大概谁都不会以为烧饼有多重要。1982年7月,沈从文又收到日本古代服饰研究专家丹野郁发来的会议邀请,请他参加明年秋季在日本东京举行的"东亚古代服装研究大会",并且还请他担任"国际服饰学会"顾问或理事。沈从文于8月20日所写的复信中,告知已征得中国社会科学院同意可以赴会,同时还建议日方同时邀请王序和武敏一同参加此次会议。最终由于沈从文罹患重病,未能如期赴会,但依然缺席当选为理事。不过沈从文去日本的愿望倒是提前实现了,1982年9月27日,沈从文参加了由王震率领的访日代表团,赴东京参加中日邦交正常化10周年庆祝活动。在日本期间,沈从文不仅访问了东京博物馆,而且还和日本研究现代文学及翻译过他的作品的一些大学教师进行了座谈交流,10月12日返回北京。1984年7月31日,由日本政府部门委派的专家村山英树在黄永玉夫妇陪同下专程拜访沈从文,咨询关于1万元日钞上所印的日本古代皇太子画像中所穿服饰问题。之所以如此,是因为当时日本有专家从服饰上对皇太子画像的真伪产生了怀疑,而如果皇太子的画像是赝品的话必然会有损国格,这种钞票也将停止使用。8月1日,包括村山英树在内的三位日本专家在黄永玉陪同下再次到访,听取了沈从文的分析结论。沈从文提出以下三点意见：一、画像上皇太子的服饰极有可能是从中国传入的，因为太子既然在长安住过很久，人又年轻，从当时繁华的长安城带回点中国服饰穿戴也在情理之中，就和现在的时髦青年是一样的；二、敦煌壁画上有个青年穿着的黑白直条窄裤子，就是从西域进口的，由此说明在古代借助贸易往来穿着他国服饰早有先例；三、如果是皇上接见或举行盛典，太子是会穿正统服装的。听了沈从文的解说后日本专家豁然开朗，从而解决了这一重大难题。由于事关重大，8月15日，村山英树与东京电视台的导演及工作人员一行五六人又来造访，将沈从文分析1万元日钞上皇太子服饰问题的过程录制了下来。

1981年11月和12月，湖南人民出版社接连出版《沈从文散文选》和《沈从文小说选》，其中还附有该年6月份出版社请沈从文所作的题记。同年11月，江西人民出版社也出版了《边城》修订本，自此掀起了"文化大革命"结束之后国内出版沈从文文学作品的热潮。1982年1月由邵华强、凌宇选编，花城出版社和三联书店香港分店出版的《沈从文文集》12卷本开始印行，直到1984年7月出齐，成为2002年12月《沈从文全集》出版之前收录沈从文作品最全的集子，总数近330万字，有力地推动了沈从文研究。

国内外骤然兴起的"沈从文热"也引起了沈从文的不安和担忧，反右运动和文化大革命运动所带来的惊惧并非一时可以消除的。行事低调的他不愿意出风头，自感"虚名过实"，"只希望极力把自己缩小一些，到无力再小地步，免得损害别的作家的尊严，近于'绊脚石'而发生意外灾殃"。1982年6月,沈从文在全国文联四届二次会议上当选全国文联委员,与会的朋友们纷纷向他表示祝贺,但他对此非但没有沾沾自喜,反倒想请会议期间同住一房的朱光潜去帮自己卸掉委员身份,"孟实,你去替我向上边说说,让他们把我的名字拿去。我是个不会做这种事的人。"果然,不久之后,国内一些人开始对"沈从文热"进行批评。沈从文对此早有心理准备,因此并没有感到突然,在1982年10月22日致吉首大学中文系教师刘一友的信中说:"还是让他们骂,出出气好","世界极大,在他权力内可以'为所欲为',(即或如此也不经久!)在中国以外,他却无可奈何。何况别人也并不是瞎吹瞎捧而存在的。"《洞庭湖》1984年第1期上刊发了关于沈从文作品座谈会的纪要《关于沈从文〈雨后〉等作品的争鸣》一文,同时还刊出了《对沈从文作品要恰如其分地评价》,先是指出"沈从文其人其作,被当作'出土文物'挖掘出来……当作'热门货'大量出版",而组织这次座谈会的目的正是要给"在中国文艺界形成了一股赤道盛夏季风般的'沈从文热'"泼下"一瓢冷水",希望国内文学研究者"从'沈从文热'中冷却下来,学习借鉴沈先生作品中的精华,剔除其糟粕"。

正所谓"墙内开花墙外香",虽然1982年国内批评之声渐起,但国外"沈从文热"不仅没有衰减,反倒热度进一步攀升,该年金介甫与夏志清、许芥昱和德国汉学家马汉茂等人联名,向瑞典皇家学院提名沈从文为诺贝尔文学奖候选人。1983年,瑞典汉学家马悦然又向瑞典皇家学院提名沈从文为诺贝尔文学奖候选人。1987年,马悦然将《边城》翻译成瑞典文出版,此后又有瑞典汉学家倪尔思和瑞典作家斯蒂格·汉森开始着手选译沈从文的作品,两人还于7月8日在中国作协外联部人员陪同下拜访了沈从文,并自该日起与沈从文进行了连续四天的交谈。

国内文学研究界对于沈从文的评价也在进行着不断调整,1983年1月,《湘江文学》上刊发的朱光潜《关于沈从文同志的文学成就历史地位将会重新评价》一文引起轩然大波,该篇文章原本是为凌宇编选的沈从文小说散文合集《凤凰》一书所作的序言,其中这样写道:"据我所接触到的世界文学情报,目前全世界得到公认的中国新文学家也只有从文和老舍",该文被批评为否定革命文艺传统,是典型的精神污染的表现。沈从文为自己事先没有提醒朱光潜删掉文章中的敏感词语而导致他惹上麻烦感到自责,朱光潜也为此文给沈从文带来的压力心有不安,由此可见两人惺惺相惜、互相关切的深厚友情。1984年3月,由唐弢主编的《中国现代文学史简编》不仅专门为沈从文设置了一节内容,而且突破了中华人民共和国成立以来对沈从文一贯否定的固化模式,认为沈从文虽然与当时的左翼作家有过争论,但是从基本倾向来看"同样继承和发扬了'五四'文学的革命传统",在坚持反帝反封建斗争和现实主义原则方面"同样以自己的创作丰富了新文学的成果",同时对其创作数量多、反映生活面广、塑造人物生动且有着独特的艺术风格等诸多方面都进行了肯定。《中国现代文学史简编》不仅是当年学习现代文学的重要著作,而且被列为高等院校文科通用教材,加上唐弢本人所具有的学术影响力，自该书出版之后其他几部现代文学史新著也受到了影响，除了对沈从文某些作品缺乏社会意义有所批评外，基本上都秉持肯定态度。其中由钱理群、温儒敏、吴福辉等合著的《中国现代文学三十年》还为沈从文设置了专章进行介绍，而除了他之外同为"专章"的还有鲁迅、郭沫若、茅盾、巴金、老舍、曹禺等6位，都是公认的现代文学大师。

1982年5月8日，沈从文与张兆和夫妇在黄永玉夫妇、黄苗子和郁风夫妇陪同下回到阔别多年的故乡凤凰，这也是他生前最后一次回故乡。沈从文不仅在凤凰街头漫步，而且到当年就读过的文昌阁小学等处故地重游，同时还欣赏了当地的"傩堂戏"。沈从文在凤凰停留期间，有三个陌生人闻讯后专程从贵州铜仁赶来，一见到他便下跪致谢，原来他们在"文化大革命"期间因冤案到北京上访，结果回家的路费没有着落，正在百般无奈之际多亏沈从文慷慨解囊相助。沈从文却对这件小事早已没有任何印象，张兆和也只模糊记得有过几次类似的事，但对于眼前这三个人也是毫无印象。沈从文自故乡返回后依旧惦念不已，想为家乡发展尽一份绵薄之力。1982年12月6日，他致信凤凰文昌阁小学校长，将本年度出版的《沈从文文集》的全部版税9700元凑齐整数1万元捐赠给母校，用来扩建校舍，但在信中特意叮嘱"不要在任何报刊上宣传"。后经凤凰县政府领导和学校领导商议，将这笔钱配上县里的拨款为该校建设了一座图书馆，准备命名为"从文藏书楼"。图书馆建成准备启用时请沈从文题字，沈从文表示绝不能以自己的名字来命名，这有违自己的初衷,只题写了"藏书楼"

三个字。家乡文学界也没有忘记沈从文,1987年11月,吉首大学沈从文研究室举办了沈从文研究学术座谈会,来自全国各地高等院校的沈从文研究者进行了交流研讨。1988年3月中旬,凤凰县县长吴官林等来京看望沈从文,谈及县里对沈从文故居的修缮保护情况,并计划举办沈从文研究学术讨论会以扩大影响,病榻之上的沈从文听了之后连忙表示:"不要为我花钱……几十年都不写了,心里不安得很……不要宣扬我。"3月下旬,沈从文又听闻凌宇正在筹备国际性沈从文研究学术讨论会,急忙让张兆和写信劝阻。4月8日,沈从文又打破几年来的障碍,勉强握笔亲自给凌宇写信,强调自己不喜欢"出名"和"露面","社会既不让我露面,是应当的,总有道理的。不然我那能活到如今?你万不要以为我受委屈。其实所得已多。我不欢喜露面,请放弃你的打算,自己做你研究,不要糟蹋宝贵生命。"4月12日,沈从文又致信凌宇,"你和我再熟一点,就明白我最不需要出名,也最怕出名",并说自己"写几本书算什么了不起,何况总的说来,因各种理由,我还不算毕业,那值得夸张。我目前已做到少为人知而达到忘我境界。以我情形,所得已多。并不想和人争得失。能不至于出事故,就很不错了。你必须放下那些不切事实的打算,免增加我的担负,是所至嘱",再次明确反对召开关于自己的国际会议。4月16日,沈从文在复吉首大学沈从文研究室成员向成国的信中,再度反对凌宇和沈从文研究室召开国际性会议的倡议,而这封信也成为他生前留在人世的最后文字。1988年5月4日,正在北京大学访学的吉首大学中文系教师刘一友看望沈从文,与沈从文谈起了湘西文化圈问题,在道别时沈从文再三叮嘱他:"不要宣传我,要慎重,你看……现在我那一辈人只剩下我、俞平伯和冰心了,要提防有人枪打出头鸟。"

早在1983年2月,沈从文的身体状况便开始有所恶化,某天下午"因久坐,起身时即左侧失去作用,口呈抽风象,说话机能失灵,头脑犹清楚。知近中风,即刻用水刺激头部,一会会即好转",第二天上医院检查发现心脏正常,放了心,但晚上看过电视不久便感到疲倦,"转回卧房洗洗脸后,左手足一边复又失灵,走起一步即倒下……照相熟医生所说,服用硝酸甘油后,再喝一大杯橘子水,不久即好转"。自此之后,沈从文已无法再继续从事文物研究工作,只是偶尔给国内再版及国外出版自己的作品写些序言,3月19日他在致程应镠的信中说:"这三十年从某方面说,近于吃白饭度过,许多政治名词都缺少基本理解,也记不住。从另一方面说来,为各方面尽义务打杂了整三十年!也并不算生命白费。只可惜社会总还在磨磨蹭蹭中,无从将所学好好用到工作中取得应有进展,若如此死去,未免感到深深遗憾!"4月20日,再次出现脑溢血症状,开始在北京首都医院接受治疗,诊断为左侧偏瘫,住院两个月后回家休养。由于病情未愈,沈从文缺席了于是年6月4日—22日召开的政协第六届全国委员会第一次会议,6月17日缺席当选为常务委员。1983年11月,中医吴宗宁专程从南京来到北京为沈从文进行治疗,经过短期针灸后病情明显有所改善,再辅助药物进行治疗,此后他又曾数次来京为沈从文治疗。

1985年5月18日,萧离给中共中央总书记胡耀邦写信,反映沈从文的生活待遇问题,胡耀邦总书记、万里副总理等国家领导人对此非常重视,指示中共中央有关部门致电中国社会科学院党组,要求迅速将沈从文的健康、住房、医疗、工作等情况报告中央。此后田纪云副总理又将萧离来信原件批转给中国社会科学院党组,要求给出改善沈从文生活待遇的具体意见。6月29日,中共中央组织部下发中国社会科学院文件,将沈从文定级为正部级研究员,享受正部级待遇。6月30日,美国《国家地理》杂志记者到沈从文家采访,听他介绍江陵马山楚墓等重要的考古发现情况,并展示古代服饰研究室按照实验考古学方法新研究复制的精美织绣品。在采访前一天也即中共中央文件下发当日,接待人员先到沈从文住处查看,要求将有碍观瞻的门道里放置的保姆的小床、脸盆架、泡菜坛子等搬走,书房里的睡床也被拆掉,存放稿件的几个纸箱和柜顶、书架上的大量稿件封套都被搬走,这让沈从文感到十分愤慨。文件下发后,沈从文的生活待遇和工作条件问题逐渐得到解决,然而此时他已是病入膏肓,无法再利用这些条件来继续工作了。早在文件下放十日前,沈从文得知好友夏鼐突然脑溢血去世后,已经预感到自己来日无多,为了了却《中国古代服饰研究》增补的夙愿,急忙致电此时正在广州南越王墓进行考古发掘工作的王㐨返京,连续数日与他谈增补的具体事项。

1985年7月10日,中共中央总书记胡耀邦派人给沈从文送来福建产的荔枝。12月19日,《光明日报》头版头条位置又刊发了长篇访问记《坚实地站在中华大地上——访著名老作家沈从文》，以此来祝贺沈从文从事文学创作60周年。12月28日，中国社会科学院及历史研究所领导又登门祝贺沈从文83岁生日。1986年初，中国社会科学院以正部级标准给沈从文分配了一套位于崇文门东大街22号楼601室的五居室新房子，当年初夏沈从文搬入新居，有了宽敞的卧室和明亮的书房，但已无法展开此前一直想要进行的研究工作，由于双手不听使唤，只能通过口述由张兆和代笔的方式来完成文章和书信。

1987年，台湾文学界对于沈从文的评价也有了新变化，1月份台湾《联合文学》推出了"沈从文专号"，除了刊有沈从文的10余篇作品和主要作品年表外，还附有朱光潜、汪曾祺、凌宇、梁实秋和金介甫等中外学者关于沈从文生平、传记和评论等方面的文章。3月，台湾《联合文学》又集中刊发了一些台湾学者对于"沈从文专号"的反响文章，将沈从文与鲁迅视为能真正进入世界性作家行列的中国现代作家。

1988年4月25日，友人来到沈从文住处，向他传达了中国派出的四位作家去年赴瑞典斯德哥尔摩访问瑞典文学院，以及与诺贝尔文学奖评审委员会谈的详情，认为沈从文是当年诺贝尔文学奖获奖呼声最高的候选人。瑞典汉学家倪尔思对此也曾说过："很多瑞典人认为，如果他还在世，肯定是1988年诺贝尔文学奖的强有力候选人。"

1988年5月4日，沈从文在家人给他看来信时，指着黄庐隐女儿的来信说这个人要见。5月10日下午，沈从文在会见黄庐隐女儿时突发心脏病，并于当晚8:30在家中逝世，享年86岁。

一代文豪沈从文就此撒手人寰,留下等身著作于人世,作为横跨文学创作和文物研究两个领域且都做出卓越贡献者,在中国自现代以来可谓绝无仅有,也是值得后人缅怀的。沈从文逝世后,李先念、李铁映等党和国家领导人以及全国政协、中国作协、中国社会科学院等负责人以不同方式表示了哀悼,美国、瑞典、澳大利亚等各国友人也以多种方式表示哀悼。中国作协主席巴金在从上海发来的唁电中慨叹:"文艺界失去一位杰出的作家,我失去一位正直善良的朋友",由于他有病在身,无法亲自到北京参加遗体告别仪式,特让女儿赴京代自己敬献花圈。

从5月12日起,香港、台湾等地的报纸率先报道了沈从文去世的消息,并同时刊发了中外人士纪念和评论沈从文的文章。其中在5月13日台湾《中国时报》上刊发了马悦然的悼念文章《中国人,你可认得沈从文?》,文中这样写道:"大陆作家高行健在瑞典时,我将沈的作品给他读,因为他也不曾读过。他读完了,大为吃惊:三十年代的中国就有这样的文学!?作为一个外国的观察者,发现中国人自己不认识自己的天才,自己不知道自己伟大的作品,我觉得哀伤。"

然而国内新闻媒体由于不知该如何给沈从文定调,显得有些滞后,5月14日中国作协机关报《文艺报》上只有50字的简短报道。5月16日,上海《新民晚报》向新华社要稿不得,只得根据香港报纸上的消息编发了一篇报道。新华社国内部拖延至5月18日才发了一篇电讯,原因是人物评介尺寸难以掌握,19日《人民日报》上刊出《眷恋乡土多名作,饮誉中外何寂寞——杰出作家沈从文告别亲友读者》一文。20日《人民日报》上又刊发了汪曾祺所写的悼文《一个爱国的老作家——怀念沈从文老师》，随后《文艺报》又于21日刊发了《现代杰出文学家沈从文先生逝世》的长篇报道，认为"解放以来相当长时期内，沈从文的文学成就没有受到应有的重视，直到粉碎'四人帮'以后，人们逐渐认识到沈从文作品的价值，开始对他的文学成就及文学史上应有的地位作出认真的评价"。《光明日报》也于29日刊发了《悼沈从文挽联三副》以及沈从文遗作《自我述评》。

5月18日，沈从文的遗体在八宝山火化，根据遗嘱后事一切从简，只是由家人和一些挚友及弟子将一株株月季花放到遗体边，以此作最后告别。此时远在大洋彼岸的张充和与傅汉思夫妇未能参加葬礼，但由"最后的才女"张充和题写的挽联却最为精当地概括了沈从文的一生，"不折不从，亦慈亦让；星斗其文，赤子其人"。

4年后，沈从文的一部分骨灰撒入家乡的沱江，一部分葬于听涛山下，墓旁一尊天然巨石上刻有沈从文在《抽象的抒情》一文中说过的一句话："照我思索，能理解'我'。照我思索，可认识'人'。"

第二章

当成我的神

DANGCHENG WO DE SHEN

与张兆和

公学的"黑凤"

沈从文自1930年写给张兆和第一封情书开始,历时3年之久持之以恒,终于赢得"黑凤"张兆和的青睐,在现代文人婚恋史上留下一段师生恋的佳话。虽然沈从文一生有过四个"偶然"也即四段婚外情,但都像他自己所说的那样不过是短暂的"情感的发炎",发炎自然不是生活之"常",只能是偶然之"变",在他心目中占据着不可替代位置的始终是"黑凤"。

沈从文对于张兆和可以说是一见钟情,将张兆和当作顶礼膜拜的女神,而他自己则是臣服于爱情的奴仆。本来就以抒情文字见长的他将自己的爱慕之情,毫无保留地倾泻在那一张张信纸上。

有着"黑凤"之称的张兆和身世不凡,她系出可谓"人中龙凤"的贵族世家,曾祖父张树声是晚清名臣,原本廪生出身,在镇压太平天国运动中由于功勋卓著,成为仅次于李鸿章的淮军第二号人物,官运亨通的他历任知府、道台、巡抚、总督和通商事务大臣。张树声虽然以军功发迹,但是素有淮军儒将之称,非常注重后代的文化教育。祖父张华奎是光绪十五年（1889年）进士，累官至四川臬台。经过两代人的经营，张家已成为合肥声势赫奕的名门望族，在肥西筑成"张家老围"，拥有万亩良田，每年仅收入的租子就在万担以上。父亲张冀牖原名张武龄，字绳进，由于受到五四新思潮影响，觉得自己的名字太封建，遂改为冀牖，又名吉友。张冀牖在实业报国思想影响下一度想要投资实业，终因不知如何经营作罢。后来他为了避免子女久居合肥老家，沾染世家子弟所常见的奢华习气，举家搬往上海，后又移居苏州，并在苏州不惜耗费重金创办了一所女子学校乐益女中和一所男子学校平林中学。因苏州城内男校众多，张冀牖后来又将平林中学停办，专心致力于乐益女中，广揽名师倡导新式教育。张冀牖在当时的教育界交游甚广，与蔡元培也有来往，逐渐成为远近闻名的教育家。他为了能坚守自己的办学宗旨不受外界干扰，无论多么困难始终坚持独资办学，拒绝任何外来捐赠。张冀牖创办学校的目的并不是为了赚钱，而是秉着报国之志为国家和社会培养大批有用的人才，因此十分爱惜学生，对于那些品学兼优但家境贫寒的穷人家女儿免收学费，在当地享有盛誉。

张冀牖育有10个子女，其中四朵金花分别是元和、允和、兆和、充和，都是结发妻子陆英所生，四姐妹都遗传了母亲的美貌，被秦瘦鸥称作"张氏四兰"，长大成人后分别嫁给了昆曲名伶顾传玠、语言学家周有光、小说家沈从文和美国汉学家傅汉思。当时还有人拿四姐妹名字中都有个"儿"字打趣说，张家女孩子都有"两条腿"，注定要跟人家走，其后除了张允和与张兆和留在大陆长居北京外,大姐张元和远赴台湾,四妹则定居美国。张家四女不仅容貌出众,而且兰心蕙质、均有才气,这与重视教育的父亲张冀牖的悉心培养和循循引导是分不开的。爱好文学的她们不仅订阅了《小说月报》《新月》等新文学刊物,而且还组织了一个家庭文学团体——水社,自办了一个家庭刊物《水》,与家里兄弟们"九如社"合办的刊物《九如巷》相抗衡。结果《水》的实力越来越雄厚,《九如巷》的成员们也逐渐被拉拢过去。有一年除夕,张冀牖发现4个女儿在家里玩骨牌,这在富贵人家原本习以为常,但他觉得女儿们受到此种赌博风气熏染容易学坏,空闲时间又无以为乐,为此他专门聘请昆曲名角尤彩云来家里教授女儿们。四姐妹的母亲陆英本身就是个戏迷,经常带女儿们到戏院看戏,耳濡目染下她们早就对昆曲产生了兴趣,因此也乐于学习,有了这样的童子功,四姐妹在昆曲表演上都有所造诣。其中大姐张元和后来正因为喜欢昆曲以戏结缘,对当红小生顾传玠生发好感,并最终喜结连理;二姐张允和曾于1956—1964年担任过北京昆曲研习社联络小组组长;四妹张充和更是在抗战时期的大后方昆明居住期间,展现出独擅一时的昆曲表演才能,渐为昆明喜好此曲之人所熟知,只是未登台表演而流传不广,为此沈从文还感到十分惋惜其"昆曲当行,应以张四小姐为首屈一指,惜知音者少,有英雄无用武之感",后来在美国耶鲁大学等著名高等学府担任戏曲及书法教授。这当然是后话,但在当时四姐妹已为苏州人所称羡,叶圣陶就曾说过:"九如巷张家的四个才女,谁娶了她们都会幸福一辈子。"正所谓酒香不怕巷子深,居住在九如巷里的张家四才女自然也不乏追求者,照理说求亲者应该络绎不绝才对,但事实上却并非如此。原来思想开明的张冀牖对于女儿们的婚事,不像传统家长那样横加干涉,完全由她们自主择婿。只要女儿相中了,他不会盘问对方的家境如何,以及是否门当户对,都会欣然应允。当年有位后来旅美的画家"芳邻"相中了张元和,托人向张冀牖提亲,没想到他哈哈一笑说:"儿女婚事,他们自理,与我无干。"有了这番遭遇之后,从此再也没有人向张家提亲了。果然,后来四姐妹的婚事都是由她们自己做主,以至于家里的佣人们也时常对外人说:"张家儿女婚姻让他们'自己'去'由',或是'自己''由'来的。"

虽然父亲张冀牖受到新思想影响,观念十分新潮,但由于张兆和10岁那年母亲便已去世,她自小是由保姆朱干干(当地话"干干"意指大户人家的女佣)带大的,因此自打记事起接受的就是旧式家庭教育,终未成为敢于挑战传统和蔑视权威的"新女性"。在保姆旧式家庭教育和新式学校教育的双重影响下,张兆和既有着雅静、平和、沉稳的大家闺秀气质,同时又爱好体育运动,18岁时曾在吴淞中国公学运动会上夺得女子全能第一名,对于社会交际也不排斥,因此在吴淞中国公学求学期间很受同学们喜爱。她品学兼优,学业上常得优等,又是学生会委员,还担任过篮球队队长,在《时报》上曾经刊载有她身着运动装的照片。由于张兆和面孔秀丽、气质出众且颇有文才,而有吴淞中国公学"皇后"之称,又因喜好穿黑衣被人送以"黑凤"的绰号。才貌双全的张兆和自然身边不乏追求者,青睐于她的男子们纷纷借助情书表达爱慕之情。对此不仅情窦未开的张兆和感到十分意外，就连她的两个姐姐也觉得有些不可思议。张家人公认端庄秀丽的大姐张元和才是美人，而张兆和由于天生皮肤稍黑，身材偏壮，一点也不秀气，加上她常常头发剪得很短像个男孩子，并不觉得她美在何处，因此对于众多男子追求她颇感诧异。其实虽然张兆和的面孔确实有些黑（沈从文婚后常因此亲昵地称呼她为"黑猫"），但是不失健康之美，正好合乎现代审美观，而给热衷于新潮的男子们以新奇之感。

然而张兆和此时却无意接受男子的求爱，对于包围着她的男子经常以沉默应对，既不明言拒绝，也不予以接纳。在沈从文展开爱情攻势之前曾经有一位四川籍的尹姓同学，先后写给她140封情书，却始终杳无声息。这倒并非意味着张兆和思想封建守旧，恰好相反，自幼生长于相对自由开放家庭的张兆和擅长也乐于交际，也正因此才会有那么多男学生包围着向她写情书。沈从文当年认识她就并非在课堂上，而是在中国公学举行的同乐会上。之所以如此，主要还是受到家庭成长环境的影响。张兆和生母过世较早，后母与她们姐妹之间的关系并不亲密，没有人娇宠和关心她，孩童时即便是看门老头将自己碗里的糙米饭分给她一些，她也吃得津津有味。备受忽视的张兆和甚至没有什么童年趣闻和轶事在家人中流传，在她童年印象中最深刻的不过是喜欢傍晚时分跟随爸爸一起出去散步。也正因此，张兆和自从离开苏州到吴淞中国公学求学后便很少回家，即便学校放假也是住在上海的姑母家。此种家庭境况让张兆和很早便学会自立，眼界极高的她一心沉浸于学业中，家里对于她的婚姻大事又不干涉，因此既对男女爱情无法轻易产生信赖，也不愿过早地牵涉其中。为张兆和始料未及的是，已在文坛小有名气的沈从文的到来彻底打破了她平静如水的恋爱心态，使得她不由自主地陷入情感的旋流中，上演了一场持续长达3年之久的爱情追逐大戏。

顽固的单恋

沈从文曾将1931年6月写给张兆和的一封情书公开发表，在所作题记中他深情款款地写道："我行过许多地方的桥，看过许多次数的云，喝过许多种类的酒，却只爱过一个正当最好年龄的人。我应当为自己庆幸。"写这封情书时沈从文已经年届而立之年，而张兆和却只有21岁，正值一生中最灿烂的青春年华。早在一年前，自从"黑凤"飞进沈从文的视线后便一直在他心头盘旋，以至于深陷对爱情的渴慕之中难以自拔，开始了长达3年顽固的单恋，若单论追求女性的毅力在现代作家群中无人能及。正可谓艳如桃李、冷若冰霜，张兆和对于沈从文的热烈追求起初并不动心，态度也极为冷淡，不仅有意躲避沈从文，而且对于他的来信也始终不予回复。但沈从文并未因此心灰意冷，依旧情书不断，仿佛是将张兆和冷淡的态度视作对自己的考验那样越挫越勇，而绝不轻言放弃。

在开始追求张兆和的9年前，沈从文曾经有过一段十分苦涩的初恋经历。1921年，年方19岁的沈从文正是情窦初开之时，他对朋友马泽淮的姐姐马泽蕙一见钟情，给这个女孩写了大量情诗，然而为他始料不及的是这段初恋竟然是马泽淮精心构织的甜蜜陷阱。自始至终他与马泽蕙仅仅是谋过面而已，并没有真正亲密交往，所写情诗都是由马泽淮充当信使来往传递的。由于此时沈从文已经成年，母亲便将凤凰老宅卖掉后剩余的3000元钱款交由他保管，马泽淮所看中的也正是此，趁着沈从文意乱情迷之际以借钱的名义陆续骗走1000元钱，之后便消失得无影无踪，所谓初恋自然也化为泡影。由于马泽淮借钱时随借随还，似乎很守信义，整个过程看起来并无破绽，时隔多年以后沈从文依然百思不得其解为何会少了1000元。这对当时已经败落到不得不卖掉凤凰祖屋的沈家而言，损失的这1000元无疑是一笔巨款，沈从文既无法向母亲交代，又感觉丢了脸面，因此只得离家出走躲避。此后很长一段时间，沈从文的生活都处于变动不居中，稍稍稳定后又选择弃武从文，自湘西来到北平后更是贫苦不堪，连基本生存需要都难以保证满足，自然无法奢求爱情雨露的滋润，"不曾受过任何女人关心，也不曾怎样关心过别的女人"，只能在文学幻想中获得性爱欲望的宣泄和满足。也正因此，虽然沈从文追求张兆和时已经28岁，但实际上并没有多少恋爱经验。吊诡的是，沈从文的这两次恋爱都是一边热的单恋，追求方式也十分相似，只不过是将写情诗改成了他更为拿手的情书而已，但两次恋爱的结局却大相径庭。

沈从文与张兆和有经常见面甚至独处的机会，之所以不当面进行表白而选择鸿雁传书，也是出于无奈，原来他在面对张兆和时经常面红耳赤而不知所措，只能扬长避短将万般柔情凝结于情书之中。对此梁实秋就曾说过，沈从文"有一次急得想要跳楼，他本有流鼻血的毛病，几番挫折之后苍白的面孔愈发苍白了。他会写信，以纸笔代口舌"。不得不说，沈从文的情书写得实在是好，非但为常人所不能及，即便是现代作家中也没有几个能超越，也正是因为情书写得太好才慢慢软化了张兆和原本坚如磐石的心，"自己到如此地步，还处处为人着想，我虽不觉得他可爱，但这一片心肠总是可怜可敬的了"。沈从文对于自己写的情书也是非常自信，知道写给张兆和的近百封情书对于求爱成功功不可没，抗战时期他与张兆和闹矛盾时还忍不住抱怨："你爱我，与其说爱我为人，还不如说爱我写信。"

在追求张兆和之前，沈从文还有过代人写情书求爱成功的经验。早年间，他曾帮助表哥黄玉书写情书追求未来的表嫂杨光蕙，不明就里的杨光蕙有一次还向沈从文夸赞自己收到的情书写得很好。1937年12月间，沈从文路过长沙时，偶然在家乡部队师部留守处大门前碰到在做中尉办事员的表兄黄玉书，还问他在常德时代笔写的那些情书表嫂是否还保留着，"若改成个故事，送去上海去换二十盒大吕宋烟，还不困难！"

已经成为作家的沈从文致张兆和的情书更是质量上乘，其中有许多封都称得上是言语、情感和意境俱佳的抒情散文，比如其中就有这么一段，"望到北平高空明蓝的天，使人只想下跪，你给我的影响恰如这天空，距离得那么远，我日里望着，晚上做梦，总梦到生着翅膀,向上飞举。向上飞去,便看到许多星子,都成为你的眼睛了",这些情书也的确曾经公开发表并收入各种集子里。也正因此,一方面,张兆和对于沈从文的情书持拒斥态度,对于这些接踵而至的求爱信感到害怕;另一方面,她又被这些充满情感魔力的文字深深吸引,舍不得丢弃,全部保存在一口小箱子里,对于沈从文的情书渐渐产生了好奇心,如同探险那样渴望收到下一封。潜移默化间这些情书中所裹挟着的炽热情感,一点点融化了她内心的坚冰,对于沈从文的爱也在一点点地萌生,历经3年之久终于由量变引发质变,设若沈从文中途停顿便极有可能前功尽弃。

可惜的是,沈从文写给张兆和的"仅只一页,寥寥数语而分量极重"的第一封情书,早已毁于战火而没能保存下来,据说上面只有一句直露的爱情告白:"不知为什么,我忽然爱上你了。"张兆和在收到情书后并没有回信,出于羞怯心理也没有将这件事张扬出去。当时追求张兆和的男子有许多,情书也是纷至沓来,但她在收到情书后都不会回复,看完后也不丢弃,而是按照青蛙一号、青蛙二号、青蛙三号这样的序列排放后放在抽屉里。张兆和在收到沈从文的情书之前,并没有想到有朝一日会收到一封来自老师的情书,因此不免有些惊慌,自然也没有回信。二姐张允和知道后还取笑她,沈从文的这封情书大概只能排为癞蛤蟆第十三号。当时姐妹俩对于沈从文的求爱都并未当真,以为沈从文不过是一时兴起,受到冷遇后自然会知难而退。

然而,处于情热之中的沈从文却误认为张兆和的沉默是默许自己的求爱，或者是对自己的考验，不仅没有让他心生退意，反倒鼓起了希望，自此以后张兆和便不断收到狂风骤雨般热情四溢的情书。此时已经28岁的沈从文在那个年代早就过了谈婚论嫁的年龄，但他在婚姻大事上并不愿意迁就，一直在耐心地寻觅和等待着，他相信那个令他心动的女子总会悄然而至，而张兆和的出现让他燃起了爱情之火，自然不会轻易地任其熄灭。

沈从文对张兆和的单恋让他处于癫狂之中，交织着自卑和自负的复杂情感。1930年4月26日，他在写给好友王际真的信中说：

我在此爱上了一个并不体面的学生，好像是为了别人的聪明，我把一切做人的常态的秩序全毁了。在各方面去找那向自己解剖的机会，总似乎我能给这女人的幸福，是任何人所不能给的，我所牺牲可以说是一种奢侈，但所望，就只是这年青聪明女人多懂我一点。……只是看近处的近处，因此一个黑脸不甚美观的身体，也使我苦恼，从摇荡中看出自己可怜。……这件事连九妹也不明白，若让她明白也只增加坏处，从九九小孩子方面来的惊讶（因为她想不到我会爱那女人），将更使我难过。……我的世界总仍然是《龙朱》《夫妇》《参军》等等。我太熟习那些与都市相远的事情了，我知道另一个世界的事情太多，目下所处的世界，同我却离远了。我总觉得我是从农村培养出来的人，到这不相称的空气里不会过好日子，无一样性情适合于都市这一时代的规则，缺处总是不能满足，这不调和的冲突，使我苦恼到死为止，我这时，就仿佛看到我一部分的生命的腐烂。

一方面,"爱上了一个并不体面的学生""总似乎我能给这女人的幸福,是任何人所不能给的""我所牺牲可以说是一种奢侈"等无不彰显出沈从文自负的一面,觉得唯有他才能让"并不体面"的张兆和获得幸福;另一方面,又自认为是乡下人,与都市生活有着格格不入处,"总觉得我是从农村培养出来的人",显露出身为"乡下人"自卑的一面。

其实,单从家庭出身来看,张兆和与沈从文均系出名门,倒可以说是门当户对、佳偶天成。张兆和的曾祖父张树声与沈从文的祖父沈宏富均出身微末,后来也都是因为投身军旅逐渐发迹,战事结束后广置田产富甲一方,同为"军功地主"之列。两人还曾有过同地担任督抚要职的经历,只不过时间不同而无缘结识,沈宏富于同治二年(1863年)被朝廷任命为贵州提督,而张树声也于光绪三年(1877年)出任过贵州巡抚。只不过后来因沈从文祖父去世过早,家境又较早败落,才与声势显赫的张家形成极大落差。家族曾经有过的荣光和当下的败落不堪,也正是造成沈从文时而自负时而自卑的重要原因。同时不无巧合的是,张树声生有九子,其中长子张云端曾经出任四川川东道台,但膝下无子,为避免绝嗣只得从五房中过继一侄子为子,此子便是张兆和的父亲张冀牖。沈从文家也是如此,沈从文的父亲也是由二房过继给已经过世的大房沈宏富为子。

沈从文出于对爱情的热望早已顾不得师道尊严,张兆和的冷漠让他感到万分苦恼的同时又无计可施，理智终于被爱情冲毁，陷入爱而不得的迷狂中难以自拔。为了排解心中的苦闷，他甚至不顾体面地在张兆和的闺蜜面前哭诉，并且扬言自己要为情自杀。一时间纸包不住火，老师沈从文疯狂追求学生张兆和以至于要自杀的消息，在校园里传得沸沸扬扬。张兆和为此承受着极大的心理压力，她既不情愿成为桃色新闻的主角，更不愿意成为导致沈从文殉情自杀的元凶。

恋爱受挫的沈从文有一次急得竟然想要跳楼，本来就有流鼻血毛病的他几经挫折后面孔显得愈发苍白，甚至还影响到工作去留乃至职业选择问题。1930年6月28日，沈从文致信王际真表示自己由于感情的挫折，"常想得一机会逃开此地方，出国无谋生本领，就到军队中去胡混数年"。6月29日，沈从文又到校长胡适家说自己打算离开中国公学，胡适得知他真正想要离开的原因是追求张兆和不得后劝说他留下，并且向他表示自己和张兆和的父亲张冀牖熟识，如果张兆和是因为受到家庭阻拦而拒绝接受求爱的话，可以由他出面帮助解决。沈从文本身正处于犹疑矛盾中，听了胡适的话后暂时取消了辞职离开的计划。同时他也并不死心，还想通过张兆和的好友王华莲劝说一下。6月30日，沈从文告诉王华莲自己打算离开中国公学，目的是为了借此探听张兆和的态度。7月1日，他又告诉王华莲自己准备暂时留下，等教完暑期的课后再做打算，目的仍然是为了通过王华莲探听张兆和的态度。

同时，沈从文还在给张兆和的情书中不顾一切地袒露心迹，在其中一封情书里甚至直言:"我不仅爱你的灵魂,我也要你的肉体。"这样直白浅露而又极富冲击力的情话,对于尚未真正恋爱过的张兆和而言简直是难以招架的污言秽语,非但无法激起爱意,反倒心生厌烦。7月6日,张兆和在收到沈从文的一封情书后就在日记中写道:"又接到一封没有署名的S.先生的来信。没头没脑的,真叫人难受!"她还在7月8日的日记中转述了沈从文对她的好友王华莲所说的略带威胁性的话,"如果得到使他失败的消息,他只有两条路可走,一条是刻苦自己,使自己向上,这是一条积极的路,但多半是不走这条的,另一条有两条分支,一是自杀,一是,他说,说得含含糊糊,'我不是说恐吓话……我总是的,总会出一口气的!'"对此张兆和也在日记里表明了自己的态度:"出什么气呢?要闹得我和他同归于尽吗?那简直是小孩子的气量了!我想了想,我不怕!"

话虽如此,张兆和对于沈从文穷追猛打式的恋爱追求感到难以忍受的同时,也不由得心生恐惧。有一次,她与同学结伴到新月书店买书,刚一进门猛然看到身材长相都酷似沈从文的新月书店会计肖克木,顿时误以为沈从文在店里,吓得她撇下同伴转身就跑。校园里满天飞的流言蜚语更是让她感到不堪重负,好友王华莲也劝她赶紧给校长胡适讲清楚,以免沈从文真的自杀了要她负责,因此决计通过向胡适告状的方式来做个彻底了断。

7月8日下午4点左右,张兆和前往位于极司菲尔路一个僻静小巷中的胡适家中,由于正有客人来访不便谈及此事,所以她和胡适约定好6点再过来谈。下午5点,内心焦急的张兆和提前来到胡适家，向胡适表明自己的态度，希望他能代表学校出面加以阻止。沈从文原本小学毕业，之所以能够到吴淞中国公学任教主要就是靠徐志摩向胡适鼎力推荐，而胡适唯才是举不问出身，这才使得沈从文能够在大学任教。胡适有恩于沈从文，又是一校之长，完全有能力也有义务阻止沈从文，但崇奉自由主义的他不愿强力干涉，反倒一心想要成人之美，极力促成这对姻缘。胡适先是假装以为张兆和是来问暑期学校的事，问她进不进暑校，到后来才说："密斯张有什么话同我商量，请尽管说吧。"张兆和带着几分羞涩鼓足勇气说："我本不该来麻烦胡先生，不过到了无法可办时，而且沈先生也告诉过你，所以我敢于来请教先生。"接着张兆和讲述了沈从文对她穷追不舍的经过，显然她是有备而来，随身带着一大包沈从文写给她的情书，在讲述如何不堪其扰时，还指着信中那句话"我不仅爱你的灵魂，我也要你的肉体"说这是对她人格尊严的侮辱。胡适也讲述了他从沈从文那里了解到的情况，夸沈从文是个天才，是中国小说家中最有希望的，并且对张兆和说："我知道沈从文顽固地爱你"，张兆和没好气地答道："我顽固地不爱他！"胡适眼见张兆和态度坚决，便不再坚持撮合，转而劝说沈从文的文章写得很好，社会上有了这样的天才，人人应该帮助他，使他有发展的机会，不妨作为一个朋友通通信，再度强调："他崇拜密斯张倒是真崇拜到极点。"却不料张兆和答道："这样人太多了，如果一一去应付，简直没有读书的机会了。"胡适闻听此言不由得怃然，顿时明白沈从文不过是张兆和众多追求者中的一个，于是他先沉默了一下，接着才说："你写信要他现在不要和你通信，或不要写那样感情的信。最好是自己写封信给他，再把态度表明一下。"张兆和说起自己的顾虑，担心沈从文接信后会有过激反应。"不会吧，"胡适也不敢断定，"不过你得写得婉转些。"张兆和又坦言自己没有将沈从文写的那些情书退还给他的错误，胡适说："你很可以对他说信是留着的了，你就明白的说，做一个纪念，一个经验。"同时，胡适也答应写信去劝沈从文。临告别时，胡适对张兆和说："你们把这些事找到我，我很高兴，我总以为这是神圣的事，请放心，我绝不乱说的！"

对于胡适的这次劝解，张兆和在日记中这样写道："胡先生只知道爱是可贵的，以为只要是诚意的，就应当接受，他把事情看得太简单了。被爱者如果也爱他，是甘愿的接受，那当然没话说。他没有知道如果被爱者不爱这献上爱的人，而光只因他爱的诚挚，就勉强接受了它，这人为的非由两心互应的有恒结合，不单不是幸福的设计，终会酿成更大的麻烦与苦恼。"胡适的这番劝说虽然没能让张兆和马上接受沈从文，但终究也发挥了一定的作用。身为五四领袖的胡适对沈从文的褒扬无疑抬高了沈从文在张兆和心目中的地位，此后再未找他告状，对于沈从文的来信干脆抱定你写你的与我无干的态度。

7月9日，沈从文从王华莲处知道了张兆和的态度，于是接连给张兆和写了两封信，在信中他这样写道：

兆和小姐：

从王处知道一点事情，我尊重你的"顽固"，此后再也不会做那使你"负疚"的事了。若果人皆能在顽固中过日子，我爱你你偏不爱我，也正是极好的一种事情。得到这知会时我并不十分难过，因为一切皆是当然的。很可惜的是若果你见到胡先生时，听到胡先生的话，或不免小小不怿，这真使我不安。我是并不想从胡先生或其他方面来挽救我的失败的。我也并不因为胡先生的鼓励就走所谓"极端"。我分上是惨败，我将拿着这东西去刻苦做人。我将用着这教训去好好的活，也更应当好好的去爱你。你用不着怜悯或同情，女人虽多这东西，可以送把其他的那一群去。我也不至于在你感觉上还像其人一样，保留着使你不痛快情形的。若是我还有可批评的地方，可怜处一定比愚蠢处为少，因此时我的顽固倒并不因为你的偏见而动摇。我希望一些未来的日子带我到另一个方向上去，太阳下发生的事，风或可以吹散。因爱你，我并不去打算我生活，在这些上面学点经验，我或者能在将来做一个比较强硬一点的人也未可知。我愿意你的幸福跟在你偏见背后，你的顽固即是你的幸福。

S.S.W.

九日

兆和小姐：

感谢你的知会，由王处见到了。我所说分内的东西，就是爱你的完全失败，明白了，毫没有什么奇怪的。目下虽不免在人情上难过，有所苦痛，我希望我能学做一个男子，爱你却不再来麻烦你，也不必把我当成"他们"一群，来浪费你的同情了。互相在顽固中生存,我总是爱你你总是不爱我,能够这样也仍然是很好的事。我若快乐一点便可以使你不负疚,以后总是极力去学做个快乐人的。

一个知道一点事情的人,当他的爱转入无希望中去时,他是能够把口喑哑,不必再有所唠叨的了。关于我爱你使你这时总还无法了解的一切,另一时若果把偏见稍去,还愿意多明白一点时,我想王或不缺少机会同你提到。她不是"说客",我也不是想靠王或胡先生来挽救什么,不过有些为文字所糟蹋的事实,朋友中却以客观原因,较容易解释得清楚一点罢了。女子怕做错事,男子却并不在已做过的错事上有所遁避,所以如果我爱你是你的不幸,你这不幸是同我生命一样长久的。

我愿意你的理知处置你永远在幸福中。

沈从文(让这名字带来的不快即刻你就忘记了。)
十九年七月九日

话虽如此,但实际上沈从文的情书并未因此消歇,依旧一封接一封地诉说衷肠,他最终成为现代作家群中爱情追求上最有毅力的一个。有关沈从文的固执,钱锺书深有体会,他曾对黄永玉说起过:"从文这个人,你不要以为他总是温文尔雅,骨子里很硬。不想干的事,你强迫他试试!"事实的确如此,沈从文的固执不仅体现在他不愿违心做不愿意的事,而且也体现在他固守己见不畏艰难地从事自己想做的事,无论文学创作,还是情爱追求,乃至晚年从事文物研究莫不如此。

作为旁观者的胡适本身就有着极为丰富的情感经历,他对于沈从文的单恋并不看好,劝解张兆和不成后,又给沈从文去信劝他知难而退,并提醒他只不过是张兆和众多追求者中的一个,直言不讳地说:"我的观察是,这个女子不能了解你,更不能了解你的爱,你错用情了。……你千万要挣扎,不要让一个小女子夸口说她曾碎了沈从文的心。……此人年太轻,生活经验太少,故把一切对她表示爱情的人都看作'他们'一类,故能拒人自喜。你也不过是'个个人'之一个而已。"然而,正置身于火热情感中的沈从文丝毫听不进去,依旧痴痴地守望着那看似遥不可及的爱情,他在致王际真的信中说:"我又在此不动,因为要尽人事,看结果。近半年为女人做出许多无用处行为,目下烦乱得很。"

7月12日,沈从文又致信张兆和,信中再次坦露自己无法舍弃之情。这封信对于沈从文的恋爱追求而言至关重要,虽然原信已失,但因张兆和于1930年7月15日的日记中忍不住分成几部分抄写下来,并分别进行评述,而得以保留下来,全文如下:

我是只要单是这片面的倾心,不至于侮辱到你这完全的人中模型,我在爱你一天总是要认真生活一天,也极力免除你不安一天的。本来不能振作的我,为了这一点点爬进神坛磕头的乡下人可怜心情,我不能不在此后生活上奋斗了。

我要请你放心,不要以为我还在执迷中,做出使你不安的行为,或者在失意中,做出使你更不安的堕落行为。我在这事上并不为失败而伤心,诚如莫泊桑所说,爱不到人并不是失败,因为爱人并不因人的态度而有所变更方向，顽固的执着，不算失败的。

其实，那是一时的事，我今天就好了，我不在那打击上玩味。

我并不是要人明白我为谁牺牲了什么的。……我现在还并不缺少一种愚蠢想象，以为我将把自己来牺牲在爱你上面，永久单方面的倾心，还是很值得的。只要是爱你，应当牺牲的我总不辞，若是我发现我死去也是爱你，我用不着劝驾就死去了。或者你现在对这点只能感到男子的愚蠢可悯，但你到另一时，爱了谁，你就明白你也需要男子的蠢处，而且自己也不免去做那"不值得"牺牲的牺牲了。"日子"使你长成，"书本"使你聪敏，我想"自然"不会独吝惜对你这一点点人生神秘启示的机会。

每次见到你，我心上就发生一种哀愁，在感觉上总不免有全部生命奉献而无所取偿的奴性自觉，人格完全失去，自尊也消失无余。明明白白从此中得到是一种痛苦，却也极珍视这痛苦来源，我所谓"顽固"，也就是这无法解脱的宿命的粘恋。一个病人在窗边见到日光与虹，想保留它而不可能，却在窗上刻画一些记号，这愚笨而又可怜的行为，若能体会得出，则一个在你面前的人，写不出一封措辞恰当的信，也是自然的道理。我留到这里，在我眼中如虹如日的你，使我无从禁止自己倾心是当然的。我害怕我的不能节制的唠叨，以及别人的蜚语，会损害你的心境和平，所以我的离开这里，也仍然是我爱你，极力求这爱成为善意的设计。若果你觉得我这话是真实，我离开这里虽是痛苦，也学到要去快乐了。

你不要向我抱歉，也不必有所负疚，因为若果你觉得这是要你道歉的事，我爱你而你不爱我，影响到一切，那恐怕在你死去或我死去以前，你这道歉的一笔债是永远记在账上的。在人事上别的可以博爱，而爱情上自私或许可以存在。不要说现在不懂爱你才不爱我，也不要我爱，就是懂了爱的将来，你也还应当去爱你那所需要的或竟至伸手而得不到的人，才算是你尽了做人的权利。我现在是打算到你将来也不会要我爱的，不过这并不动摇我对你的倾心，所以我还是因这点点片面的倾心，去活着下来，且为着记到世界上有我永远倾心的人在，我一定要努力切实做个人的。

至于你，我希望你不为这些空事扰乱自己读书的向上计划，我愿意你好好的读书，莫仅仅以为在功课上对付得下出人头地就满意，你不妨想得远一点。一颗悬在天空的星子不能用手去摘，但因为要摘，你那手伸出去会长一点。我们已经知道的太少，而应当知道的又太多，学校方面是不能使我们伟大的，所以你的英文标准莫放在功课上，想法子跃进才行。一个聪明的人，得天所赋既多，就莫放弃这特别权利，用一切前人做足下石头，爬过前面去才是应当的行为。书本使我们多智慧，却不能使我们成为特殊的人，所以有时知道一切多一点也不是坏事，这是我劝你有功夫看别的各样书时也莫随便放过的意思。为了要知道多一点，所谓智慧的贪婪，学校一点点书是不够的，平常时间也不够的，平常心情也不济事的，好像要有一点不大安分的妄想，用力量去证实，这才是社会上有特殊天才、特殊学者的理由。依我想，且依我所见，如朱湘、陈通伯、胡先生，这几个使我敬重的人，都发愤得不近人情。我很恨我自己是从小就很放荡,又生长在特殊习惯的环境中,走的路不是中国在大学校安分念书学生所想象得到的麻烦,对于学问这一套,是永远门外汉了。可是处置自己生活的经验,且解释大家所说的"天才"意义,还是"不近人情"的努力。把自己在平凡中举起,靠"自己"比靠"时代"为多,在成绩上莫重视自己,在希望上莫轻视自己。我想再过几年,我当可以有机会坐在卑微的可笑的地位上,看你向上腾举,为一切人所敬视的完人!我不是什么可尊敬的人,所以不教书于我实在也很有益,我是怕人尊敬的。可是不是一个好先生的我,因为生活教训得的多一点,很晓得要怎样来生活才是正当,且知道年青一点的,应当如何来向上,把气力管束到学问上那些理由,有些地方又还可以做个榜样看,所以除了过去那件事很胡涂,其余时节,其余事情,我想我的偏见你都承认一点也好。被人爱实在是麻烦,有时我也感觉到,因为那随了爱而来的真是一串吓人头昏的字眼同事情,可是若果被爱的理由,不仅是一点青春动人的丰姿,却是品德智力一切的超越与完美,依我打算,却不会因怕被更多人的倾心,就把自己位置在一个平庸流俗人中生活,不去求至高完美的。我愿意你存一点不大安分的妄想去读书,使这时看不起你的人也爱敬你,若果要我做先生,我是只能说这个话的。我是明知道把一切使人敬重的机会完全失去以后,譬如爱你,到明知道你嫁给别人以后,还将为一点无所依据的妄想,按到我自己所能尽的力量到社会里去爬,想爬得比一切人都高的。解释人生,这点比较恰当。

不承想这封长达6页的情书却感动了张兆和,虽然依旧不愿意接受沈从文的爱,但毕竟使得原本已濒绝境的恋爱追求又峰回路转闪现出一线转机,"谁知啊,这最后的一封六纸长函,是如何的影响到我!看了他这信,不管他的热情是真挚的,还是用文字装点的,我总像是我自己做错了一件什么事因而陷他人于不幸中的难过。我满想写一封信去安慰他,叫他不要因此忧伤,告诉他我虽不能爱他,但他这不顾一切的爱,却深深地感动了我,在我离开这世界以前,在我心灵有一天知觉的时候,我总会记着,记着这世上有一个人,他为了我把生活的均衡失去,他为了我,舍弃了安定的生活而去在伤心中刻苦自己。顽固的我说不爱他便不爱他了,但他究竟是个好心肠人,我是永远为他祝福着的。我想我这样写一封信给他,至少能叫他负伤的心,早一些痊愈起来。但再一想,自己是永久不会爱他的(自己也不知为什么),而他又说过永是爱着自己,这两个极端的固执,到头来终会演成一场悲剧,与其到那时再来叫他或自己受更大的罪,还是此刻硬着一点心,由他去悲苦,不写信去安慰他,不叫再扩大这不幸好些。"7月15日,张兆和再度在日记中谈起由沈从文7月12日来信所生发的感想:"但是我总不能忘怀那件事,他爱我爱得太深切了。他仍然没有放松他的想头,不过知道不成后在表面上舍弃了罢了。唉,这一场孽债,哪里是他的前因,将生怎样的后果,何日才得偿清!不管它罢,让我把他此次的信抄写几节下来。……从文是这样一个有热血心肠的人,他呈了全副的心去爱一个女子,这女子知道他是好人，知道他爱的热诚，知道他在失恋后将会怎样的苦闷，知道……她实在是比什么人都知道得清楚，但是她不爱他，是谁个安排了这样不近情理的事，叫人人看了摇头？"7月16日，她又致信王华莲表示自己接到沈从文来信后这几天，一直在为此事烦恼着。

然而由于张兆和准备写给沈从文的安慰信因着内心犹疑而放弃，从而导致沈从文对于张兆和心态的微妙变化并不知情，他在7月18日致王际真的信中还说自己"把门关好，生气地躺在床上，想如何活下去的种种计划。想不出结果，摔打一些小东西"，"因为在此事情失败，我大致无论如何应当在八月离开此地了"。8月14日，沈从文又致信王际真，表示自己"为了一个女人跌下又复爬起了，还想好好来做文章，写他十年再说。……我本来可到一个新地方教书，可是不想再到学校去受女人欺侮，故于八月如不能安心，则过北平亦意中事"。不久之后，沈从文便辞去中国公学教职，经由胡适和徐志摩介绍于9月16日到武汉大学任教。

然而沈从文依旧无法忘情于张兆和，在决意北上时还曾致信丁玲，想请她代替自己向张兆和转达誓志四年不婚娶翘首等待的决心，丁玲也接受了沈从文的这一重托，与张兆和见了一面。自此以后，虽然沈从文对张兆和的单恋依旧顽固，并未因空间阻隔而渐趋冷却，但是已由同城转为异地单恋。幸好沈从文的妹妹还在吴淞中国公学读书，并且同张兆和关系要好，对于俩人的婚恋起到了一定的促成作用。

1931年6月30日，沈从文在北平写给张兆和的情书刊发于

《文艺月刊》第2卷第5、6期合刊上,题名《废邮存底(一)》,署名甲辰。这封情书非常有名,开头这样写道:"你们想一定很快要放假了。我请过玖到××来看看你,我说,'玖,你去为我看看××,等于我自己见到了她。去时高兴一点,因为哥哥是以见到××为幸福的。'不知道玖来过没有?"当然同时他也不忘进行深情告白:"莫生我的气,许我在梦里,用嘴吻你的脚。我的自卑处,是觉得如一个奴隶蹲到地下用嘴接近你的脚,也近于十分亵渎了你的。"此时沈从文不仅已经做过吴淞中国公学和武汉大学教师,而且在文坛卓有名气,身边并不乏仰慕他的女性,但都无法像张兆和这样让他感到情感的餍足,从而仍旧一门心思地追求张兆和。后来在西南联大时,沈从文对自己的学生孙陵说过,在爱情追求上他不愿意屈就,而是"打猎要打狮子,摘要摘天上的星子,追求要追漂亮的女人"。俗话说越得不到的越觉得珍贵,张兆和越是拒绝接受,反倒越激起沈从文的求爱欲望,越发认定张兆和是无可替代的不二人选。他也并非没有尝试过放弃,但始终难以割舍,就像他在给张兆和的这封情书中所写的那样:

我还要说,你那个奴隶,为了他自己,为了别人起见,也努力想脱离羁绊过。当然这事并不作到,因为不是一件容易事情。为了使你感到窘迫,使你觉得负疚,我以为很不好。我曾做过可笑的努力,极力去同另外一些人要好,到别人崇拜我的奴隶时,我才明白,我不是一个首领,用不着别的女人用奴隶的心来服侍我,却愿意自己作奴隶,献上自己的心,给我所爱的人。我说我很顽固的爱你,这种话到现在还不能用别的话来代替的,就因为这是我的奴性。

沈从文宁可张兆和一直保持沉默,也不愿她彻底地拒绝自己,毕竟这样还保留着一分爱的可能,为此甚至有些低声下气,凄凄可怜地发出乞求:

××,我求你,以后许可我作我要作的事,凡是我要向你说什么时,你都能当我是一个比较愚蠢还并不讨厌的人,让我有一种机会,说出一些有奴性的卑屈的话,这点点是你容易办到的。你莫想,每一次我说到"我爱你"时你就觉得受窘,你也不用说"我偏不爱你",作为抗拒别人对你的倾心。你那打算是小孩子的打算,到事实上却毫无用处的。有些人对天成日成夜说,"我赞美你,上帝!"有些人又成日成夜对人世的王帝说,"我赞美你,有权力的人!"你听到被赞美的"天"同"王帝",以及常常被称赞的日头同月亮、好的花、精致的艺术,回答说"我偏不赞美你"的话没有?一切可称赞的,使人倾心的,都像天生就这个世界的主人,他们管领一切,统治一切,都看得极其自然,毫不勉强。一个好人当然也就有权力使人倾倒,使人移易哀乐,变更性情,而自己却生存到一个高高的王座上,不必作任何声明。凡是能用自己各方面的美,攫住别的人灵魂的,他就有无限威权,处治这些东西,他可以永远沉默,日头,云,花,这些例不可胜举。除了一只莺,他被人崇拜处,原是他的歌曲,不应当哑口外,其余被称赞的,大都是沉默的。××，你并不是一只莺。一个王帝，吃任何阔气东西他都觉得不够，总得臣子恭维，用恭维作为营养，他才适意，因为恭维不甚得体，所以他有时还在这个事上，发气骂人，充军流血。××，你不会像王帝。一个月亮可不是这样的。一个月亮不拘听到任何人赞美，不拘这赞美如何不得体，如何不恰当，它不拒绝这些从心中涌出的呼喊。××，你是我的月亮。你能听一个并不十分聪明的人，用各样声音，各样言语，向你说出各样的感想，而这感想却因为你的存在，如一个光明，照耀到我的生活里而起的，你不觉得这也是生存里一件有趣味的事吗？

……

××，我希望这个信不是窘你的信。我把你当成我的神，敬重你，同时也要在一些方便上，诉说到即或是真神也很胡涂的心情，你高兴，你注意听一下，不高兴，不要那么注意吧。天下原有许多希奇事情，我××××十年，都缺少能力解释到它，也不能用任何方法说明，譬如想到所爱的一个人的时候，血就流走得快了许多，全身就发热作寒，听到旁人提到这人的名字，就似乎又十分害怕，又十分快乐。究竟为什么原因，任何书上提到的都说不清楚，然而任何书上也总时常提到。"爱"解作一种病的名称，是一个法国心理学者的发明，那病的现象，大致就是上述所及的。

文采斐然的沈从文将自己比作易折的芦苇，而张兆和则是难动的磐石，十分生动形象地呈现出顽固单恋时的情景，"易折的芦苇,一生中,每当一次风吹过时,皆低下头去,然而风过后,便又重新立起了。只有你使它永远折伏,永远不再作立起的希望。"在爱情追求上看似柔弱的沈从文实际上并不缺乏勇气,他既有着不达目的誓不罢休的决绝,同时又兼带着百折不挠不惧失败的韧性,如同《龙朱》中面对唱枯了喉咙还为她所唱败的美人那样,既然是好女人,"也就应把喉咙唱枯,为她吐血,才是爱"。之所以如此,缘于他早已认定"一个多情的鸟绝不是哑鸟。一个人在爱情上无力勇敢自白,那在一切事业上也全是无希望可言,这样人决不是好人!"既然今生有缘,让他逢着了张兆和这样的女子,就应该当作女神一样去敬重,"把最武勇的力,最纯洁的血,最神圣的爱,全献给这梦中女子"。

乡下人的甜酒

在这场爱情追逐中,双方完全是不对等的,沈从文作为主动进攻的一方显露出谦卑的多情的"乡下人"的姿态,如同奴仆那样匍匐在女神面前乞求爱的恩赐,"每次见到你,我心上就发生一种哀愁,在感觉上总不免有全部生命奉献而无所取偿的奴性自觉,人格完全失去,自尊也消失无余。明明白白从此中得到是一种痛苦,却也极珍视这痛苦来源,我所谓'顽固',也就是这无法解脱的宿命的粘恋。"常言道"好女怕缠郎",也正是"乡下人"沈从文"奴仆"般锲而不舍的追求,方才成就了中国现代文坛上这段有名的师生恋。

在武汉大学和青岛大学任教期间,沈从文接连痛失父亲和好友张采真、胡也频、徐志摩,在爱情追求上又不顺遂,已届而立之年的他难免心生苦闷和哀怨。1932年2月28日,他在致王际真的信中说:"三年来因为一个女子,把我变到懒惰不可救药,什么事都做不好,什么事都不想做。人家要我等十年再回一句话,我就预备等十年。有什么办法,一个乡下人看这样事永远是看不清楚的!或者是我的错了,或者是她的错了,支持这日子明是一种可笑的错误,但乡下人气分的我,明知是错误,也仍然把日子打发走了。……听际可说家里只想为他讨老婆,使他无办法逃避这种灾难,真是怪事。我近来倒只想我的家中会为我讨一个老婆才好,可是家中却无这种关切。"

1932年6月30日,张兆和的《玲玲》经由沈从文修改和推荐,在《文艺月刊》第3卷第5、6期合刊上发表,在文末特意注明"改三三稿"。虽然沈从文经常帮助学生发表作品,但此举显然是为了博得张兆和的欢心,在张兆和即将从吴淞中国公学毕业时送上一份大礼,从而拉近彼此之间的情感距离。后来沈从文又将张兆和的这篇作品改名为《白日》收入自己的《如蕤》集中,之所以如此,一方面自然是为了表示与张兆和不分你我的亲近感,另一方面也说明所谓"改三三稿",差不多等同于沈从文在原稿基础上重做了一遍,后来该作品还被当成沈从文所作收入《沈从文全集》第7卷。

1932年夏,张兆和从吴淞中国公学毕业。7月底,沈从文利用暑假时间从青岛到苏州看望张兆和。此时正在青岛大学担任讲师的沈从文单是月薪就有100元,此外还有文章稿酬和书稿版税等其他收入,按照当时的物价水平除了供他和九妹沈岳萌花销外,应当还有剩余。然而沈从文和九妹都不善于安排生活,钱到手后兄妹二人就下馆子吃西餐,到影院看电影,结果很快便挥霍一空,经常连下半个月的饭钱都没有着落。因此,九妹自从离开吴淞中国公学到青岛后便因没钱交学费辍学，整天无所事事，直到后来沈从文求爱成功，张兆和来到青岛后才安排她入青岛大学读书。

毫无积蓄的沈从文为了准备给张兆和的见面礼，在去苏州前不得不专程到上海卖稿筹钱。据巴金回忆，当时南京《创作月刊》主编汪曼铎到上海组稿，中午请他到一家俄国西菜社吃饭，由此认识了受邀赴宴的另一位客人沈从文。饭后，巴金到沈从文住的一品香旅社坐了一会儿，交谈间得知沈从文有一部短篇小说集想要出版换取稿费，他便陪着沈从文到闸北新中国书局找熟识的出版商帮沈从文售出了书稿。由于是巴金居中出售给熟人的，因此书局马上付了稿费。沈从文听从巴金的建议，又从该书局买了一大包英译精装本的俄国小说作为礼物，其中有托尔斯泰、陀思妥耶夫斯基、屠格涅夫等人的著作。此外，还买了一对书夹，上面有两只有趣的长嘴鸟，一眼看起来就是个贵重物品。由于当晚沈从文便要赶往苏州，因此就与巴金在书局门口道别。

第二天约莫上午 10 点钟左右，沈从文来到苏州九如巷 3 号有着石库门框黑漆大门的张家，此时太阳正照在九如巷的半边街道上。他对门房说自己姓沈，是从青岛来的，专程来找张兆和的。门房吉老头儿对沈从文说："三小姐不在家，请您进来等她吧。"原来此时张兆和正在公园图书馆看书，家里人此前也没有见过沈从文，他也没有提前告知自己要来，因此没有做任何准备。沈从文却误以为张兆和有意躲着不见他，此时他微妙的恋爱心曲正与一年前所写的小说《燥》里的求婚者愚力如出一辙，或者说愚力其实就是现实中沈从文的化身和写照，深恋着一个有着黑黑的脸、黑黑的眉毛、黑黑的眼睛的女子，乘坐火车长途跋涉前来求婚，但由于女子的信函略乏热情而显得疑虑重重，在旅馆的房间里焦躁不安，担心求婚被拒。他此番不远千里，从青岛来到苏州，正是要为这段长达3年的单恋寻找一个最终的答案，但又害怕遭到拒绝，此时此刻正抱着如同"近乡情更怯，不敢问来人"那样的心态，听闻门房让他进来等，不但没有进门，反而倒退到大门对面的墙边，立在太阳下发愣。吉老头儿见来客这般模样，也不再勉强，转而对他说："您莫走，我去找二小姐。"一听门房呼唤，张允和"嗲嗲"地下了"绣楼"来到大门口，知道是沈从文来访后，对沈从文说："沈先生，三妹到公园图书馆看书去了，一会儿回来。请进来，屋里坐。"沈从文听闻此言却显出不知所措的神情，仿佛自言自语般吞吞吐吐地说："我走吧！"张允和为人热情，乐于助人，爱成人之美，她知道沈从文一直在追求妹妹，写过许多情书，眼见得他因为没有见到张兆和张皇失措的模样于心不忍，对他说："太阳下面怪热的，请到这边阴凉地方来。"沈从文依旧巍然不动，张允和无可奈何，只好说："那么，请把您的住处留下吧。"沈从文结结巴巴地将旅馆的地址告诉了张允和，张允和一听是在旅馆，顿时心想完了，三妹怎肯到旅馆去看他呢？原来那个年代单身女子到旅馆去会客，本来就有着诸多顾忌，容易惹人非议，况且单身女学生到旅馆去看单身男老师更容易让人浮想联翩。

　　果然，张允和等张兆和回家后劝她到旅馆去回访沈从文，遭到断然拒绝："旅馆？我不去！"张允和再劝："老师远道来看学生，学生不去回访，这不对。"张兆和不言语，只是摇头，张允和又说:"还是要去,大大方方地去。来而不往,非礼也。究竟是远道来的老师呀!"张兆和态度有所松动,问二姐:"怎样开口呢?"张允和说:"你可以说,我家有好多个小弟弟,很好玩,请到我家去。"张兆和点头同意:"好,听你的。"

沈从文所住的旅馆距离九如巷并不是很远,张兆和去了不到一个小时便同沈从文一起来到家中。事后据沈从文形容,张兆和到了旅馆后轻轻地敲了两下门,无心吃中午饭正在纳闷的他顿时猜到可能是张兆和,马上从床上跳起来,心也怦怦乱跳,开门后见张兆和站在门外,双手背在身后。沈从文请她进屋,张兆和却往后退了一步,涨红着脸几乎一字不差地将二姐吩咐的话背了出来,邀请他到家中玩,之后便再无言语。两人一同到张家后,大弟张宗和不在家,张兆和让其他 4 个弟弟轮流陪伴沈从文。好在沈从文善于讲故事,他们都听得入了迷,尤其是小五弟听得最起劲,直到被叫去睡觉为止。懂事的小五弟张寰和还从每月 2 元的零用钱里拿出钱来,给沈从文买了瓶汽水,这让他感动不已,当时便许诺要写些故事给他读,后来果然写了《月下小景》,篇末附有"给张小五"字样。张兆和觉得沈从文带的礼物太重了,只收下了《父与子》《猎人笔记》。充当牵线红娘的张允和不愿意充当碍眼的电灯泡,早就找托词走开了。1988 年 4 月 6 日上午 10 点钟,张允和陪着台湾来的作家张大春来到崇文门东大街 22 号沈从文家拜访,张兆和沏上一壶湖南绿茶,大家坐在一起聊起往事。沈从文指了指张允和说:"你是三姑六婆中的媒婆",张允和故意假装生气道:"我做了你们的大媒,不感谢我,反而说我是媒婆？"这次相见一个月后沈从文便溘然长逝，而关于他和张兆和的恋爱故事却借助文字永远地留存于世。

事实上，当年沈从文对于自己这次苏州之行感觉并不十分好，他在1932年秋写给程朱溪的信中说："我说我悔那一次去那地方，也仍然是空事情，因为即或悔也无用处。"同时他还在信里诉说了由于两年来苦苦单恋张兆和给自己造成的情感伤痛，但并没有打算就此放弃，依旧初衷难改，"见了那个女人，我就只想用口去贴到她所践踏的土地，或者这是一个不值得如此倾心的人，不过我自己，这时却更无价值可言，因为我只觉得别人存在，把自己全忘掉了"。实际上沈从文此行并非两手空空、毫无所获，虽然张兆和仍然没有表示接受他，但二姐张允和与当时不在家的大弟张宗和都对他颇有好感，这对以后张兆和的态度转变起到了至关重要的促进作用。张宗和在沈从文来访时不在苏州，等他过几天回家时听姐姐们讲述了这件事，虽然明了沈从文在三姐看来长相不是很好看而有些嫌弃，但他倒很愿意他们好。

沈从文在苏州停留几天后到达上海，于1932年8月底返回青岛大学，9月青岛大学改名为山东大学。与此同时，张兆和也于8月15日乘车北上，每天到北平图书馆读书，后来到北京大学旁听。此时她的大弟张宗和刚考进清华大学，两人经常见面，因此通过张宗和的日记可以部分见出沈从文和张兆和的感情发展过程中的情形。透过张宗和日记中的叙述可知，沈从文此次苏州之行其实颇有收获，"他算是得了一点胜利"，三年坚持不懈的追求终于慢慢暖化了张兆和原本冰冷的心，随着同处北方的两人之

间交往的不断深入,感情也在逐渐升温,择其要者摘录如下:

1932年9月10日

上午三姐在看沈从文的信,看得心动,连我也有得看了,他的信写得像文章一样好。……

三姐看了他的信,说他态度很好。是的,我也以为这样很对。他们定婚了没有,我也不知道。我想对于手续和仪式,将来总是要办的。

1932年9月17日

碰到三姐,她要去图书馆,我和她一块去图书馆。三姐教我如何借书,我借了三本书。一本沈从文的《鸭子》,一本《一个妇人》,一本谈文笔的。

1932年9月25日

沈从文又来了快信给三姐,她先已经看过后,怕人说她再看,就装作看书,把信放在书里看。

1932年10月22日

到三姐那儿,门是开的,没有人。桌子上有一张一张的小画,我认识是三姐画的。还有一封信,我看了不懂,原来是四哥和三姐闹翻了。一会儿四哥回来,我问他为什么,他说为了他硬要看沈从文的信,所以闹起来的。……我去找三姐,刚刚到她家,四哥送来了几张画,三姐几乎要哭的样子,但是总算没有哭出来。

1932年10月29日

清华图书馆说来是好的,进去一看,小说简直可以说没有几本。我找了半天，才找到一本沈从文的《男子须知》，借了一本冯至的《昨日之歌》，一本《牡丹亭》。

1932年12月25日

回到三姐的公寓，接到沈从文的一封快信，上面有几句怕人的话，什么"明天二十六号是我的生日，也就是我的……"。不过我看了几遍，还看不出他一定要死，但是也说不定。三姐有点急腔，我说打个电报去要他来吧，她又不肯，要等明天再看。他说的那封信包含着一篇惊人的故事，写了好久，好长的一封信。

……

1932年12月27日

接到三姐的一封信。她说那惊人的事，那"大信"大概不是信，而是人，她猜得很有道理。

1932年12月28、29日

三姐说的"大信"来了，果然是会说话会走路的，也许他已经到清华了。

林庚带了他们来，矮矮的一位，不用说，就知道他是那封"大信"。

这位大作家值得我来说一说。他矮矮的不魁伟，但也并不孱弱，脸上戴着一副红边的眼镜，眼也像很有神的样子，不像我想象的那样坏（因为我曾听三姐说他不好看）。脸色也还红红的，头发向后梳着，没有擦油，但还不乱。穿了一件蓝布皮袍子，有油迹子，皮鞋不亮，洋裤子也不挺，总之一切不是很讲究，也不糟糕。我对他的印象很好，因为我原先想象的他并没有这样漂亮，脸也不瘦，还有点肉。

……

看样子他和三姐的来信都很快乐，大概他们的事没有弄僵，而且弄得很好。

1932年12月30日

三姐来信说大信不好意思独自来见，所以也许不来了，要我礼拜六到他那儿去，晚间我们有酒吃，有盐鹅下酒，等着你。自然我肯定要去的。

1932年12月31日

三姐告诉我几天来沈从文来的经过，看样子很好，一切都很顺利。沈从文快乐，三姐也快乐。

十二点多，沈才来，提了一包东西站在门口不得进来。我开门让他进来，他进来了，三姐打水给他洗脸，揩手，像待情人一样（不，本来他们就是一对情人）。……

他很会说故事，有时候偶尔夹两句小说中的句子。谈谈，我忽然觉得我在当中不好。沈常常把三姐的手捉在他的手里，我想到他们能这样，一会儿一定也能那样了。如果那样起来，我在当中岂不是很不好吗。于是我托词说要去看看北大的朋友，我就走了。我想沈一定想感激我。

到北大去找宗斌他们，和他们好好的吃了一顿。吃完饭就回到三姐那儿，和他们谈到十点钟。我回北大去睡，沈说要去住旅馆。我要他也去北大，他不干，他怕人对他说"久仰久仰"。

北京的夜晚静静的，路上没有什么人，我们一路走着，谈着。

我好像他不是沈从文,不是大作家,倒像是我的一个朋友一样。

1933年1月1日(元旦)

我到三姐公寓,沈已到了,在那儿写字了。沈大写其草字,把怀素的《自叙帖》写一遍,把三姐的写字纸都写完了。

沈说杨振声家请客,……沈回来,于是便让他们两个识相的人去大谈,我们退出。晚上我和三姐请他们吃饭,吃得很好,也不贵,还吃了酒。

1933年1月2日

我到三姐那儿,沈竟没有来。我弯弯曲曲的问三姐的意思,要知道他们昨天在我走了之后干了些什么。我弯弯曲曲的问她,她也弯弯曲曲的回答我,我知道他们当然已经接吻了。沈从文对她描写我从他们那儿出去后的情形,说有个懂事的弟弟,走了一会又回来在门口看看,又走了,因为不愿意打搅他们,由这点我就可以知道了。等到沈来,我为了要做懂事的弟弟,所以走了,把一瓶剩下的酒全带走了,说是不要等我吃饭了。

……

沈本来说昨天走的,昨天没有走,我送他到青年会坐车,然后他再到车站。

……

沈送了我一支钢笔,说此笔为三姐写了八十封信。到学校仔细一看,是EVERSHARP的。

1933年1月8日

三姐在看沈从文来的信,我也看,还看了她自己做的小说《费家的小二》,是经过沈改过的。

1933年1月12日

她写了一封信给爸爸,把她和沈从文的事告诉爸爸,要我带到上海。

在《张宗和日记》于2018年8月由浙江大学出版社出版之前,人们对于张兆和何时松口与动心以及最终芳心相许答应沈从文的求婚,这一系列恋爱过程中的关键环节都知之不多,通过张宗和日记所述填补了从沈从文一厢情愿顽固的单恋到求婚成功之间情感发展缺失的环节。同时,人们常说沈从文拙于言辞而显得有些木讷,但实际上根据日记中所见却也不乏幽默感。从1930年春写给张兆和第一封情书开始,到1932年12月25日写有"明天二十六号是我的生日,也就是我的……"这封让张兆和一度担心不已,以为他会走上绝路的快信,沈从文已整整写了八十封,随后便将自己作为第八十一封也即"包含一篇惊人的故事,写了好久、好长的一封信"亲自送到张兆和面前,自此开始了甜蜜的热恋。

依照今天的话说,张宗和还是沈从文的忠实粉丝,十分欣赏沈从文的文才,在认识之前不仅到图书馆借阅和花钱买过他的小说散文集子,而且还将沈从文送给三姐的题字本《沈从文甲集》借过来阅读。因此,当张宗和有机会近距离接触和了解沈从文时,观察得颇为细致,描述得也十分生动,从而在日记中留下了关于三姐和沈从文感情升温过程的记录。同时透过日记可以见出,张宗和同张允和一样比张兆和更早地接纳了沈从文,然而此前人们往往只注意到张允和对于沈从文和张兆和婚恋的促成之功，却忽略了张宗和在其中发挥的作用，随着《张宗和日记》的出版方才为世人所知。

1933年1月17日，放寒假返回上海的张宗和还充当了一回爱情信使，不仅将三姐在北平写就嘱咐他交给父母看的、关于她和沈从文交往之事的信件送达，而且还给父母讲了许多关于三姐和沈从文的事情。沈从文知道张兆和寒假时要返回苏州过春节，也有意借此机会让张兆和向家人挑明两人的关系，在致张兆和的信中婉转地表示想请二姐张允和代替他向张家父母提亲，并且对张兆和说："如爸爸同意，就早点让我知道，让我这乡下人喝杯甜酒吧。"

此时张冀牖夫妇仍在上海居住，由于在张允和受沈从文之托到上海向他们提出此事之前，他们已经看过张宗和带来的张兆和的信，又通过张宗和详细地了解过沈从文的情况，因此没有费什么周折，一说既成。

1933年1月23日，张允和请示完父母返回苏州当天，就给沈从文发了封只有一个"允"字的电报。"允"字是一当两用，有着两重含义，既署了自己名字中的"允"字，又表示了婚事已获"允"准之意，被称作"半个字的电报"。张兆和听了之后却很不放心，担心沈从文收到电报后会不明白，于是她又一个人悄悄地来到电报局，发出了"乡下人喝杯甜酒吧"的"蜜电"。

电报员看到拟发的电文后很是奇怪，问张兆和是什么意思。原来那时发电报费用高昂，一般不大用白话，讲究使用言简意赅的文言，因此对于张允和的"半个字的电报"并不觉得奇怪，看了之后什么也没问就收下了，反倒对于张兆和的这句白话电文产生了强烈的疑问和好奇。张兆和不好意思多作解释，只是说："你甭管，照拍好了。"电报员又坚持让改写成文言，张兆和不肯，涨红了脸说这是喜事电报，说了半天方才勉强收下。正是因为张兆和的坚持，这封电报也成为中国现代史上第一封白话文电报。

沈从文收到这两封电报后喜不自禁，很快便动身第二次前往苏州。1月29日也即农历正月初四，张宗和正在苏州家中洗脚，门房吉老头儿说有个姓盛的来找他，他以为是熟人盛健来访，结果不承想进来的却是沈从文，此时"三姐她们全不在家,这怎么好。说是在荡观前，叫老头子去找，他又不肯，只好等着"。好在不久之后，张兆和她们便回来了，与沈从文一起到房里烘火、吃酒。

让人略感遗憾的是，1月30日张宗和便启程返回北平，没能记录下沈从文在苏州时更多的详细情形,但好在透过张充和在《三姐夫沈二哥》一文中的回忆可以略知一二。由于是沈从文第二次来访，张兆和的弟弟妹妹们对于他已经比较熟悉，一刻不离地想听他讲故事。晚饭后，大家围着炭火盆坐定后，沈从文不慌不忙地随编随讲，讲述湘西人如何猎杀野猪，船只如何在激流中下滩，以及形容旷野和树林。谈及鸟时便学着各种不同的鸟叫声，还学狼嗥。讲到兴起处，沈从文还时常站起来手舞足蹈地转圈子。一开始弟弟妹妹们都听得津津有味，但正上中小学的他们习惯早睡，不久之后便困得不行，又不好意思走开，只能勉强硬撑着。张充和在迷迷糊糊中听到沈从文叫她"四妹，四妹！"由于同胞中没有一个哥哥,此前还从未有人叫过她四妹,因此张充和不由得惊醒,一看原来是才第二次来访的沈从文,还有些不大高兴,心想:"你胆敢叫我四妹!还早呢!"

不久之后,沈从文和张兆和一道前往上海面见张冀牖夫妇,有点"被相亲"的意思。沈从文和未来岳父张冀牖倒是很谈得来,加上张冀牖在子女婚恋问题上一向开明,于是沈从文与张兆和十分顺利地成功订婚。

海边和公园

1933年2月初,张兆和随沈从文一起来到青岛,经由沈从文介绍被安排到山东大学图书馆工作,馆长是梁实秋。值得一提的是,与张兆和一同在山东大学图书馆工作的同事中有个名叫李云鹤(后改名江青)的,张兆和从事的工作是编英文书目,李云鹤则是负责编中文书目。李云鹤时年19岁,在图书馆工作之余还是中文系的旁听生。多年以后,她说过最喜欢的老师是沈从文,当时她写出过一篇让沈从文在全班同学面前称赞的文章,此后沈从文还要她每天写一篇小说。为了感谢沈从文,她准备给他织一件毛衣,还拒绝了沈从文让九妹送来的编织毛线的钱。

沈从文历经3年之久情书不断,此时终于得偿夙愿。在青岛期间,张兆和与沈从文沉浸在热恋之中,她经常偎傍着沈从文在海边踱着轻快悠适的步子漫步。虽然张兆和原本就不白嫩的脸庞在海风吹拂下更显黝黑,但却在爱情滋润下愈发显露出健康的美。在沙滩上玩耍时,张兆和有时还会将自己埋在沙子里,躺在沙滩上睡，许久之后才会回去。为了两人能够朝夕厮守，沈从文还申请辞去了自己并不熟悉，因而需要经常跑到图书馆查阅资料备课的《中国小说史》一课，以便两人能够经常在一起缱绻。与此同时，沐浴在情爱之中的沈从文在文学创作上也迎来丰收期，两人在春游崂山时路过北九水，"见村中有死者家人'报庙'行列，一小女孩奉灵幡引路。因与兆和约，将写一故事引入所见"，这便是其名作《边城》创作的肇始。

1933年5月下旬，由于受到战事影响北平各大学院校提前放假，张宗和只剩下15块钱不够回苏州的路费，于是便前往青岛投奔三姐。5月26日到达山东大学后，张宗和先到教员宿舍，从纱窗里正好看见沈从文，沈从文迎了出来。他们一起到图书馆找张兆和，张兆和自是喜出望外，看见弟弟后几分钟都说不出话来，请了假说"客从远方来"。晚上，张宗和与沈从文睡在教员宿舍楼上一间房里，沈从文睡在地上，将床让给张宗和睡。

5月30日，张兆和生病了，急坏了沈从文，一会儿问这样，一会儿问那样。经过几天的观察，细心的张宗和也感觉到三姐订婚后的变化："三姐也变了，往常人一说她，她就脸红，现在俨然是主妇的样子，料理厨房，算一天要用多少钱。每天到他房里拉着手在她耳边说话，她也习以为常了。有一次他们又坐在一块，我开了房门要出去。他们笑着把我拉回来，说'现在不用再装吃醉酒了'。我倒被他们说得有点难为情。"

处于热恋中的张兆和与沈从文也难免会因为生活琐事闹点小矛盾，但都无伤大雅。有一天，张宗和正躺在床上看书，三姐有点生气地说:"怎么他还不来,五点钟早已过了。"原来,沈从文和张兆和约好5点钟一起到杨振声家里去,但到了约定时间左等右等却始终不见他的影子。张兆和不由得抱怨沈从文说话一点也不算数,焦急难耐的她出去寻找沈从文。结果后来沈从文一个人回来了,一问才知道他一个人去了杨振声家,听闻张兆和去寻找自己,又出去找张兆和。张宗和与沈岳萌等了许久,他们才回来,张宗和就猜测他们应该是吵架了。果然,只见张兆和与沈从文正在相互生闷气,一个脸朝里躺在床上,一个板着脸坐在椅子上,张宗和叫姐姐起来吃饭,张兆和说要上课啦,腿酸啦,嘴腻了,就是不肯起来吃饭。沈从文在边上接着说,张兆和不吃饭,他也不吃饭了,说完了又笑。一时间,张宗和也分不清他们俩到底是真闹还是假闹,便不再劝说,等出来房间后他竟忍不住大笑起来。

张宗和与沈岳萌商议后,叫人将食物送过去,他们俩则边吃饭边议论。沈岳萌说她二哥脾气不好,说好的事情老是爽约,让人白等。张宗和则说三姐为这么一点点小事不值得这样僵。沈岳萌说二哥害得三姐站在那里等了大半天,生气是应当的。两人吃过饭后放心不下,决定去张兆和房间里看看,结果不由得大笑,原来他们送过去的饭菜早就被沈从文和张兆和吃完了,自然已烟消云散和好如初。沈从文先是夸口说自己是怎样威吓着张兆和吃饭,又说她本来就想吃饭了,只不过又下不得台。张兆和也不申辩,在后来张宗和一再追问下她才说:"他本事大么。"

在青岛期间,随着感情的不断稳固,沈从文与张兆和也时常谈及结婚的事。1933年暑假,沈从文接受杨振声的邀请参加编写中小学教科书,又与张兆和一道离开青岛到了北平,两人也开始筹备婚事。

沈从文和张兆和暂时寄住在杨振声家,一天杨家大司务拿着沈从文的裤子去洗,发现口袋里装着一张当票,当即交给了杨振声。原来,虽然沈从文收入不低,但他一直不善于储蓄,钱一到手很快便花出去了,因此经常需要借债度日。这次典当的是张兆和的一枚有纪念意义的戒指,于是杨振声给沈从文预支了50元薪水。时隔多年后,杨振声将这事告诉了张充和,还说:"人家订婚都送小姐戒指,哪有还没结婚,就当小姐的戒指之理。"其实,早在1932年12月25日,由于家里寄来的汇款未到,张兆和便和大弟张宗和一起到慧源当,拿着她的皮袍子和一枚镶绿翡翠的金戒指一共当过12块钱。也正因为经济紧张,沈从文与张兆和在筹备婚礼时不事奢华铺张,而是一切从简。实际上,此前张兆和的二姐张允和与周有光结婚时,父亲张冀牖曾给了两千块钱做陪嫁,她也完全可以像二姐那样从父亲那里获得钱财馈赠,但沈从文并不愿意这样,他专门致信岳父结婚不需要家里给钱,张冀牖接信后非常高兴,还向家里人夸赞了沈从文一番。也正因此,张兆和结婚时并没有什么陪嫁,当年父亲因她读书成绩很好而奖励给她的一本王羲之的字帖《宋拓集王圣教序》成为唯一的嫁妆。

1933年9月9日,沈从文与张兆和在位于北平中央公园的水榭举行婚礼,客人大都来自北方几所大学和文艺界,家中男方有沈从文九妹沈岳萌、姐夫田真逸和表弟黄村生,女方有大姐张元和、四妹张充和、大弟张宗和以及三叔张禹龄一家。新郎沈从文身着的蓝色毛葛夹袍,新娘张兆和身穿的浅豆沙色普通绸旗袍,都是由张元和在上海为他们特意缝制的。因为来客大都是学界和文艺界中人,可谓高朋满座、名流如云,结婚气氛倒也十分热闹喜庆。周作人还专门围绕沈从文的书名《爱丽思漫游中国记》作一婚联以示庆贺,"领取真奇境,会同爱丽思"。远在上海的巴金闻讯后也发来贺电,祝他们"幸福无量"。

晚上7点半开始婚宴,一共有6桌,据当时还在清华大学读书受邀参加婚礼的季羡林回忆,地点设在前门外大栅栏撷英番菜馆。证婚人杨振声在婚宴进行过程中站起来讲了几句话,之后新郎新娘到各个桌子敬酒,除此之外没有什么结婚仪式。早已见惯了婚礼大场面的张宗和对此种简朴婚礼办法倒是非常赞同,认为这样也好,何必要那么麻烦呢!婚宴结束后,一些亲朋好友又来到新房,张宗和在日记中也记录下来闹洞房的场面,"一会儿,他们果然演娶新娘的戏了。我吹笛子,让他们拜堂,闹了好一会儿,但是并不夜深。一会儿我们就规规矩矩的让他们睡了,我们大家也都走了。"

新房位于北平西城达子营,有三间正屋和一间厢房,厢房作为沈从文的书房兼客厅,小院落里有一棵枣树和一棵槐树,所以也被沈从文冠以"一枣一槐庐"的雅名。虽然新房素朴雅洁,毫无奢华之气,但在他们结婚前却也曾遭到小偷光顾。1933年8月26日晚上,刚把置办的几件东西搬进房里,张充和突然发现院子里有个小偷正在解网篮,她赶紧大声呼叫:"沈二哥,起来!有贼!"沈从文也闻声大叫:"大司务!有贼!"大司务也大声呼喊以虚造声势，等到开门捉贼时，小偷早已爬树上屋逃走了。小院里瞬时又恢复了平静，这时张充和发现好笑的一幕，只见沈从文手里还紧握着一件武器——牙刷。

整个婚事前后共花费1200元，此前沈从文与张兆和"为了安排那个家，两人坐车从东城跑到西城，从天桥跑到后门，选择新家里一切应用东西，从卧房床铺到厨房碗柜"，但新房里并没有多少家具陈设，直到婚后方才由沈从文将陆续购买的书籍和瓷器等古董物件填充得满满当当。因而，新房里并没有一般家庭常见的新婚气象，只是两张床上各罩着梁思成和林徽因夫妇送的锦缎百子图的罩单，这才多少有了点办喜事的气氛。

此时，沈从文与杨振声、朱自清等人一道参加编订中小学教材，收入较丰厚，工作也极稳定，加上辞去工作的张兆和专门料理家务，因此婚后生活还是很美满甜蜜的。

幸拟或不幸

沈从文和张兆和自结婚之后,风风雨雨携手走过长达55年的漫长岁月,无论经历何种波折始终不离不弃,经受住了生活的考验和时光的淘洗,成就了现代作家婚恋的一段佳话。然而,两人婚后所品尝的却并非总是"甜酒",同时也有着生活酿就的"苦酒",在看似幸福生活的背后却也夹杂着诸多不幸和苦涩的记忆。沈从文和张兆和对于他们的婚姻自然也是甘苦自知,很难以"幸"或"不幸"一语以蔽之。

人生在世,原本就存在着诸多偶然,由此造成生命的不和谐相处,而无法机械地沿着某种既定的轨道持续运行。正如同沈从文用文字构建起的湘西世界那样,虽然堪称一方令人心生神往的化外之境和美不胜收的理想世界,是景美人美的所在,但诗意栖居的边城人所上演的却是哀婉凄美的爱情故事,在那原始、质朴、和谐的生命形态背后却也隐映着血腥、暴力和野蛮,让人不由得不感慨"美丽总是令人忧愁"。沈从文与张兆和的婚恋也是如此,经过数年持之以恒的苦苦追求，终于得以品尝爱情的甜酒，但在婚后却也不断经历波折和变故。

毋庸置疑，沈从文婚后的确有过甜蜜幸福的美好体验，其喜悦之情自然而然地溢出言表，急不可待地想与家人分享。1933年10月2日，他在致大哥沈云麓的信中就称赞张兆和道："过些日子尚可要兆和写些字来，彼写字比弟有希望，端庄秀雅，恰如其人。妈尚未见此媳妇，若一见之，当尤欣喜也。"仅隔两天后，他又致信大哥说："兆和人极识大体，故家中空气极好，妈若见及弟等情形，必常作大笑不止，因弟自近年来处处皆显得如十三四岁时活跳，家中连唱带做，无事不快乐异常，诚意料不到之情形也。""弟自近年来"显然并非单指结婚之后，而是要往前至少延伸到1932年12月底在北平与张兆和热恋之时。

沈从文之所以苦苦追求张兆和，乃是源于将她视为理想中的适宜相伴终生的佳侣，而并非出于贪恋女色渴慕肌肤之亲，否则的话已届而立之年的他也不会为此近乎无望地苦恋3年之久。关于自己的婚姻，沈从文曾不无得意地说："关于这件事，我却认为是意志和理性作成的。恰如我一切用笔写成的故事，内容虽近于传奇，由我个人看来，却产生于一种计划中。"出身于富贵之家又是名门之后，并且接受了良好现代教育而又能贞洁自守的张兆和，显然满足了沈从文对于美好爱情的期许和想象，不像对后来与他有过婚外情的"有教养的中产阶级女子"那样又爱又恨。在沈从文这个"乡下人"看来，"某种有教养的中产阶级女子，对于具有乡下老精神之男子，用'老巴黎'方式卖弄风情时，更多极相似地方",他认为这样的女子"即属娼妇型,却伪作贞洁,如不可干犯。虽做过许多不顾羞耻之事,却并不认识情欲之美",这恐怕也正是沈从文婚后数次出轨而最终都选择回归家庭的重要原因。常言道爱屋及乌,沈从文对张兆和的爱也深刻地影响着他的文学创作,不仅刺激着他的创作欲,而且在许多作品中的女性人物身上都明显透射着张兆和的影子。

1931年沈从文在创作完成的短篇小说《三三》中,对朦胧初恋感到紧张而又满怀期待的小女子虽然名字叫"三三",但自始至终没有兄弟姐妹相伴,这个看似非常奇怪的命名实际上自有来处,在她身上寄托着沈从文当年对于与张兆和美好恋情的想象。这不仅是因为张兆和在家中姊妹里排行第三,而且他在致张兆和的信中也经常称呼她"三三"。作于1932年的《贤贤》中,贤贤的原型虽然是沈从文的九妹,但讲述的故事却是作为知名作家的哥哥(沈从文为原型)恋上一个女子(张兆和为原型),从而引起无聊者的非议。1933年创作完成的《三个女性》中"年约二十,黑脸长眉活泼快乐着紫色衣裙"的黑凤的原型也是张兆和,小说中对于黑凤觉得只有通过沉默这一办法才能认识美和接近美的描绘,也是源自对张兆和始终以沉默态度来应对他热烈求爱的摹写。此外,《边城》中皮肤黑黑的翠翠和《长河》里"黑而俏"的夭夭,都是取自张兆和的肤色特点。直到1943年,沈从文交由开明书店出版的小说集《黑凤集》的题名,也是取自于沈从文平日里对张兆和的称谓。

不仅如此,沈从文婚后在事业上也取得了前所未有的重大突破，刚刚结婚不到一个月也即尚在蜜月期他便收到了《大公报》的聘请函，接替吴宓担任该报文艺副刊编辑，从而迎来文学事业的腾飞，逐渐成为举足轻重的京派核心人物。事实表明，接受过现代高等教育和传统家庭教育双重影响的张兆和，不仅是贤妻良母型的家庭主妇，而且也是沈从文文学事业的得力助手，这对于正值盛年创作力十分旺盛的沈从文而言，简直是如虎添翼。沈从文自从追求张兆和起到1937年全民族抗战爆发前，陆续出版的小说、散文、文论集多达40余本，这使得他在文坛占据着越来越重要的地位。

从具体家庭事务上来看，张兆和婚后非但没有恃宠放纵或者养尊处优，反倒主动承担起家庭重担。相较于"乡下人"沈从文天性浪漫的名士风范而言，出身富贵之家的张兆和反倒更为务实。不仅如此，张兆和还在沈从文担任《大公报·文艺副刊》编辑后做了大量的协助工作，不仅帮助看稿、誊抄、校对、改稿，而且就连有些身在北平距离他们家较近的作者的稿费也是由她送达的。当时沈从文长居北平，《大公报·文艺副刊》的稿件先由他在北平编好，然后再寄往天津报社发排，其中张兆和帮助他做了审稿在内的大量工作，1976年秋也即时隔40余年后沈从文在致王千一的信中还说："在四十年前，我编《大公报·文艺副刊》时，事实上，许多后来成名的作家早期稿子（如师陀、何其芳等散文），大都是由她过目的。"另据王西彦回忆，当时沈从文家住西单辟才胡同的北半壁街，而他在南半壁街，在《大公报·文艺副刊》上发表作品后有时稿费就是由张兆和亲自送来。张兆和还是沈从文作品的首席审查者,在刊发前经常由她审阅,帮助沈从文改了许多错别字和语法错误。1937年12月17日,张兆和还专门致信规劝沈从文少作讥讽他人的评论文章,将更多精力投身于自身创作中,以免到处树敌惹人非议和空耗生命,"我希望你凡看一件事情,也应替人想想,用一张口,开阖之间多容易啊,这是说你对日常事物而言,惟其你有这样缺点,你不适宜于写评论文章,想得细,但不周密,见到别人之短,却看不到一己之病,说得多,做得少,所以你写的短评杂论,就以我这不通之人看来,都觉不妥之处太多。以前你还听我的建议,略加修改,近一二年你写小文章简直不叫我看了,你觉得我是'不可与谈'的人,我还有什么可说!不过我觉得你的长处,不在这方面,你放弃了你可以美丽动人小说的精力,把来支离破碎,写这种一撅一撅不痛不痒讽世讥人的短文,未免太可惜。"暂且不论张兆和对沈从文评论文章的批评是否准确,作为妻子的关爱之情的确是溢于言表。1938年7月30日,沈从文在致张兆和的信中谈及自己正在着手撰写《长河》的情况:"我已为戴望舒写了一万字文章,与《边城》故事比肩,笔法同,人物不同。预备写六万字。要你帮忙,会写得好一些。"虽然此时张兆和尚在北平而无法帮忙,但是足以想见之前应该从事过类似的辅助工作。

然而,现实生活终非童话,无法像童话故事中常见的那样,王子和公主经历磨难后从此永远过上了幸福的生活,沈从文与张兆和令人称羡的婚姻也没有想象中的那样完美。虽然沈从文绝对称得上是痴情的恋人,否则也不可能三年如一日矢志不渝地单恋张兆和，但却绝非感情专一的好丈夫。按照常理，编号为"癞蛤蟆第十三号"的沈从文费尽周折，终于吃上了"天鹅肉"，应该倍加珍惜才对,然而在婚后不久他便开始"情感发炎"（沈从文语，指婚外情），此后又几度复发，致使他与张兆和原本幸福的婚姻蒙上了一层层阴影。

沈从文与张兆和结婚之初如胶似漆的幸福甜蜜当然是真实的，但是一旦"女神"降落人间也便不像隔空仰望那般完美无缺。两个人毕竟有着将近8岁的年龄差距，并且彼此的成长环境、生活经历和教育背景都有着极大差别，加之婚前主要是沈从文鸿雁传书的单恋，相互之间了解得比较少，因此当激情消退后难免会发现各自身上的缺点，进而产生分歧。两人在由陌生到熟悉的过程中，逐渐发现彼此观念的差异和对方身上所存在的不相容处，在不断的磨合冲突中彼此逐渐萌生厌倦疲乏的心绪。

此时，沈从文经过长达数年的爱情长跑已经抱得美人归，但他在新婚燕尔之际又感到"收之桑榆"却"失之东隅"的爱情上的不圆满，"情感上积压下来的东西，家庭生活并不能完全中和它，消蚀它。我需要一点传奇，一种出于不巧的痛苦经验，一分从我'过去'负责所必然发生的悲剧。换言之，即爱情生活并不能调整我的生命，还要用一种温柔的笔调来写各式各样爱情，写那种和我目前生活完全相反，然而与我过去情感又十分相近的牧歌，方可望使生命得到平衡。这种平衡，正是新的家庭所不可少的！"沈从文作为偏爱幻想的小说家，又自幼受到性开放程度较高的湘西少数民族婚恋习俗的熏染，容易受到外来诱惑而情感横溢，在新婚蜜月时便与高青子开始有了亲密往来。沈从文情爱心理的波动也影响到其文学创作，以至于在新婚蜜月中写出了《边城》这样一部悲剧结尾的作品。他自己曾经说过《边城》实质上就是将"某种受压抑的梦写在纸上"，而这种"受压抑的梦"实际上正是源自于"情感上积压下来的一点东西"，具体而言则是他与高青子之间的婚外情，虽然灵魂出轨的他最终在一番权衡抉择后又选择了回归家庭，但是自然会由此感到受了某种压抑。

1934年1月7日，从婚外情中走出不久的沈从文收到母亲病危的家信后离京赶赴湘西，但让人感到奇怪的是，不知何故已结婚近4个月的张兆和并未同去，而在沈从文返回北京后不久沈从文的母亲即病逝，因此婆媳始终没有谋过面。

常言道小别胜新婚，这次长达一月有余的别离极大地弥合了两人之间的情感裂隙，离开张兆和越久沈从文便越是思念，于是按照每天必写一两封信的约定将沿途一切见闻巨细无遗全记下来，前后一共写了35封，其中还附有12幅速写，2月9日回北平后他先将这些信札整理陆续发表，后来又结集成《湘行散记》出版。沈从文在这些书信里除了表达别离之痛和相思之情，也进行了自我反思以及对过往的忏悔：

> 我先以为我是个受得了寂寞的人。现在方明白我们自从在一处后，我就变成一个不能够同你离开的人了。……三三，想起你我就忍受不了目前的一切了。我真像从前等你回信，不得回信时神气。我想打东西，骂粗话，让冷风吹冻自己全身。我明白我同

你离开越远也反而越相近。但不成，我得同你在一处，这心才能安静，事也才能做好！……

三三，我这时还是想起许多次得罪你的地方，我眼睛是湿的，模糊了的。我觉得很对不起你。我的人，倘若这时节我在你身边，你会明白我如何爱你！想起你种种好处，我自己便软弱了。我先前不是说过吗："你生了我的气时，我便特别知道我如何爱你。"现在你并不生我的气，现在你一定也正想着远远的一个人。我眼睛湿湿的想着你一切的过去！

三三，我想起你中公时的一切，我记起我当年的梦，但我料不到的是三三会那么爱我！让我们两个人永远那么要好吧。我回来时，再不会使你生气面壁了。我在船上学得了反省，认清楚了自己种种的错处。只有你，方那么懂我并且原谅我。

1937年7月7日卢沟桥事变爆发后，战火硝烟很快便蔓延至北平城。此时两人已共同生活了近4年之久，并且育有两子，1934年长子沈龙朱出生，1937年5月次子沈虎雏也来到人世。北平不宜久留，但带着两个年幼的孩子尤其是刚刚两个月大的次子逃难又不切实际，无法经受长途跋涉和旅途颠簸之苦。在危难之际，张兆和觉得与其一家人陷入绝境，不如让沈从文独自先行离开，等待时机成熟后她再带着孩子们南下与他会合，她在信中列出了留在北平的两条理由：一是沈从文书信、稿件太多，需要有人清理和保护；二是一家人都跟着沈从文，会拖累他的。于是，1937年8月12日清晨，沈从文和清华、北大的朋友一道离开了北平,剩下张兆和独自支撑危局,去面对那凶险莫测的险境。然而,南下后的沈从文寄给张兆和的信却不复往日的缠绵悱恻,而是夹杂着对生活的抱怨和爱情的猜疑。沈从文觉得张兆和明明有许多机会可以南下和他团聚,但总是以各种理由推脱,由此他开始怀疑张兆和是否还爱自己。

由于沈从文平时没有积攒钱财的习惯,除了日常用度外还大量购买收藏古董文物,因此全面抗战爆发后家里并没有多少积蓄,张兆和在北平只能含辛茹苦带着两个孩子勉力支撑,不仅无法得到沈从文的理解,反倒受到猜疑而备感失望,她百思不得其解:"我很奇怪,为什么我们一分开,你就完全变了,由你信上看来,你是个爱清洁,讲卫生,耐劳苦,能节俭的人,可是一到我一起便全不同了,脸也不洗了,澡也不洗了,衣服上全是油污墨迹,但吃东西买东西越讲究越贵越好,就你这些习惯说来,完全不是我所喜爱的。"与沈从文来信大谈感情有所不同的是,张兆和更为务实,她在致沈从文的信中谈及最多的除了柴米油盐之类的生活琐事外,便是抱怨沈从文生活花销过大不知节俭,在10月25日晚致沈从文的信中特意强调:"我不喜欢打肿了脸装胖子外面光辉,你有你的本色,不是绅士而冒充绅士总不免勉强,就我们情形能过怎样日子就过怎样日子。我情愿躬持井臼,自己操作不以为苦,只要我们能够适应自己的环境就好了。……不许你再逼我穿高跟鞋烫头发了,不许你用因怕我把一双手弄粗糙为理由而不叫我洗东西做事了,吃的东西无所谓好坏,穿的用的无所谓讲究不讲究,能够活下去已是造化。"

然而越是如此，沈从文越是怀疑张兆和不爱他，因此才故意拖延着滞留北平，而迟迟不愿南下。1937年11月6日晚，沈从文在致张兆和的信中抱怨道："你和孩子虽十分平安，还是不能安心，要作事，总有所牵绊，不便作。要写文章，不能写，要教书，心不安，教不下去。并且我自己知道你同时也知道，就是我离开你，便容易把生活转入一种病态，终日像飘飘荡荡，大有不知所归之慨。表面上生活即或还能保持常态，精神生活上实不大妥当。过日子不免露出萎靡不振神气，脑子且有点乱。你同我在一处时，就什么都好多了。"甚至他在信中猜疑张兆和为了报复自己有外遇，而在北平也有情人，所以迟迟不愿南下，在1937年11月6日写给张兆和的信中表示：

你即或是因为北平有个关心你，你也同情他的人，只因为这种事不来，故意留在北京，我也不妒忌，不生气……至于你，人既年轻，还有许多权利可得，虽作了两个孩子的母亲，不为得是报复，只为得是享受，有些人对于你的特殊友谊，能引起你的兴味时，还不妨去注意注意！我不是说笑话，不拘谁爱你或你爱谁，只要是使你得到幸福，我不滥用任何名分妨碍你的幸福。我觉得爱你，但不必需因此拘束你。正因为爱你，若不能够在共同生活上给你幸福，别的方面我的牺牲能成全你幸福时，我准备牺牲。有痛苦，我忍受痛苦。

为什么我说这些话？不是疑心你会如此如彼，只是我记起你某一时的感触，以及你的年龄，以为人事不可料者甚多，一个好端端的人也会发疟疾,害伤寒病,何况被人爱或爱人?

……我这人原来就是悲剧性格的人物,近人情时极近人情,天真时透底天真,糊涂时无可救药的糊涂,悲观时莫明其妙的悲观。想到的事情,所有的观念,有时实在不可解。分析起来大致有数点原因:一是遗传上或许有疯狂的因子;二是年纪小时就过度生活在幻想里;三是看书太杂,生活变动太大;四是鼻破血出,失血过多,用脑太过。综合结果,似乎竟成了一种周期的郁结,到某一时自己振作不起来,就好像什么也不成功,你同我分裂是必然的,同别人要好是自然的。……

沈从文还在信中告诉张兆和她"永远是一个自由人",假如她为了相好的想离开自己悉听尊便,他不会责怪她的。此时为生活所困的张兆和根本无心同沈从文纠缠所谓感情问题,1937年12月29日在致沈从文的回信中正言相告:"来信说那种废话,什么自由不自由的,我不爱听,以后不许你讲。……此后再写那样话我不回你信了。"1938年11月,张兆和终于带着二子抵达昆明与沈从文团聚,然而两人之间的隔膜非但没有消融,反而随着沈从文婚外情的不断浮现而导致关系越发紧张。

1940年,沈从文曾经化名"雍羽"在刊载于香港《大公报·文艺》第907期上的《莲花》一文中袒露心迹:"我也应当沉默?不,我想呼喊,想大声呼号。我在爱中,我需要爱!"此时他与张兆和结婚恰好刚满7年,正在经历着"七年之痒",虽然他并不否弃对于张兆和的爱,但已经无法让他感到完全满足,热切渴望新欢来填补旧爱衰减所腾出的情感空间，因此才会发出"我在爱中，我需要爱"这样看似矛盾实际上却大有深意的绝叫。

造成此种状况的原因自然是多方面的，其中就包含着两人缺乏理解这一带有根本性的重要因素。当年作为旁观者的胡适可谓是洞若观火，慧眼如炬的他曾规劝沈从文放弃对张兆和的单恋，并且发出忠告："这个女子不能了解你，更不能了解你的爱，你错用情了。"作为当事人的张兆和在两人相爱后，也曾迷惑不解地问沈从文："为什么许多很好看的女人你不麻烦，却老缠住我。我又不是什么美人。事实上我很平凡，老实而不调皮。说真话，不用阿谀，好好的把道理告给我。"沈从文这样答道："美是不固定无界限的名词，凡事凡物对一个人能够激起情绪引起惊讶感到舒服就是美。你由于聪明和谨慎，显得多情而贞洁，容易使人关心或倾心。我觉得你温和的眼光能驯服我的野心，澄清我的杂念。我认识了很多女子，征服我，统一我，惟你有这种魔力或能力。"原本沈从文的上述答话已经部分解开了张兆和心中的疑团，觉得这解释有意思，"不十分诚实，然而美丽，近于阿谀，至少与一般阿谀不同"，但他婚后出轨的事实却又无形中将此予以拆解，让她重又坠入情感迷雾之中。

沈从文与张兆和之间的夫妻情感虽然几经波折而面临着严峻的考验，但毕竟是日久情深而牢不可破，在危难之际方见出两人相濡以沫的患难真情。

1948年3月，郭沫若在《斥反动文艺》中批评沈从文的作品是颓废色情的"桃红色文艺"，与该文同期刊发的另一篇文章也指责称他是"清客文丐"和"奴才主义者"。受此打击,沈从文抑郁成疾,躺在床上不停念叨着"回湘西去,我要回湘西去"。更为严重的是,临近北平解放时,北京大学校园里又贴出了批判沈从文的大字报,为此沈从文精神深受刺激。1949年1月28日,沈从文在接受梁思成夫妇邀请到清华园休养后,张兆和经常去信安慰他,同日即致信沈从文叮嘱他"多休息,多同老金、思成夫妇谈话,多同从诚姐弟玩,学一学徐志摩永远不老的青春气息,太消沉了,不是求生之道,文章固不必写,信也少写为是。"次日,沈从文复信张兆和:"我用什么来感谢你?我很累,实在想休息了,只是为了你,在挣扎下去。我能挣扎到多久,自己也难知道!我需要一切重新学习,可等待机会。"2月1日,张兆和在致沈从文的信中写道:"我一直很强健,觉得无论如何要坚强地扶持你度过这个困难(过年时不惜勉强打起笑容去到处拜年),我想我什么困难,什么耻辱,都能够忍受。"沈从文接到张兆和来信后十分感动,2月2日在复张兆和的信中说:"已苦了你十五年,现在还要来度这个大关,我心中实在不安。……'我们要在最困难中去过日子,也不求人帮助。即做点小买卖也无妨。'你说得是,可以活下去,为了你们,我终得挣扎!但是外面风雨必来,我们实无遮蔽。我能挣扎到什么时候,神经不崩毁,只有天知道!我能和命运挣扎?……我终得牺牲。我不向南行,留下在这里,本来即是为孩子在新环境中受教育,自己决心作牺牲的!应当放弃了对于一只沉舟的希望,将爱给予下一代。"

1949年3月28日,迫于政治压力沈从文试图自杀,幸亏家人及时发现送医才抢救过来,之后被送往精神病院进行医治。在此危急关头,身为妻子的张兆和没有舍弃他,而是悉心照料和百般宽慰,终于慢慢地病情得到控制。

中华人民共和国宣告成立后,张兆和与两个儿子积极向党组织和新生政权靠拢,而沈从文却表现得极为消极,相互之间又产生了隔阂,甚至当时有人劝说张兆和干脆离开沈从文。虽然张兆和也曾和孩子们一起责备过沈从文不积极向新中国靠拢,但她依旧不离不弃,始终没有选择放手离开。

沈从文和张兆和"文化大革命"期间经历了共同磨难,加之年事渐高,相濡以沫的他们与过去相比不太一样了,开始尝试着相互谅解对方。起初张兆和正是由于长期无法理解沈从文而感受到内心的压抑,直到晚年这种状况才有了很大改变,她的性格也变得有些开朗了。

1988年5月10日下午,沈从文在会见庐隐的女儿时突发心脏病,张兆和搀扶着他躺下。沈从文对张兆和说自己心脏痛,感觉好冷。6点左右,沈从文对张兆和说自己不行了,在神志模糊前握着张兆和的手说:"三姐,我对不起你",这句话成了他的临终遗言。

沈从文去世后,张兆和在编选《从文家书》的后记中这样写道:"从文同我相处,这一生,究竟是幸福还是不幸?得不到回答。我不理解他,不完全理解他。后来逐渐有了一些理解,但是,真正理解他的为人,懂得他一生承受的重压,是在整理编选他遗稿的现在。过去不知道的,现在知道了;过去不明白的,现在明白了。"然而,"斯人已逝,可待惟我",张兆和与沈从文相互之间难以理解的遗憾再也没有机会弥补,只能慨叹:"太晚了!为什么在他有生之年,不能发掘他,理解他,从各方面去帮助他,反而有那么多的矛盾得不到解决!悔之晚矣。"

第三章 情感的发炎

QINGGAN DE FAYAN

与高青子等女子

客厅巧遇"偶然"

自古文人多风流，身为20世纪最后一个浪漫派的沈从文也不例外，不仅在生活中有过四段婚外情，而且身为擅长用人心人事作曲的作家，也在其作品中融入了所亲历的情感生活。沈从文自开始写作时便深受郁达夫自叙传小说的影响，大胆表现自我，张扬个性，着力表现生的苦闷和性的苦闷，他对于这段初始创作时期做过自白式的总结："我只想把我生命所走过的痕迹写到纸上。"此后随着创作日趋成熟，这种影响开始有所淡化，也更为隐蔽，但依然有着浓郁的自叙传色彩，尤其是在20世纪40年代又有所恢复。因此，虽然沈从文的婚外情由于隐而不彰而不大为人所知，但透过其在文学作品中的叙述和描绘，以及与其他同时代人的言论相互对证，依然能够露出一些端倪，从中窥见沈从文丰富多彩而又神秘离奇的感情世界。

作于1942年的长篇自叙散文《水云》，堪称沈从文涉及婚外情感生活的心理自传，讲述了他自从1931年到青岛大学任教之后，由于"情感发炎"而上演的与张兆和之外的4个女人缠绵悱恻的情感历程，也无怪乎时人会评价他文能多产，性也多情。沈从文之所以将情人称作"偶然"，很可能是受好友徐志摩爱情诗《偶然》的影响。《水云》具有极高的真实性，所记述的内容大体上可以视作沈从文的情感生活实录，对此张兆和虽然持保留意见，但也坦言："他把他自己全写到《水云》里去了。"凌宇也曾就"偶然"这一问题向沈从文做过当面求证，具体情形如下：

您在《水云》中多次提及'偶然'引起您情感发炎，而且明确说这'偶然'的名字叫'女人'。这究竟是怎么一回事？那个'偶然'又是谁？

张兆和先生笑了："老先生自己说。"

……沈先生不做声，脸上微现红晕，似乎有点不好意思。

我看出其间事出有因。在《八骏图》里，那个在海边出现的神秘女人，似乎就有那个'偶然'的影子，而那位达士先生的心理轨迹，似乎融入了沈先生自己的感情经历。沈先生虽不愿作答，却默认确有其事。作为对已经历的事实的尊重，他并不作假。

我不欲强人所难，赶紧转移话题。

由于沈从文有意回避这一敏感话题，遂使得"偶然"这一疑团依然未能解开。虽然沈从文并未在文中挑明这4个女子究竟姓甚名谁，但是其中确证无疑也得到学界一致公认的是第二个"偶然"——高青子，实际上这在20世纪30年代中期京派文人圈里就已经是公开的秘密。

1933年8月，正忙于筹备婚事的沈从文意外结识了高青子，两人初次相见是在位于北平西山的熊希龄别墅，她是熊希龄聘请的家庭教师，辅导孩子们功课。沈从文早年间曾经在熊希龄创办的香山慈幼院图书馆工作过，而且沈家和熊家还有着姻亲关系，因此当他离开青岛到北平时受青岛亲戚委托，捎来礼物送给熊希龄，碰巧熊希龄夫妇不在家，打电话让高青子代替他们接待沈从文。沈从文在《水云》中详细描绘了他与高青子初次相见时的情形：

> 有一天，我走入北平城一个人家的阔大华贵客厅里，猩红丝绒垂地的窗帘，猩红丝绒四丈见方的地毯，把我愣住了。我就在一套猩红丝绒旧式大沙发中间，选定靠近屋角一张沙发坐下来。观看对面高大墙壁上的巨幅字画，莫友芝斗大的分隶屏条，赵㧑叔斗大的红桃立轴，事事物物竟像是特意为配合客厅而准备，并且还像是特意为压迫客人而准备。原来这个客厅在十五年前，实接待了中国所有政府要人和大小军阀，因政治上人事上的新陈代谢，成为一个空洞客厅又有了数年。一切都么壮大，我于是似乎缩得很小了。
>
> 来到这地方是替一个亲戚带了份小礼物，应当面把礼物交给女主人的。等了一会儿，女主人不曾出来，从客厅一角却出了个"偶然"。问问才知道是这人家的家庭教师，和青岛托带礼物的亲戚相熟，和我好些朋友都相熟。虽不曾见过我，实读过我作的许多故事。因为那女主人出了门，等等方能回来，所以用电话要她

先和我谈谈。我们于是谈青岛的四季,才知道两年前她还到青岛看樱花,以为樱花和别的花都并不比北平的花木好,倒是那个海有意思。……正当我们谈起海边一切,和那个本来俨然海边主人的麻兔时,女主人回来了。我们又谈了些别的事方告辞。"偶然"给我一个幽雅而脆弱的印象:一张白白的小脸,一堆黑而光柔的头发,一点陌生羞怯的笑。当发后的压发翠花跌落到猩红地毯上,躬身下去寻找时,当净白颈肩间与脆弱腰肢作成的曲度上,我仿佛看到一条素色的虹霓。虹霓失去了彩色,究竟还有什么,我并不知道。总之"偶然"已给我保留一种离奇印象。我却只给了"偶然"一本小书,书上第一篇故事,就是两年前为抵抗"偶然"而写成的。

沈从文写作《水云》的时间为1942年,距离此次与高青子的客厅偶遇已相隔近10年,但对于各种细节的呈现依旧清晰如初,由此也不难想见高青子给他留下的印象之深,简直可以称得上一见钟情。正因为沈从文对于此次相见印象极深,久久无法忘怀,一个月后正值新婚燕尔的他又出现在熊希龄公馆。再度相见与初次偶遇情形大不相同,正所谓郎有情来妹有意,沈从文此次显然是有备而来,而高青子也为这次相见颇费周章,做了一番精心准备:

一个月以后,我又在一个素朴而美丽的小客厅中,重新见到了"偶然"。她说一点钟前还看过我写的故事,一面说一面微笑。且把一个发光万镒的头略偏,一双清明无邪眼中带点羞怯之光,想有所探询，可不便启齿。

仿佛有斑鸠唤雨声音，从高墙外远处传来。小庭院一树玉兰正盛开，高摇摇的树枝探出墙头。我们从花鸟上说了些闲话，到后"偶然"方嚅嚅嗫嗫的问我："你写的可是真事情？"

我说，"什么叫作真？我倒不大明白真和不真在文学上的区别，也不能分辨它在情感上的区别。文学艺术只有美和不美，不能说真和不真，道德的成见，更无从羼杂其间。精卫衔石，杜鹃啼血，情真事不真，并不妨事。你觉得对不对？我的意思自然不是为我故事拙劣要作辩护，只是……"

"我看你写的小说，觉得很美，当真很美。但是，事情怕不真！"

这种大胆惑疑似乎已超过了文学作品的欣赏，所要理解的是作者的人生态度。

我稍稍停了一会儿："不管是故事还是人生，一切都应当美一些！丑的东西虽不是罪恶，总不能令人愉快。我们活到这个现代社会中，已经被官僚，政客，银行老板和伪君子，理发匠和成衣师傅，种族的自大与无止的贪私，共同弄得到处够丑陋！可是人生应当还有个较理想的标准，至少容许在文学和艺术上创造那个标准。因为不管别的如何，美丽当永远是善的一种形式，文化的向上就是追求善的象征！"

正像是这几句空话说中了"偶然"另外某种嗜好，有会于心，"偶然"轻轻的叹了一口气。"美的有时也令人不愉快！譬如说，一个人刚好订婚，不凑巧又……战争。我觉得这对于读者，也就近乎残忍！"

我为中和那点人我之间的不必要紧张，所以忙带笑说："是的，我知道了。你看了我写的故事，一定难过起来了。不要难受！我不仅写到订婚又离婚，还写过恋爱就死亡。美丽总使人忧愁，可是还受用。那是我在海上受水云教育产生的一些幻影，并非真有其事。……"

"偶然"于是笑了。因为心被故事早浸柔软，忽然明白这为古人担忧弱点已给客人发现，自然觉得不大好意思。因此不再说什么，把一双纤而柔的白手拉拉衣角，裹紧了膝头。那天穿的衣服，恰好是件绿地小黄花绸子夹衫，衣角袖口缘了一点紫。也许自己想起这种事，只是不经意的和我那故事巧合。也许又以为客人并不认为这是不经意，且可能已疑心到是成心。"偶然"在应对间不免用较多微笑作为礼貌的装饰，与不安情绪的盖覆，结果另外又给了我一种印象。我呢，我知道，上次那本小书，给人甘美的忧愁已够多了。我什么都没有给"偶然"。

高青子又名高韵秀，福建人，高中毕业，后曾于1936年9月到1937年6月间在武昌文化图书馆专科学校图书馆学讲习班学习，是该班第三届学员，有一定的文化功底，透过与沈从文的两次相见可以看出她平时喜爱文学，在见到沈从文之前已读过1930年6月由神州国光社出版的《沈从文甲集》，对沈从文有着无限的崇拜。这从高青子在第二次与沈从文相见时的穿着便可以见出，她穿着的那件"绿地小黄花绸子夹衫，衣角袖口缘了一点紫"的衣服与沈从文小说《第四》中描绘的女主人公的着装极其相似，显然是有意模仿，借此含蓄地表达对沈从文的崇敬和爱意。在这篇小说中，沈从文讲述的是男主人公在汽车站偶遇一个"优美的在浅紫色绸衣包裹下面画出的苗条柔软的曲线"的女子，上演了一段悲剧故事。沈从文何其敏感，自然对高青子想要传达的爱意心领神会，瞬时拉近了彼此间的距离。高青子在第二次与沈从文相见时，之所以将地点选在素朴而美丽的小客厅，显然也是经过一番思量的。相较于初次相见阔大华贵却又让人心生压抑的大客厅而言，小客厅更为适合谈情说爱、互表衷肠。此外，高青子不仅装束刻意模仿，而且求爱的方式也与沈从文小说《灯》中的描绘颇为相似。在这篇小说中，"我"某天给一个青衣女子讲述了一盏灯的故事，故事中出现了一个蓝衣女子。第二天，深受故事感动的青衣女子为了凑成那故事，特地改穿蓝衣来访"我"，由此促成"我"的梦想成真。显然，高青子对于沈从文的诸多作品是熟稔于心的，也因此感动了沈从文。

虽然这是高青子第二次与沈从文见面，但对于他的婚恋情况也略知一二，出于羞涩和自尊又不好直言相问，因此假借评论沈从文的小说进行言语试探，"一个人刚好订婚，不凑巧又……"此时沈从文已与张兆和完婚，他正在接受和证实"一种幸福的婚姻，或幸福婚姻的幻影"，虽然明了高青子有着试探之意，但理性压制着蠢蠢欲动的情感。虽然沈从文觉得他与张兆和的婚恋能够取得成功，也是出自一种偶然，但却是由意志和理性促成，"内容虽近于传奇，由我个人看来，却产生于一种计划中"，而他对与高青子相遇所擦出的爱情火花，却由于缺乏意志和理性的掺入而纯粹是一种偶然。此时的沈从文将他与高青子的恋爱，视为与生活不相粘附的纯粹的诗，之所以在新婚燕尔之际遭遇婚外情并非他不愿意与张兆和缔结百年之好，而是情感满溢的结果。身在爱中的沈从文仍然需要爱，与张兆和的结合并不能让他感到完全满足，依旧需要与"偶然"之间的爱情传奇来填补内心的情感空缺，经受生命中一种新的经验。换句话说，即便没有遇到高青子，也会有王青子、李青子等其他女性闪现在他的生命情感之中，上演一段段有着传奇色彩的婚外情。在沈从文自己看来，婚外情与婚姻本身并不矛盾，是能够并行不悖和互相补充的，只要是出于男女双方情投意合的真爱，便无所谓道德不道德，或者说是这样反倒更合乎人性和道德。也正因此，他才会在《八骏图》中提出相爱而不敢爱的都市"阉寺病"问题，而对湘西人自由无羁的男女情爱予以热烈赞颂。

时隔多年后，沈从文对于与高青子相见后所激起的情爱心理变化，有过这样一段深刻的自我剖析："我要的，已经得到了。名誉，金钱和爱情，全都到了我的身边。我从社会和别人证实了存在的意义。可是不成。我还有另外一种幻想，即从个人工作上证实个人希望所能达到的传奇。我准备创造一点纯粹的诗，与生活不相粘附的诗。情感上积压下来的东西，家庭生活并不能完全中和它，消蚀它。我需要一点传奇，一种出于不巧的痛苦经验，一分从我'过去'负责所必然发生的悲剧。换言之，即爱情生活并不能调整我的生命，还要用一种温柔的笔调来写各式各样爱情，写那种和我目前生活完全相反，然而与我过去情感又十分相近的牧歌，方可望使生命得到平衡。这种平衡，正是新的家庭所不可少的！"的确沈从文此时可谓志得意满，文学事业蒸蒸日上，佳作频出、广受赞誉，已经成为文坛上不可小觑的名家巨擘，爱情追求也有了甜蜜的结果，可谓感情与事业双丰收，理应沉浸于美满幸福之中，但他并不满足，依旧渴望着浪漫传奇的爱情。正是在这种情爱心理的作用下，沈从文在离开那个素朴而美丽的小客厅时感觉怅然若失，他觉得似乎遗失了一点生命的东西，"在开满了马樱花和刺槐的长安街大路上，试搜寻每个衣袋，不曾发现失去的是什么"。显然沈从文丢失的并非实体的东西，在转入中南海公园绕着柳堤走了一大圈子后，望着水中的云影他方才骤然觉悟，失去的是当年在青岛作种种辩论时的那一点孩子气主张，明了以热烈讽刺都市"阉寺病"为己任的自己早已被都市同化，失却了对于那富于原始生命强力的爱欲追求的自信。在一株老柳树下休息时，沈从文想起高青子所穿的那件夹衫，颜色花朵与他在《阿四》中所描绘的人物穿着何其相似，以及当这点秘密被他发现时高青子所表示出的那种轻微不安，越琢磨越发现高青子对自己爱的示意，此时恰巧"一个小小金甲虫落在我的手背上，捉住了它看看时，只见六只小脚全缩敛到带金属光泽的甲壳下面，从这小虫生命完整处，见出自然的巧慧，和生命形式的多方。手轻轻一扬，金甲虫即振翅飞起，消失到广阔的湖面莲叶间去了。我同样保留了一点印象在记忆里。我的心尚空阔得很，为的是过去曾经装过各式各样的梦，把梦腾挪开时，还装得上许多事事物物"。

当年沈从文在张兆和从吴淞中国公学毕业后所做的苏州之行，对于张兆和接受他的求爱其实并没有抱太大希望，主要是为了当面寻求一个最终的答案来做一了断，结果却峰回路转出现转机，因此他对张兆和始终有着一种感恩的心态，直到他们有了两个孩子也没有终结。然而长达3年之久近于卑微的乞求式的单恋，也让沈从文感受到强烈的压抑感和自卑感，因此对他仰慕有加的高青子以其美貌和心机迅速博得了他的好感，尤其是高青子身着与他小说中描绘过的人物近似的服饰，让他体会到被异性尊重的感觉。当然沈从文并无意舍弃张兆和，只不过是想用这个"偶然"的爱来填补腾挪出来的情感空间。由于此时沈从文正沉浸于新婚燕尔之际，婚后不久又接到家信只身返回湘西探望重病的母亲，因此与高青子之间的婚外情并没有深入发展下去，两人尚未有肌肤相亲而依旧停留在柏拉图式的精神爱恋阶段。

此后直到在西南联大沈从文与高青子再度相遇之前，两人不时有书信往来，感情也日渐升温。据曾在昆明与高青子熟识的女诗人徐芳回忆，正是在沈从文的鼓励和帮助下高青子才从事写作的，沈从文本人也在《水云》中说过他曾帮助这个"偶然"修改过文章。在沈从文的倾力提携下初登文坛的高青子，接连在由他主编的刊物上发表作品，其中在《国闻周报》1936年第13卷第4期和1937年第14卷第3期上分别发表《紫》和《灰》，在《大公报·文艺副刊》1936年第102期和第202期上分别发表《毕业与就业》和《黄》。后来又将《紫》《灰》《黄》《黑》《白》等作品结集为《虹霓集》，1937年12月由商务印书馆出版。商务印书馆是当时中国第一大出版机构,初出茅庐的高青子想要凭借一己之力得到出版机会势比登天,但沈从文却经常为商务印书馆组编丛书和推荐稿源,双方有着长期的合作关系,因此《虹霓集》也应是由他推荐出版的。此外,联想到沈从文在《水云》中说过,初次相见时有着白白小脸和黑柔头发的高青子,当发后的压发跌落在地毯上躬身寻找时,他"仿佛看到一条素色的虹霓",《虹霓集》的书名也极有可能就是由他起的。后来沈从文还创作了《看虹录》来纪念他与高青子之间的交往,其中的"虹"指的正是高青子,以此作为两人相爱的见证。有意味的是,沈从文20世纪40年代编就但未能出版的《七色魇》包括的篇目除了《水云》外,还有《绿魇》《黑魇》《白魇》《赤魇》《青色魇》《橙魇》,从题名上来看与高青子《虹霓集》中的《紫》《灰》《黄》《黑》《白》有着明显的相似之处。

与沈从文初入文坛时创作的作品一样,高青子的小说《紫》也带有浓郁的自叙传色彩,明显能够看出人物的原型。《紫》中的叙述者是八妹,其原型是沈从文的九妹沈岳萌,通过她的视角讲述了哥哥与两个女人之间的感情纠葛。哥哥先有未婚妻珊(暗指"三三"张兆和),两人彼此相爱且已订立婚约,但在一个偶然机缘下他又巧遇并爱上了身穿绿底紫衣有着"西班牙风的"美丽女子——璇青(暗指高青子本人,由沈从文笔名"璇若"与她的名字合成)。哥哥既舍不得放弃未婚妻,又经受不住璇青的诱惑,在两个女人之间犹疑不定,难以取舍。故事的发生地在上海、青岛、北平、天津等处,也与沈从文的经历高度一致。由此可见,高青子《紫》的人物和故事都是取自于现实生活，她既十分明了自己和沈从文各自的处境，也能够体谅沈从文左右犹疑的内心苦楚，而她本人就像小说中的璇青那样是真正能够了解沈从文的红颜知己。由于高青子《紫》中的人物和故事原型过于显露，在当时也曾引起沈从文一些朋友的议论。

很长一段时间内，沈从文与高青子之间的恋情始终在地下状态存续并发展着，本来不大为人所知，张兆和对此也没有察觉。然而，1936年春节刚过，按捺不住的沈从文将自己与高青子的婚外情告诉了张兆和，他天真地以为，自己以赤子之心坦诚相告不仅能够获得张兆和的体谅，甚至还可以和她一道来体验与分享这种异乎寻常的情感。然而不承想，沈从文与高青子的婚外恋深深地刺痛了张兆和，她原本以为沈从文对自己情有独钟，却不料又移情别恋，一气之下带着儿子龙朱回了苏州娘家。张兆和此次南行，将沈从文过去写给她的大部分情书也带至苏州娘家，其中就包括沈从文写给她的第一封情书，结果它们后来与苏州家屋一起全部毁于战火。

沈从文并未因张兆和负气离去选择放弃婚外情，他每天写一封长信，试图让张兆和明白他与高青子的婚外恋不过是一种新奇的人生体验，并没有因此动摇或超越他对张兆和的爱。然而适得其反，沈从文在信中表露出来的对于高青子的爱慕和关心，引起了张兆和的嫉恨，因此她越发不肯原谅沈从文。直到晚年张兆和依旧对此耿耿于怀，1997年有人曾就此采访过她，她承认高青子长得很美，身材高挑打扮入时，有着白白的娃娃脸和黑而光柔的头发,脸上常带一点陌生羞怯的笑而给人留下优雅、脆弱的印象。当时张兆和的亲友们在得知沈从文与高青子有了婚外情后,也曾试图劝解,有人还张罗着给高青子介绍对象,翻译家罗念生就是人选之一,但此举并未奏效。

1936年的一天,为了排解内心的苦闷,深陷情感危机的沈从文跑到梁家找擅长处理感情纠葛的林徽因倾诉,恳请她帮助自己整理一下"横溢的情感"。在林徽因面前,沈从文为自己的情感出轨行为进行了自我辩护,他说自己不能想象这种情感同他对妻子的爱有什么冲突,当他爱慕某个女性时他就是这样做了,他可以爱这么多的人和事,他就是这样的人嘛。林徽因也与徐志摩一样非常赏识沈从文的才华,加之她也曾有过类似的情感经历,因而对沈从文的内心苦楚有着同情之理解,非常耐心地倾听沈从文的诉说,并好言宽慰。1936年2月27日,林徽因又致信沈从文,首先表示同情:"理智上,我虽然同情你所告诉我你的苦痛(情绪的紧张),在情感上我却很羡慕你那么积极那么热烈,那么丰富的情绪,至少此刻同我的比,我的显然萧条颓废消极无用。你是在情感的尖锐上奔进!……你希望抓住理性的自己,或许找个聪明的人帮忙你整理一下你的苦恼或是'横溢的情感'设法把它安排妥帖一点,你竟找到我来,我懂得的,我也常常被同种的纠纷弄得左不是右不是不是,生活掀在波澜里盲目的同危险周旋,累得我既为旁人焦灼,又为自己操心,又同情于自己又很不愿意宽恕放任自己。"接着又说:"人性又就是那么一回事,脱不掉生理,心理,环境习惯先天特质的凑合!把道德放大了讲,别裁判或裁削自己。任性到损害旁人时如果你不忍,你就根本办不到任性的事,(如果你办得到,那你那种残忍,便是你自己性格里的一点特性也用不着过分的去纠正)想做的事太多,并且互相冲突时,拣最想做——想做到顾不得旁的牺牲——的事做,未做时心中发生纠纷是免不了的,做后最用不着后悔,因为你既会去做,那桩事便一定是不可免的,别尽着罪过自己。""我的确有过,我不忘却我的幸福。我认为最愉快的事都是一闪亮的在一段较短的时间内进出神奇的——如同两个人透澈的了解:一句话打到你心里使得你理智和感情全觉到一万万分满足;如同相爱:在一个时候里,你同你自身以外另一个人互相以彼此存在为极端的幸福;如同恋爱,在那时那刻眼所见,耳所听,心所触无所不是美丽,情感如诗歌自然的流动如花香那样不知其所以。这些种种便都是一生中不可多得的瑰宝。"不知林徽因这样写时,是否想到了当年徐志摩对她的爱,男女之间的精神契合和心灵沟通的确如她所描绘的那样不乏诗意之美,但对于张兆和而言,这样的"瑰宝"所带来的必然是难耐的痛苦。林徽因在信的末尾还建议沈从文找金岳霖谈谈,"他真是能了解同时又极客观极同情极懂得人性,虽然他自己并不一定会提起他的历史"。金岳霖不仅追求过林徽因,而且还为了守护爱情矢志终身不娶,因此林徽因建议沈从文去找金岳霖谈谈的建议本身就耐人寻味。当年,林徽因也曾为情所动向梁思成提出过离婚,她痛苦地对梁思成说,"我苦恼极了,因为我同时爱上了两个人,不知道怎么办才好。"梁思成听闻此言先是震惊不已,但经过一夜苦思后他对妻子说:"你是自由的,如果你挑选金岳霖,我将祝你们永远幸福!"林徽因又将梁思成的话转述给金岳霖,金岳霖迅即选择了放弃,"看来思成是真正爱你的,我不能去伤害一个真正爱你的人。我应该退出。"自此之后,金岳霖和林徽因、梁思成终身为友,再未提及和林徽因结婚一事。也许是林徽因认为金岳霖最能体味沈从文的心思,也许是有意让沈从文用理性节制情感,效仿金岳霖将婚外恋藏于心底。最终,依然深爱着张兆和的沈从文选择压抑那"横溢的情感",而没有任其肆意泛滥。后来林徽因在致美国好友费正清、费慰梅夫妇的信中,将沈从文发生婚外情的原因归结于他所具备的诗人气质,同时也谈及当时沈从文向她倾诉时的情景,"这个安静、善解人意、'多情'而又'坚毅'的人,一位小说家,又是如此一位天才。他使自己陷入这样一种感情纠葛,像任何一个初出茅庐的小青年一样,对这种事陷于绝望。他的诗人气质造了他自己的反,使他对生活和其中的冲突茫然不知所措,这使我想到雪莱,也回想起志摩与他世俗苦痛的拼搏。可我又禁不住觉得好玩。他那天早上竟是那么的迷人和讨人喜欢!而我坐在那里,又老又疲惫地跟他谈、骂他、劝他,和他讨论生活及其曲折,人类的天性、其动人之处和其中的悲剧、理想和现实!"

沈从文与高青子的婚外恋对其小说创作也产生了直接影响,长期以来文学界对新婚燕尔之际的沈从文为何会着手创作有着浓郁悲剧色彩的《边城》感到困惑不解,在这部小说中所描摹的翠翠母女两代人的爱情离歌与蜜月期的幸福生活存在着极大反差,实际上沈从文正是要借着创作《边城》来宣泄那"横溢的情感"。

1933年深秋在北平达子营,新婚不久的沈从文将自己的书房让给好友巴金写作,而他自己每天大清早,就在院落中一个红木八条腿小方桌上放下一叠白纸,开始交替着写《边城》和《记丁玲女士》,"一面让细碎阳光洒在纸上,一面将我某种受压抑的梦写在纸上"。关于《边城》中女主人公翠翠的人物原型,沈从文自己曾经说过:"一面从一年前在青岛崂山北九水旁见到的一个乡村女子,取得生活的必然,一面就用身边新妇作范本,取得性格上的素朴式样",而故事内容则是虽然"一切充满了善,充满了完美高尚的希望,然而到处是不凑巧。既然是不凑巧,因之素朴的良善与单纯的希望终难免产生悲剧。"沈从文这里所说的"不凑巧",其中就包含着对于自己与高青子相恋,却又因时机不对无法长相厮守所生发的感慨,虽然他与高青子"有会于心",然而只能感慨相见恨晚而有缘无分。

　　事实证明,写作的确不失为宣泄情感的一种好方法,借助文字能够将郁积的情绪发泄出来,以此获得心灵的调适,沈从文就是通过创作《边城》,"这一来,我的过去痛苦的挣扎,受压抑无可安排的乡下人对于爱情的憧憬,在这个不幸故事上,方得到了完全排泄与弥补"。由此可知,《边城》并不像许多读者所认为的那样单纯质朴和清新雅致,其实也是别有寄托的,在看似纯粹美好的田园牧歌背后实际上隐匿着爱情离歌这一悲剧性的内核,只有对沈从文的情感世界有深入的了解后,才能真正体会那朴实文字"背后隐伏的悲痛"。

　　《边城》自出版之后引发过无数读者的赞美,沈从文当年也因此得到过朋友们极难得的鼓励,认为这是中国文学牧歌传统在现代时期延续的巅峰之作。然而长久以来,人们往往只注意到《边城》对于湘西的乡土田园风味和翠翠母女两代人的纯美爱情的成功描绘,而近乎"买椟还珠"般舍弃了在这背后所隐匿着的情感表达。也正因此,这些赞美和鼓励并没有让沈从文感到由衷的欣喜,反倒引发起不被人理解的落寞和伤感,时隔近十年后他依旧在《水云》中感慨:

我的新书《边城》出了版。这本小书在读者间得到些赞美,在朋友间还得到些极难得的鼓励。可是没有一个人知道我是在什么感情下写成这个作品,也不大明白我写它的意义。即以极细心朋友刘西渭先生的批评说来,就完全得不到我如何用这个故事填补过去生命中一点哀乐的原因。正惟其如此,这个作品在个人抽象感觉上,我却得到一种近乎严厉而讽刺的责备。

经过一段时间的自我疗救,沈从文逐渐从婚外情所造成的影响中走出,一家人的生活重归平静。1937年5月,次子虎雏降生。1937年7月7日,日本侵华战争全面爆发又打破了这种平静,因虎雏刚出生两个月,而张兆和产后不久身体虚弱,都经不起旅途颠簸,权衡之后张兆和决定自己和两个孩子留在北平,而让沈从文只身南下,待安顿好后再一家人团聚。然而为张兆和始料不及的是,正是此次南下不仅沈从文与高青子又旧梦重拾,而且还因新的"偶然"出现而让她与沈从文的婚姻遭遇了更为严重的危机。

潘多拉的开启

1937年8月,沈从文离开北平,因战争导致交通不畅,直到1938年4月方才经由贵阳到达昆明。高青子也于1938年来到昆明,居住在玉龙堆四号,与熊希龄的侄女熊瑜同住一间房,又和诗人徐芳、张敬一共4人合用一间客厅。

1938年11月,张兆和携着二子与沈从文在昆明团聚。然而就在一家人团聚之时,沈从文与高青子久别相逢后也开始重拾旧情。1939年6月27日,西南联大聘请沈从文为师范学院国文系副教授。同月,高青子也在沈从文推荐下到西南联大图书馆任职,直到1941年2月离职。昔日情人又成为同事,自然为两人的密切交往提供了便利。虽然此前沈从文一家为了躲避日本飞机轰炸已于1939年5月搬到昆明市呈贡县龙街镇上居住,但他每周有3天时间需到西南联大上课,周末才到龙街和家人团聚,因此与高青子有很多的见面机会。由于在北平时两人便已互有好感,之后又有书信往来,高青子从事文学创作也多赖沈从文的提携,此番又是在沈从文帮助下找到了图书馆的工作,因此无形中早已"放弃了过去一时那点警惕心和防卫心"。随着交往的不断深入,情感在与理性的交锋中逐渐占了上风,两人的关系较之以往又有了进一步的发展。

沈从文与高青子的恋爱逐渐引起别人的注意,多年以后徐芳在接受访谈时就说过,当时人们对已有家室的沈从文与高青子的交往流言颇多。徐芳也是位风流才女,她是江苏无锡人,1931年以优异成绩考入北大中文系,才貌俱佳的她被称为北大"校花"。徐芳本科毕业论文的指导老师是胡适,其题名为《中国新诗史》的论文得到胡适的悉心指导,"我订成一本书,送呈胡先生阅览,他好高兴,在稿子上用红笔批改了多处,真是为我的文章也费尽了心"。1935年毕业留校后,徐芳任北大文学研究所助理员,协助胡适整理文稿期间擦出爱的火花,她曾在致胡适的信中说:"我爱你的诗,我爱你这人。永远爱你的芳。"1939年前后在昆明期间,她又与腾固有过亲密交往,结果导致腾固后来竟因此丧命。腾固与徐芳的交往因腾固太太阻止而不得不中断,腾固从昆明到了重庆后即大病一场,半年后出院回家途中遭到太太预先收买的流氓一顿毒打而受了重伤,不久便因医治无效逝世。与腾固相比,沈从文无疑是幸运的,张兆和在对待他出轨一事上态度较为温和,贤良淑德的她自然不会像腾固太太那样痛下杀手。

不仅与高青子同居一处的徐芳谈起过沈从文与高青子的恋情,而且朱自清在日记中也有过记录。沈从文之所以能在西南联大任教,先是由杨振声向朱自清推荐,又由朱自清向中文系主任罗常培推荐，这才被聘为师范学院副教授。正因为有了这一层关系，1939年10月23日，朱自清与罗常培在讨论系务正事之余，"罗告以玉龙堆四号人物之生活。从文有恋爱故事"。孙陵在《浮世小品》一书中也说过：

沈从文在爱情上不是一个专一的人，他追求过的女人总有几个人，而且，他有他的观点，他一再对我说：

"打猎要打狮子，摘要摘天上的星子，追求要追求漂亮的女人。"他又说："女子都喜欢虚情假意，不能说真话。"

他对于女人有些经验，他对我说的是善意的，我复述也并无恶意，虽然我并不同意。这时他还发表了一篇小说《看虹摘星录》，完全是摹拟劳伦斯的，文字再美又有何用？几位对他要好的朋友，都为了这篇小说向他表示关心的谴责。他诚恳地接受，没有再写第二篇类似的东西。

沉浸于婚外恋中难以自拔的沈从文，不仅不顾及世人异样的眼光，而且还写了《看虹录》和《摘星录》（沈从文后将这两篇与《梦与现实》合编为《看虹摘星录》）来纪念他与高青子以及其他几位"偶然"之间的婚外情，当时几位要好的朋友也都对此有过表示关心的谴责，沈从文也诚恳地予以接受，此后不仅再未写过类似的作品，而且还将发表在香港《大风》上的《看虹录》《摘星录》进行改头换面后重新在内地发表，以削弱其影响。

翻译家金隄对《看虹摘星录》中所描写的那个房间非常熟悉，

认定就是当年沈从文在昆明的家,而所描绘的女子从性情、服饰和举止等方面都取自高青子。1982年,金隄也曾向沈从文夫妇打听过这件事,张兆和说当年沈从文不让她读《看虹摘星录》,于是他直接向沈从文求证这篇小说的真实性,沈从文笑而不答。研究沈从文的美国学者金介甫也认为《看虹摘星录》中的女主角"虹"就是《水云》里的"偶然",为此他曾专门致信沈从文夫妇进行求证,沈从文在写于1985年3月9日的回信中并不愿过多谈及,只是简单地说了句"的确有过这样的人"。

沈从文在《水云》中也对于他为何会与高青子旧情复萌有着一番自我解释,认为之前他对于与高青子之间婚外情的刻意压抑是在逃避一种命定,"其实一切努力全是枉然。你的一支笔虽能把你带向'过去',不过是用故事抒情作诗罢了。真正的等待你的却是'未来'。"在他内心深处也并非毫无矛盾,两种截然不同的声音也曾有过激烈的交锋和碰撞:

"我用不着作这种分析和追究!我目前的生活很幸福,这就够了。"

"你以为你很幸福,为的是你尊重过去,你以为当前生活是照过去理性或计划安排成功的。但你何尝真正能够在自足中得到幸福?或用他人缺点保护,或用自己的幸福幻影保护,二而一,都可作为你害怕'偶然'侵入生命中时所能发生的变故。因为'偶然'能破坏你幸福的幻影。你怕事实,所以自觉宜于用笔捕捉抽象。"

"我怕事实？什么事实使我害怕？杀人放火我看厌了，临到生活中一分我就从不害怕！"

"是的，你害怕明天的事实。你比谁都胆小。或者你厌恶一切影响你目前生活的事实，因之极力想法贴近过去，有时并且不能不贴近那个抽象的过去。"

沈从文感觉这两种声音"既来自近处，又像来自远方，却十分明白的存在，不易消失"，实际上这一切都源自他的内心。"过去"指向的是他按照理性和计划安排的与张兆和的婚姻，虽然已经获得成功，但并没有让他真正感到完全幸福，为此他不再担心"偶然"也即高青子浸入他的生命中时所可能引发的变故，反而怀着对于美好"未来"的憧憬而开始主动投入其中。事实上，沈从文也曾尝试过以收藏古董文物的方式来分散转移注意力，然而除了收集到一些容易破碎的古陶旧瓷，以及掌握了一些文物知识外毫无所获，"你打量用这些容易破碎的东西，稳定平衡你奔放的生命，到头还是无结果的。这消磨不了你三十年从寂寞中孕育的幻想堆积。你只有一件事情可作，即从一种更直接有效的方式上，发现你自己，也发现人。什么地方有些年青温柔的心在等待你，收容你的幻想，这个你明明白白。为的是你谨慎怕事，你于是名字叫作好人。"

当沈从文搜索过往所经历的人事时，才发觉"偶然"也即高青子始终未曾从他的生命中彻底消失过，而是好像一直在控制和支配着他。越是回味越是流连，在这种情绪主导下他创作完成了

《水云》,想要以此来填补过去生命中的一点哀乐。然而,《水云》不仅没有像当年写作《边城》时那样起到宣泄满溢情感的作用,反而适得其反,甚而引发对于自我强烈的质疑,"这是一个胆小而知足且善逃避现实者最大的成就。将热情注入故事中,使他人得到满足,而自己得到安全,并从一种友谊的回声中证实生命的意义。可是生命真正意义是什么?是节制还是奔放?是矜持还是疯狂?是一个故事还是一堆人事?"

沈从文真心感到害怕的是不仅此时他已陷入并无什么故事可写的创作困境之中,而且心手两闲感到生命空虚的他开始坠入如同《边城》中翠翠那样纷乱的情感之中,"我需要什么?不大明白,又正像不敢去认真思索明白。总之情感在生命中已抬了头。这比我真正去接近某个'偶然'时还觉得害怕。因为他虽不至于损害人,事实上却必然破坏我——我的工作理想和一点自信心,都将为此而毁去。"西南联大时期,沈从文内心的潘多拉盒子被彻底开启,生命中的第二个"偶然"——高青子的爱也不再能够让他感到满足,在不受拘束的心魔驱使下正如他自己所言,"弱点对我若抬了头,让一群'偶然'听其自由浸入我生命中,各自占据一个位置,就什么都完事了"。沈从文明知情感满溢和情欲放纵所可能导致的严重后果,曾经设想写一部关于崩溃了的乡村的一切,就像当年写作《边城》时那样以此来消耗和归纳溢出的情感。然而,身为自由主义作家,沈从文无法像左翼作家那样汲于对农民苦难和乡村崩溃以及阶级反抗的描绘,这既不符合他此时的心境,也与他一贯的创作风格不相符,只能重新逃避到赏玩字帖中去来转移情欲渴求,"我想把写字当成一种工作,这工作俨然如一束草,一片破碎的船板,用它为我在人事纠纷中下沉时有所准备。我要和生命中那种无固定的性能力继续挣扎。尽可能去努力转移自己到一种无碍于人我的生活方式上去。"

然而,一来起初张兆和不在身边,让沈从文感到情感毫无拘束,二来昆明处于抗战大后方,周围环境中到处是年轻的生命,又到处是"偶然","而且有些还出奇的勇敢"。原本压抑着的满溢的情感经不起心猿意马的诱惑,"我的需要在压抑中,更容易见出它的不自然处","在文字运用中,一支笔见出透明和灵秀处,在人事应对中,却相当拙呆,且若于拙呆上给偶然一个容易俘虏的印象。"此时已届不惑之年的沈从文曾经说过:"懂得人多了一些,懂得自己也多了些",原本他"只希望如何来保留这种有传染性的热忱到文字中,对于爱情或友谊本身,已不至于如何惊心动魄来接近它了",但是终究还是未能抵住婚外情的强大诱惑力,到了1939年岁暮时,沈从文与高青子的关系有了更进一步的发展。

因之"偶然"中较老实的某一个,重新有机会给了我一种更离奇的印象。依然那么脆弱而羞怯,用少量言语多量微笑或纯粹沉默来装饰我们的晤面。其时向日的阳光虽然稀薄,寒风冻结了空气,可是房中炉火照例极其温暖,火炉边柔和灯光下,是容易生长一切的,尤其是那个名为"情感"或"爱情"的东西。可是防止附于这个名词的纠纷性和是非性,我们却把它叫作"友谊"。

总之,"偶然"之一和我友谊越来越不同了。一年余以来努力的趋避,在十分钟内即证明等于精力白费。"偶然"的缺点依旧尚保留在我印象中,而且更加确定,然而这些缺点的印象,却不能保护我什么了。

我于是重新进入到一个激烈战争里,即理性和情感的取舍。但是事极显明,其中那个理性的我终于败北了。当我第一次向"偶然"作一种败北以后的说明时,一定使"偶然"惊喜交集,且不知如何来应付这种新的发展。因为这件事若出于另一"偶然",则或者已有相当准备,恐不过是"我早知如此"轻轻的回答,接着也不过是由此必然而来的一些取和予。然而这事情却临到一个无经验无准备的"偶然"手中。在她的年龄和生活上,实都无从处理这个难题,更毫无准备应付这种问题技术的。因此当她感觉到我的命运仿佛在她那双小小白手中时,一时虽惊喜交并,终于不免茫然失措,不知是放下好还是握紧好。

我呢,实在说来,俨然只是在用人教育我。我知道这恰是我生命的两面,用之于编排故事,见出被压抑热情的美丽处,用之于处理人事,即不免见出性情上的劣点,不特苦恼自己,同时也困惑人。我当真好像业已放弃了一切可由常识来应付的种种,一任自己沉陷到一种情感漩涡里去。十年后温习到这种"过去"时,恰恰像在读一本属于病理学的书籍,这本书名应当题作:

《情感发炎及其治疗》

作者是一个疯子,同时又是一个诗人。书中毫无故事,惟有近乎抽象的一堆印象拼合。到小客厅中红梅白梅全已谢落时,"偶然"的微笑已成为苦笑。因为明白这事得有个终结,就装作为了友谊的完美,和个人理想的证实,带着一点儿好景不常的悲伤,一种出于勉强的充满痛苦的笑,好像很谦虚的说,"我得到的已够多了",就借故走到别一地方去了。走时的神气,和事前心情上的纷乱,竟与她在某一时写的一个故事完全相同,不同处只是所要去的方向而已。

至于家中那一个呢……

我于是重新得到了用笔的机会。可是我不再写什么传奇故事了,因为生活本身就是一种动人的传奇。我读过一大堆书,再无什么故事比我情感上的哀乐得失经验更离奇动人。我读过许多故事,好些故事到末后,都结束于"死亡"和一个"走"字上,我却估想这不是我这个故事应有的结局。

沈从文所说的"偶然"中之某一个,显然与他有情感纠葛的意中人并不止一个,据他自己说生命中一共有4个"偶然"也即四段婚外情,而这里所说的"某一个"仍然是第二个"偶然"——高青子。从1938年沈从文与高青子先后来到昆明起,直到1939年底,这一年多来的努力退避,不但未能拉远彼此间的距离,反倒如同不断蓄积的势能般一遇时机便转化为更为激烈的动能反弹,此时沈从文与高青子不再像以往那样满足于精神恋爱的阶段,而是如同干柴烈火般不可遏制地有了肌肤之亲。

沈从文在《看虹摘星录》中以此为蓝本对裸露的女性身体所引发的情感冲动,进行过艺术化呈现,有着浓重的色情意味:

我欢喜精美的瓷器,温润而莹洁。我昨天所见到的,实强过我二十年来所见名瓷万千。

我要吻你的脚趾和脚掌,膝和腿,以及你那个说来害羞的地方。

我要到那个有荫蔽处,转弯抹角处,小小井泉边,茂草芋棉,适宜白羊放牧处。

虽然沈从文借助意象对性行为和性心理进行了艺术化呈现,但依然散发着浓郁的荷尔蒙味道,对此他自己也十分了然,在刊载于1941年《大风(香港)》第94期上的《〈摘星录〉后记》中就说过:"这个作品的读者,应当是一个医生,一个性心理分析专科医生,因为这或许可以作为他要知道的一份报告。可哀的欲念,转成梦境,也正是生命一种形式;且即生命一部分。能严峻而诚实来处理它时,自然可望成为一个艺术品。然而人类更可哀的,却是道德的偏见使艺术品都得先在'道德'的筛孔中一筛,于是多数作品都是虚伪的混合物,多数人都生活在不可思议的平凡脏污关系里,认为十分自然,看到这个作品时,恐不免反要说一声'罪过'。好像生活本身的平常丑陋,不是罪过,这个作品美而有毒,且将教坏了人。唉,人生,多可哀的人生。"他在刊载于1944年12月8日、10日《大公报》上的《看虹摘星录〉后记》中又说过:"我这本小书最好读者,应当是批评家刘西渭先生和音乐家马思聪先生,他们或者能超越世俗所要求的伦理道德价值,从篇章中看到一种'用人心人事作曲'的大胆尝试……合乎理想的读者,当是一位医生,一个性心理分析专家,或一个教授;如陈雪屏先生,因为也许可以作为他要'知道'或'得到'的一份'情感发炎'的过程记录……"

其余三个"偶然"

沈从文情感生活中出现过"四个"偶然，但除了得到公认的高青子以外，其他三个女子的面影尤其是具体交往情形都没有高青子这样清晰，借助一点一滴、一须一爪且比较隐晦曲折的话语表述，时常会给人难以捉摸之感，不过绝非捕风捉影或空穴来风，也有着比较充足的佐证材料，只不过尚有待更加明晰化。

之所以如此，与沈从文自身的矛盾心态有关，他既不愿自己与4个女子的婚外情被时间湮没而试图用文字记录下来，却又担心读者明确知道后会让这4个他心爱的女子受到伤害。沈从文在《〈看虹摘星录〉后记》中先是声称"免得好事读者从我作品中去努力找寻本来缺少的人事背景，强充解事。因为这种索隐很显然是无助于作品欣赏的"，但在后面又说："时间流注，生命亦随之而动与变，作者与书中角色，二而一，或在想像的继续中，或在事件的继续中，由极端纷乱终于得到完全宁静。"尤为可惜的是，1944年沈从文焚毁了7册日记，现在《沈从文全集》中只是零星收录了一些他在中华人民共和国成立后所写的日记,之所以焚毁自然是不愿示之于人,也不能示之于人,其中当有他与4位"偶然"之间感情经历的详细记录。

1922年脱下军装成为"北漂"的沈从文只受过小学教育,又没有半点经济来源,硬是凭着顽强的毅力坚持了下来,通过写作闯出了一条生路。在他于1929年到吴淞中国公学担任大学教师之前经济收入始终不够稳定,长期承受着"生的苦闷"和"性的苦闷"的双重困扰。1926年10月15日,他在一篇自白散文《此后的我》中就曾自我暴露,由于没有人爱而不得不以"自慰"的方式解决性欲的"郁达夫式悲哀":"近来人是因了郁达夫式悲哀扩张的结果,差不多竟是每一个夜里都得赖自己摧残才换得短短睡眠,人是那么日益不成样子的消瘦下去,想起自己来便觉得心酸。"1927年又在自叙传小说《看爱人去》中借主人公"懋哥"(沈从文的自我形象)之口自我悲叹道:"说来真是够可怜,女人这东西,在我这一点不中用的一个中年人面前,除了走到一些大庭广众中,叨光看一眼两眼外,别的就全无用处了。我难道样子就比一切人还生长得更不逗人爱怜?但是朋友中,也还有比我像是更要不高明一点的人在。难道我是因为人太无学问?也未必如此。我很清清白白的,我是知道我太穷,我太笨:一个女人那里会用得着我这样一个人爱情?……并且我是一个快要三十岁的人,恋爱这类事,原只是那二十来岁青年的权利,也不必去再生什么心,郁达夫式的悲哀,个人躲在屋内悲哀就有了,何必再来唉声叹气惊吵别的情侣?这世界女人原是于我没有分,能看看,也许已经算是幸福吧。"作于1930年8月的自叙传小说《知己朋友》是关于他在吴淞中国公学工作和生活情形的自叙，开篇便说："到现在，人又上了点年纪，在女人方面得不到一点好处……，这样那样，就使我永远不能如别人一般容易感到生存的幸福了"，故事讲述的是"我"在学校里无聊而又无奈的教书生涯，以及对一个年轻女孩子无望而又无奈的恋爱，苦恼至极买了安眠药准备自杀。正在准备自杀之际，意外地与以胡也频和丁玲为原型的一对来自北京的朋友夫妇相逢，这对新婚夫妇直呼"我"为"从文"，看到一对新人的幸福生活而不由得自惭形秽，陡增人生迟暮之感，更加地悲观厌世，可也正是他们无意中搭救了想要自杀的"我"。被唤作"从文"的"我"此时依旧孤身一人，不由得对以胡也频为原型的人物羡慕不已：

真是一个可爱的人！若果不是我脑中还保留得有过去在北京时代××的寒伧影子，这时的××，无论如何也不能同我这样在一处谈话了。如今的××简直是一个最完全的少年绅士了。像他这样子，才真是做人。像他这样子，也才真是值得女人垂青的男子。我一面这样欣赏到现在温文尔雅的××，才一面当真要记起往昔消沉萎苶的××。把今古作一对照，人事变迁之速，使我伤心到自己身上来了。我的手，自然而然离开了女人的手，搁到自己膝上了。无意中的碰头，究竟是为了什么理由？是为了在对照下使××夫妇得到一点快乐，还是给我一点惆怅？时代与习惯折磨了天才，这句话仍然是空话，××的天才，在他机会上是成就了他。他的天才是在事业同女人上都显出了他的完美无缺。

有着正常爱欲需求的沈从文自然可以通过写作转移一部分性力，但不可能完全化解，长期的性压抑也难免会导致心理的变态和失衡，加上早年间在沅陵失败的初恋的影响，由此导致沈从文在男女婚恋方面长久有着自卑心态。自从到大学任教之后，沈从文有了稳定的收入来源，加上文学创作才能得到广泛认可而彻底摆脱了生的苦闷，但性的苦闷依然困扰着他，而且较之以往反倒显得更为强烈，一遇机缘巧合必然会强势反弹。也正因此，即便追求张兆和最终获得成功，但单单她的爱也无法满足长期受到性压抑困扰而无可安排的沈从文对于爱情的憧憬，哪怕是在爱中他仍然需要爱，期冀在不损害家庭生活的前提下借助"偶然"的爱来挥发爱欲的潜能，使得自己成为像他作于1927年的短篇小说《连长》中的连长那样同时满足女子身体与精神两方面欲求那样的人物，在由温柔女性的浓情做成的网中迷恋往返。正当沈从文追求张兆和即将大获成功之时，他惊奇地发现喜欢自己的摩登女性远不止一人，因此性的苦闷得到了缓释，让已在爱中的他有机会再继续探求传奇的爱，"那些偶然的颦笑，明亮的眼目，纤秀的手足，有式样的颈肩，谦退的性格，以及常常附于美丽自觉而来的彼此轻微妒嫉，既侵入你的生命，也即反应在你人格中，文字中，并未消失。世界虽如此广大，这个人的心和那个人的心却容易撞触。况且人间到处是偶然。"这看似巧合实际上却是水到渠成势必如此，此时沈从文已先后在吴淞中国公学、武汉大学和青岛大学任教，不仅早已解决生的苦闷，而且其社会地位和文坛地位都在稳步提升，自然在情场之上具备了"北漂"时期所远不可及的竞争优势，容易赢得爱慕其才华的年轻女子的青睐。此后沈从文所面对的不再是没有人爱的尴尬境地，而是如何在不同女性之间进行取舍的内心纠结。

经过众多中外学者的多方考证，第一个"偶然"指向的是沈从文在青岛大学任教期间结识的俞珊。此时沈从文一面在苦苦追求张兆和，一面又有"偶然"俞珊在他生命中闪现。俞珊出生于世代书香的名门望族，祖父俞明震曾任南京陆师学堂附设云矿路学堂监督，是鲁迅的尊师，她本人也接受过良好的教育，少时在天津南开女中，后入上海国立音乐学院，毕业于南京金陵大学，1929年热爱戏剧的她被到该校导演《湖上的悲剧》的田汉慧眼识中，邀请她加入南国社。1929年7-8月南国社第2期公演中，俞珊出演田汉导演的话剧《沙乐美》，因"容貌既美，表现又生动"而引起一时轰动，被人送绰号"沙乐美公主"。后又在田汉改编的《卡门》中担任主角，为了塑造好卡门的形象俞珊经常向徐志摩请教，不久两人传出绯闻。1930年6月《卡门》公演后，俞珊的父亲俞大纯觉得女儿当了戏子有辱门楣，不但禁止她再登台演戏，而且还要登报与她脱离父女关系。伤心不已的俞珊向爱慕她的梁实秋倾吐心中苦闷，恰好是年梁实秋应邀到青岛大学担任外文系主任兼图书馆馆长，因此写信安慰的同时也极力邀请她到青岛来散心，之后便留下来在青岛大学图书馆任职。俞珊不仅身材丰满、脸相美丽，有着一双令人销魂的金色眼睛，而且性格开朗、擅长交际，又有演剧天才，她表演的京剧《贵妃醉酒》连梅兰芳看了都亲口称赞："俞小姐的表演细腻动人，我不如也。"因此她的到来自然引起青岛大学众多教授争风吃醋，以至于徐志摩在致陆小曼的信中这样写道："周四下午又见杨今甫，听了不少关于俞珊的话。好一位小姐，差些一个大学都被她闹散了。梁实秋也有不少丑态，想起来还算咱们漏脸，至少不曾闹什么话柄。夫人！你的大度是最可佩服的。"

沈从文于1931年8月经好友徐志摩推荐到青岛大学任教，正在追求张兆和的他也被俞珊的美貌短暂吸引过，但尚无证据表明两人之间有特殊的关系。据说徐志摩到青岛时，曾经警告俞珊要她约束自己。或许是受了徐志摩的影响，沈从文对于俞珊的评价并不高，言语中颇含不屑，称她是"受过北平高等学校教育上海高等时髦教育的女人"，"外表虽很好，精神上还是大观园拿花荷包的人物"。真正惹他艳羡的是俞珊美丽的肉体，而对于其精神和灵魂方面却多有嘲弄，"衣服虽极时髦，头脑却很空洞，除了从电影上追求摹仿女角的头发式样，算是生命中至高的悦乐，此外竟毫无所知。然而这究竟是个美丽生物，那个发育完美的青春肉体，大六月天展览到用碧绿海水作背景的沙滩阳光下时，实在并不使人眼目厌嫌！"虽然他在白天一起同俞珊及其他几位教授一同吃饭时，还觉得这个女人称得上完美无疵，堪做大学教授的理想太太，以至于到了晚上想起"偶然"和"情感"这两个名词时还不免重新有点不平，感觉到生活的挫败感，但内心真正惦念的还是远在南方千里外的张兆和，于是给她写信，并"预备把白天海滩上无意中拾得螺蚌附在信里寄去"。之后又开始以这几天来的观感为基础构思创作,一直写到天亮还不曾离开书桌,写到一半时方才在前面加上题目《八骏图》,第五天后便完稿。因此很可能并无更进一步的亲密往来,只是像流星一般在沈从文的生命时空中划过。

闻一多当年也对俞珊十分痴迷,沈从文《八骏图》中的教授甲身上就有着他的影子,只因留在乡下的老婆闻讯后立刻跑到青岛贴身监管,方才让他无奈作罢。《八骏图》中的那个穿黄裙子的女子就是以俞珊为原型,而教授庚暗指赵太侔。《八骏图》先是于1935年8月1日在《文学》第5卷第2号上刊出,接着又于1935年12月由文化生活出版社出版,引发了一些议论。后来沈从文在《八骏图》自存样书上所写的题识中说:"这文章在《文学》刊载时,上海文坛消息喜傅会,以为可以作索引,一个一个人都可呼之欲出,似为山大学生传述的。且说有那么一个女人。事实上,真是白活。文章系为示范而作的,正讨论设计,一个短篇宜于如何来设计,将眼下事真真假假综合,即可以保留一印象动人而又真且美,重要点在设计。这作品由之产生。惟写成后,几个同事似乎也以为真是说他们了。也似乎有一二女人,以为是影射到。其实这个未婚妻当时却正在青岛!文章是回到北平完成的。"不仅当年山大学生有可能按图索骥,而且被取作原型的山大教授和一二女人也都能对号入座,时任文学院院长闻一多就曾为此盛怒之下与沈从文断交,加之沈从文自己也说"其实这个未婚妻当时却正在青岛",可见《八骏图》名为小说,实际上背后的确有本事存焉，并且极其切近事实本相。

1933年12月，俞珊嫁给了国立山东大学校长赵太侔，生育有两个女儿。当年貌美如花的俞珊之所以选择嫁给比她年长近20岁且沉默寡言又有过家室的赵太侔为妻，也是事出有因，据当时在青岛大学任教的刘康甫之子刘光鼎在回忆录中透露，俞珊此举是为了搭救投身革命而被国民党抓获的弟弟俞启威，在此种情势下已荣升为国立山东大学校长的赵太侔对她讲："你嫁给我，我就把俞启威救出来。"正因为如此，两人的感情基础并不牢固，维系到抗战胜利后便分道扬镳。1946年赵太侔独自回到青岛，再度出任山东大学校长，过着单身生活。两人自分手后一直到1950年3月，赵太侔对俞珊的行踪一无所知。

虽然俞珊与赵太侔1933年已经结婚，但依然有人对她痴心不已，1939年元旦沈从文应"某兄"的嘱托写了一首"和莺莺有关诗文"——《题旧书元稹〈赠双文〉诗》，以此借喻"某兄"与俞珊的爱欲关系。"某兄"还特意送来"清初旧纸"请沈从文书写诗文，但沈从文在写好后并没有送给对方，而是一直自己保存着。其实沈从文本人也对俞珊念念不忘，并且将她作为第一个"偶然"写入《摘星录》中。

俞珊虽然嫁给了赵太侔并且育有两女，但也始终难忘旧情人，在病逝前再三嘱咐两个女儿将来一定要去拜访沈从文伯伯，"叙叙旧事，也问问旧事"，告诉女儿们这关乎她们之所以来到这个世界的秘密，并且还说所有的秘密在30年前曾被沈从文写进一篇小说，特别嘱咐她们："最好是能从某伯伯处，得到一篇小说，卅年前发表过，可不曾在集子里找得到。去北京也未必还有希望得到，但这是唯一的希望。估计到将是唯一的，还相信必然留得有在手边。"《摘星录》于1941年6月20日、7月5日、7月20日在香港《大风》杂志第92、93、94期上连载，原本佚失已久，直到近几年才被重新发现，也未曾收入沈从文作品集中，这也是为什么俞珊会说"可不曾在集子里找得到"。俞珊于1968年去世，距离该文在《摘星录》刊发已过去近三十年。

沈从文在《题旧书元稹〈赠双文〉诗》的题跋中说，他得知这两个女儿要来京的消息后感慨万千，"回到家里，我试从没收已十年新近始退还的，特别经过整理，另纸列有目录一大包已发表未曾集印的稿件中，发现了几页用绿色土纸某年某月文学刊物上，果然发现了个题名《摘星录》的故事。"他拿给这两个孤女看，以便她们了解母亲以及她们自己的历史："因为不仅是母亲的历史最重要一部分，同时还是女孩子本身的历史一部分。和她们自己如何就活到这世界上密切相关。"由此也足以证明，《摘星录》中的故事不仅都有其本事，而且是极为接近事实原貌的，否则便不可能让俞珊的两个女儿从中了解她们母亲以及她们自己的历史。

第三位"偶然"究竟姓甚名谁还没有定论，但透过沈从文在《水云》中的自述可以确定其身份为时装模特：

第三个"偶然"浸入我生命中时，起初即给我一点启示，是上海成衣匠和理发匠等等，在一个年青肉体上所表现的优美技巧。

这种技巧在当时是得到许多人赞叹的。我却以为只合给第二等人增加一点风情上的效果，对于"偶然"实不必要。因此我在极其谨慎情形中，为除去了这些人为的技巧，看出自然所给予一个年青肉体完美处和精细处。最奇异的是这里并没有情欲，竟可说毫无情欲，只有艺术。我所处的地位，完全是一个艺术鉴赏家的地位。我理会的只是一种生命的形式，以及一种自然道德的形式。没有冲突，超越得失，我从一个人的肉体认识了神，且即此为止，除了在《看虹录》一个短短故事上作小小叙述，我并不曾用任何其它方式破坏这种神的印象。正可说是一本完全图画的传奇，色彩单纯而温雅，线条明净而高贵，就中且无一个文字。唯其如此，这个传奇也庄严到使我无从用普通文字来叙述。唯一可重现人我这种崇高美丽情感，应当是第一等音乐。但是这之间一个轻微的叹息，一种目光莹然如湿的凝注，一点混合爱与怨的谦退，或感谢与皈依的轻微接近，一点象征道德极致的白，一种表示惊讶倾倒的呆，音乐到此亦不免完全失去了意义。这个传奇是结束于"偶然"回返到上海去作时装表演为止的。若说故事离奇而华美，比我记忆中世界上任何作品还温雅动人多了。

通过上述描述可知，虽然第三个"偶然"有着完美和精细的年青肉体，但沈从文并未与她有真正的肌肤之亲，"最奇异的是这里并没有情欲，竟可说毫无情欲，只有艺术"，他是以一个艺术鉴赏家的心态从第三个"偶然"的肉体来认识神与美的，但"并不曾用任何其它方式破坏这种神的印象"。由此，便足以排除有研究者所认为的与第二位"偶然"同为高青子的可能性。沈从文在《水云》初版本中对于第三个"偶然"的介绍一到"这个传奇是……"便戛然而止，但在《时与潮文艺》上再度刊发时增加了后面这句话："这个传奇是结束于'偶然'回返到上海去作时装表演为止的。若说故事离奇而华美，比我记忆中世界上任何作品还温雅动人多了。"由此透露出关于第三个"偶然"身份的关键信息，到上海去作时装表演自然是时装模特无疑，"是上海成衣匠和理发匠等等，在一个年青肉体上所表现的优美技巧"表明该模特来自上海，后来也是回返上海。这第三位身为时装模特的"偶然"也是如同流星般从沈从文的生命时空中一划而过，没有留下太多的印迹。

　　沈从文对于俞珊、高青子、时装模特这三个"偶然"都保留着一些美好印象，却也有着不尽相同的评价，他在俞珊过去所以自处的"安全"方式上发现了节制的美丽；在高青子目前所以自见的"忘我"方式上发现了忠诚的美丽；在时装模特这第三个"偶然"所希望于未来的"谨慎"方式上发现了谦退中包含勇气与明智的美丽。这些"偶然"如同"虹和星都若在望中，我俨若可以任意伸手摘取。可是一切既在时间有了变化，我也免不了受一分影响，我所注意摘取的，应当说却是自己生命追求抽象原则的一种形式。"也就是说，沈从文与这些"偶然"原本都可以随时发生肌肤相亲来满足肉欲渴求，但他并不汲汲于身体欲求的满足，懂得"人"多了些,懂得自己也多了些,重新找回了"尊严和骄傲"以及"平衡感和安全感"。虽然在沈从文的生命时空中有这几个"偶然"穿越而过,但无不是"情感的发炎",待炎症消退也即激情缓释后自然地要回归常态,正如他自己所说的那样,"我是个云雀,经常向碧空飞得很高很远,到一定程度,终于还是直向下坠,归还旧窠"。

在这三个"偶然"中,单就目前可见资料来看,只有高青子与沈从文真正地有了肌肤之亲,但她很快"一面即意识到在过去一时某些稍稍过分行为中,失去了些骄傲,无从收回,一面即经验到必需从另外一种信托上,方能收回那点自尊心,或换一个生活方式,始可望产生一点自信心"。两人之间迸发的热情俨然成为一种教育,既能使人疯狂糊涂,也能使人明彻深思:

热情使我对于"偶然"感到惊讶,无物不"神",却使"偶然"明白自己只是一个"人",乐意从人的生活上实现个人的理想与个人的梦。到"偶然"思索及一个人的应得种种名分与事实时,当然就有了痛苦。因为发觉自己所得到,虽近于生命中极纯粹的诗,然而个人所期待所需要的,还只是一种较复杂又较具体生活。纯粹的诗虽华美而又有光辉,能作一个女孩子青春的装饰,然而并不能够稳定生命,满足生命。再经过一些时间的澄滤,"偶然"便得到如下的结论:"若想在他人生命中保有'神'的势力,即得牺牲自己一切'人'的理想。若希望证实人的理想,即必需放弃当前惟神方能得到的一切。"热情能给人兴奋,也给人一种无可形容的疲倦。尤其是在"纯粹的诗"和"活鲜鲜的人"愿望取舍上,更加累人。"偶然"就如数年前一样,用着无可奈何的微笑,掩盖到心中小小受伤处，离开了我，临走时一句话不说，我却从她沉默中，听到了一种申诉：

"我想去想来，终究是个人，并非神，所以我走了。若以为这是我一点私心，这种猜测也不算错误。因为我还有我做一个人的平庸希望。并且我明白离开你后，在你生命中保有个什么印象。若尽那么下去，不说别的，既这种印象在习惯方式上逐渐毁灭，对于我也受不了。若不走，留到这里算什么？在时间交替中，我能得到些什么？我不能尽用诗歌生存下去，恰恰如你说的一个人不能用好空气和好风景活下去一样。我本是个并不十分聪明的女人，不比那个聪敏绝顶的××，这也许正是使我把一首抒情诗当作散文去诵读的真正原因。我当真得走了。我的行为并不求你原谅，因为给予的和得到的已够多。不需用这种泛泛名辞来表示了。说真话，这一走，结论对于你也不十分坏；你有一个幸福完美的家庭，……有一个——应当说有许多的'偶然'，各在你过去生活中保留一些动人印象。你得到所能得到的，也给予所能给予的，尤其是在给予一切后，你生命反而更丰富更充实的存在！"

于是"偶然"留下一排插在发上的玉簪花，摇摇头，轻轻的开了门，当真就走去了。其时天上落了点微雨，雨后有断虹如杵，悬垂天际。

高青子最终也明白了沈从文不可能真正脱离家庭，而给她身为女人的各种名分，她毕竟不是高高在上的"神"，内心真正渴望的还是能够长相厮守的稳定婚姻。经过长达10年断断续续的交往，高青子也自知难以彻底俘获沈从文的心，逐渐开始感到疲倦，在"纯粹的诗"和"活鲜鲜的人"之间她越来越倾向于选择后者，在与沈从文保持情人关系的同时便已开始结交新男友，吴宓在1941年1月7日所写日记中就曾披露，自己在当天跑警报时，"遇陈霖及高韵琇青子。一对爱侣。2：00解除，同步归。"1941年2月，高青子辞去西南联大图书馆的职务，在与沈从文分手之际只能像数年前一样用无可奈何的微笑来掩盖内心的伤痛，对此沈从文写道："因为明白这事得有个终结，就装作为了友谊的完美，……带着一点儿好景不常的悲伤，一种出于勉强的充满痛苦的笑，……就借故走到别一地方去了。走时的神气，和事前心情上的纷乱，竟与她在某一时写的一个故事完全相同，不同处只是所要去的方向而已。"沈从文所说的高青子写的一个故事正是由他推荐发表的小说《紫》，结尾处女主角就像流星般划过天际，从此不知所终。1941年5月28日，西南联大中文系主任罗常培乘坐只有27个座位的小型飞机，从昆明飞往重庆时正巧碰到高青子。据说，高青子与沈从文分手后嫁了个工程师（一说是国民党高级军官），1948年她在去美国前曾经到上海看过萧乾，从此之后便如同从人间蒸发一样再无音讯。

在四个"偶然"中，高青子堪称是沈从文的铁杆粉丝，她与沈从文的相识、相恋乃至分手都与小说文本有着紧密联系。高青子与沈从文相恋持续10年之久终以分手结束，也并非毫无怨言，她在离开前曾谴责沈从文原本就是一个乡下人，却装作绅士，用所谓友谊来掩饰男女情感。沈从文也认识到高青子之所以喜欢自己,主要是源于对其文学才华的看重,文学才是连结和维系两人之间情感的真正中介。这也反过来促使沈从文更为理性地看待和反思他与高青子的婚外情,意识到自己这个"乡下人"的确在做着"绅士"的梦,为此差点毁弃自我,失去了10年的理性终于战胜情感回归。

第四个"偶然"相较于其他三个而言显得尤为神秘,究竟是谁目前还存在一定的争议。沈从文在《水云》初版本(《文学创作》1943年第1卷第4期和第5期连载)中原本只写了三个"偶然",直到第二次发表时(《时与潮文艺》1944年第4卷第1期)方才增加了第四个"偶然",话语表述上也是欲言又止,给出的信息简略至极:"第四个是……说及时,或许会使一些人因妒嫉而疯狂,不提它也好。"这与沈从文谈及前三个"偶然"时虽隐去姓名不提,但对于所发生的故事毫不避讳、侃侃而谈的做派简直有着天壤之别,之所以会如此显然是有内情在焉。其实前三个"偶然"除却高青子因与沈从文在西南联大共事而恋情被广为人知外,其他两个原本也不大为人所知,如若沈从文不在作品中主动谈及恐怕将永远带入坟墓中去。既然对于前三段婚外情都予以大胆披露,为何到了第四段又会如此吞吞吐吐、如鲠在喉,又究竟为什么偏偏此段婚外情会让一些人因妒忌而疯狂,都着实让人感到费解。

由于沈从文在《水云》中对于第四个"偶然"语焉不详,因此需要找寻到可以支撑论断的有力证据方才具有说服力。通过沈从文的《烛虚》以及其他自剖散文,再加上当年知情者的论述可以基本肯定的是从1938年8、9月间到1940年7、8月间,沈从文同时周旋于与两个女子的婚外恋中，伴随着他与高青子恋情的逐渐衰减，与另一个更美丽且关系更为亲近的年轻女子的恋情却在不断升温。对此高青子的《诗人》可以作为印证，在该作品中古典派诗人"他"在新旧情人"玉"和"周蕊"之间更为青睐的是新情人。高青子即是《看虹摘星录》中的要看的"虹"，而这位年轻女子则是要摘的"星"，两人在沈从文"生命中如一条虹，一粒星子，记忆中永远忘不了"，由此可见这两位女子在沈从文心目中所占据的分量之重。同时沈从文对于"虹"和"星"的比拟性说法也自有深意藏焉，通常情况下自然界中"虹"的形成必须也自然可以见得天日，而"星"却只有在夜间闪现而不能得见天日。

近年来，清华大学中文系解志熙教授依据新发现的史料作了颇为详实的考证，在《爱欲书写的"诗与真"——沈从文现代时期的文学行为叙论》一文中，认为第四个"偶然"极有可能是张兆和的四妹张充和，也就是说沈从文的第四段婚外情实际上是与小姨妹之间上演的不伦之恋。这不仅在《摘星录》中能够寻到诸多蛛丝马迹，而且同时代人吴组缃也曾说过："他自己更差劲，就写些《看虹》《摘星》之类乌七八糟的小说,什么'看虹'、'摘星'啊，就是写他跟他小姨子扯不清的事"，并且还说其中一篇颇为露骨的描写达到了"采葑采菲，及于下体的程度，'创作趣味多低下啊'。"吴组缃这句话未必周全，因为现在已有比较确凿的证据表明"虹"和"星"并非是同一人，沈从文在《看虹摘星录》中融合了与高青子等四个"偶然"的情爱经历，但确也道出了沈从文与小姨子有染这一事实。当年张充和从昆明到达重庆后，沈从文还给她写了一封火热的情书,由于此时关于两人有染的消息已在重庆有所传播,张充和收到这封情书后还特地拿给一位德高望重的女作家看,借此"表白了自己的清白和无奈","直到80年代的一天,那位资深女作家在和一对作家夫妇——其中的男士同时是那位资深女作家和沈从文的好友——说起此事时,还不能谅解沈从文当年的行为,仍然耿耿于怀地说,倘若当年写信的那位先生去世了,我既不会写信去吊唁,也不会写文章悼念他。后来她果然如此。"

此外,沈从文还在"风怀诗"《白玉兰花引》中这样写道:"曹植仿佛若有遇,千载因之赋洛神。梦里红楼情倍深,林薛犹近血缘亲。"林黛玉和薛宝钗是表姐妹关系,比她们血缘更近的应是亲姐妹无疑。如此一来,也就使得沈从文为何唯独对第四次"偶然"讳莫如深这一疑团有了合乎情理的解释。不仅如此,据沈从文致许杰信中所言《白玉兰花引》与《摘星录》是联系在一起的,"至于《摘星录》中之人,则在最近为一友人题一白玉兰花图卷中还重复加以叙述——一切青春的生命形成的音迹,在人间已消失无余,在我个人印象中却永远鲜明活泼,也使我永远不觉得老去!"

沈从文在完成于1940年7月18日的《梦与现实》中,也讲述了与现实生活中沈从文及张兆和、张充和姐妹极其相似的三人情感纠葛,女主角"她"是年已二十五六岁仍然单身且容貌秀丽的知识女性,长期寄居在同性"老同学"家里,同时与一位年龄较大的男性"老朋友"关系亲密。"她"与"老朋友"的亲密关系不仅引发了议论,而且也引起"老同学"的不满以至于想要离家出走——

更重要的是那个十年相处的老同学,在一种也常见也不常有情绪中,个人受尽了折磨,也痛苦够了她,对于新的情况实在不能习惯。虽好像凡事极力让步,勉强适应,终于还是因为独占情绪受了太大打击,只想远远一走,方能挽救自己情感的崩溃,从新生活中得到平衡。到把一切近于歇思的里表现,一一都反应到日常生活后,于是怀了一脑子爱与恨,当真有一天就忽然走开了。

原本和睦相处的三人由于发生了这样的情感纠葛,造成难以解脱的困局,除非有人主动退出而别无良法。沈从文写作该文时张兆和尚未带着孩子前往昭通,张充和也未离开昆明前往重庆,但似乎他已经预感到这种情况不可避免地会发生。同时,在这篇作品中还有一个看似不经意的错误,提供了解读三人之间关系的关键线索。"她"向"老朋友"这样申诉道:

这不能怪我,我是个女人,你明白女人是有的天生弱点,要人爱她。那怕是做作的热情,无价值极庸俗的倾心,总不能无动于中:总不忍过而不问!姐姐不明白。总以为我会嫁给那一个平平常常的大学生。就是你,你不是有时也还不明白,不相信吗?我其实永远是真实的,无负于人的!

在其他部分"她"都是直接称呼"老同学",唯独此处却改称为"姐姐",看似是"笔误"或者"口误",实际上却大有深意,"这看似突兀而且莫名其妙的一笔,或许恰如弗洛伊德所言,'口误'或'笔误'正曲折地折射着萦回在作家潜意识中的真情或真相吧,甚至可以说,写出'她'的这个'口误',其实并非作者的'笔误',而是有意为之的笔墨。"

沈从文所生长的湘西原本就远离封建保守的儒家文化圈,受到崇尚生殖崇拜的楚巫文化和两性之间敢于大胆追求的苗蛮习俗的交互影响,在男女情爱观念上较为自由、开放。因此,沈从文在面对男女两性诱惑时并非坐怀不乱的柳下惠,而是会听从心灵的召唤展开大胆追求。况且在湘西确曾有过"姨妹半边妻"的习俗,当地人并不认为姐夫和小姨妹媾和是多么了不得的大事,但在儒家正统文化中却将此视为悖逆人伦的不道德之举。然而沈从文对于那些普通世人所墨守的清规戒律不以为然,更愿意听从自己内心的召唤,他曾经愤愤不平地说:

倘若那正是我要到的去处,用不着使力挣扎的。我一定放弃任何抵抗愿望,一直向下沉。不管它是咸味的海水,还是带苦味的人生,我要沉到底为止。这才像是生命。我需要的就是绝对的皈依,从皈依中见到神。我是个乡下人,走向任何一处照例都带了一把尺,一把秤,和普通社会权量不合。一切临近我命运中的事事物物,我有我自己的尺寸和分量,来证实生命的价值与意义。我用不着你们名叫"社会"为制定的那个东西,我讨厌一般标准,尤其是伪"思想家"为扭曲压扁人性而定下的庸俗乡愿标准。这种思想算是什么？不过是少年时男女欲望受压抑，中年时权势欲望受打击，老年时体力活动受限制，因之用这个来弥补自己并向人们复仇的人病态的行为罢了。

然而，沈从文毕竟此时不是生活在湘西，即便他自己不顾及影响，也不得不考虑由此可能给张充和带来的不利影响，因此处于矛盾之中。沈从文并不情愿将这段情事永远带进坟墓中去，他在《看虹摘星录》的后记中就这样写道："也许再过五十年，一个青年读者还希望从我这些仿佛艳而不庄作品中，对于某种女人产生一个崇高优美的印象，但是作者本人却在完成这个工作时，俨然即已死去。虽死而依旧存在，当前存在于衰弱疲乏心脏跳跃上，明日存在于故事章句段落间，未来存在于年青男女为爱所中时的叹息与微笑里，一个人生命之火虽有时必熄灭，然而情感所注在有生命处却可以永不熄灭。"之所以沈从文会说"当前存在于衰弱疲乏心脏跳跃上"，也并非纯然的夸张式修辞，他的确在一年前也即1944年罹患心脏病，并"因心脏病，计焚毁日记本七册，另稿十五件，多未发表故事"。然而他也不敢直接堂而皇之地公之于众，担心给他深爱的女人们尤其是小姨妹造成伤害，既怕别人不懂又怕被人完全读懂，迫于无奈只得遮遮掩掩、欲言又止而显得扑朔迷离。

沈从文还在《摘星录·绿的梦》中描绘了内室中发生性爱的具体情形。在一个暑热的夜静之后，一个二十五六岁的美貌女子和男客人在素朴清雅的客厅里进行轻松而颇带性挑逗意味的交谈，后来男客人在后院洗手间一面狭长的镜子前疯狂地抱住了该女子，该女子半推半就间遂了男人的心愿，两人从灵魂到肉体都混合而为一。同时沈从文在《摘星录》中对于男女性挑逗以及性行为的描绘尺度也大得令人惊叹，不仅着力展现女主角的色相之美，而且细笔描摹男女的肌肤之亲和肉体之爱：

  主人是个长眉弱肩的女子，年龄从灯光下看来，似乎在二十五六岁左右，因为在窗内的风度，显得轻盈快乐中还有一分沉静，出于成熟女子习惯上的矜持。若从野外阳光下看来，便像是只有二十三四岁了。这时节正若有所等待，心不大安定，在这个小客室中小椅上坐下复站起，拉拉窗帘，又看看屋角隅那个冰箱，整理一下椅垫。……才忽然记起一件事情，即自己得整理整理，赶忙从客厅左侧走进里间套房去。对墙边长镜把脸上敷了一点黄粉，……
  对镜子照了一会，觉得镜中人影秀雅而温柔，艳美而媚，眉毛长，眼睛光，一切都天生布置得那么合式，那么妥帖，便情不自禁的笑了一笑，用手指对自己影子指着像是轻轻的说，"你今天生日？"……复觉得手指长了点，还需要戴个什么方能调和，又从另外一个较大银盒里许多戒指中，挑选出一个翡翠绿戒指，约在中手指上。手白而柔，骨节长，伸齐时关节处便现出有若干微妙之小小窝漩，轻盈而流动。指甲上不涂油，却淡红而有真珠光泽，如一列小小贝壳。腕白略瘦，青筋潜伏于皮下，隐约可见。天气热，房中窗口背风，空气不大流畅觉微有汗湿。因此将纱衣掀扣解去，将颈部所系的小小白金练缀有一个小小翠玉坠子轻轻拉出，再将贴胸纱背心小扣子解去，用小毛巾拭擦着胸部，轻轻的拭擦，好像在某种憧憬中，开了一串白合花，她想笑笑。瞻顾镜中身影，颈白而长，肩部微凹，两个乳房坟起，如削玉刻脂而成，上面两粒小红点子，如两粒香美果子。记起圣经中说的葡萄园，不禁失笑。

……

然而客人却沉默的走近了镜台边，放下了画册，拥着了主人，望了约一秒钟后，即开始很猛烈的吻起主人那个颊边，鬓边，以及露出衣领外的颈子。末后，且想要吻那薄薄的嘴唇时，主人却左右闪避，因之复低下头隔着纱衣吻那个起伏剧烈的胸脯。

主人又恼又急，不知如何是好，气息迫促的说，"不成，不成，先生，这是不成的！规矩一点，我不要你这个。我要生气了！……你出去！"

客人还是紧紧的拥着她的身子，从那两座葡萄园中，感觉果子的丰满与成熟。随后即如一个宗教徒在神座前疯狂以后，支撑身心的力量一切解体，便静静的软弱无力的松了手，切蹲在主人脚边了。手抱着那一双脆弱的小腿时，叹了一口气，"哎，上帝，你使我变成一个什么样子的人！"

主人用手抚着她自己额角，觉得全是汗，不知怎样办。

稍静一会儿后，客人脸荡着主人的膝部，于是发抖的嘴唇开始从膝头吻下去，到脚踵边，且举起那个美观的脚来吻着，又随即变更那个方向，逐渐上升，从膝以上而上升，仿佛一个虔诚教徒对于偶像所表示的恐慌与狂热。主人觉得事情陌生，有点害怕起来，极力挣扎脱了身，走到屋角一个白木椅凳上坐下。"你去了吧，离开我吧，你不能留在这里的！我生气了，你使人生气，你真是个疯子。……咦，不成的！"

客人说："生我的气吗？好，不妨事。我怎么不是疯子？你使人迎接你时变疯子，离开你时变傻子，你还是毫不在意。你生气，有你的理由，因为我冒犯了你。你尽管生气，骂我，轻视我，到末了你还是得承认，这只是出于爱。你使人血在心子里燃烧，你却安静得很。"……

主人觉得自己并无什么生气理由，客人且明白这事不会使她如何生气，因此当客人重新跪在主人身边，吻着那个净白的圆圆的膝盖时，主人只是很悲悯的望着客人的肩背苦笑，竟不再说什么。好像那么打量着，"你疯罢，让你疯这一次罢。这是你的事，不是我。"

那双秀美的脚，实在长得完整而有式样，脚掌约束在镂空白袜里，每个脚趾每一细部分，都像是由巧匠所精心美意雕琢而成的。足踝以上腿骨匀称，腿圆而脆弱，肌肤细致而润腴。膝以上尤近于一种神迹，刻玉筑脂，弱骨丰肌，文字言语，通通不足形容。因形体虽可规范，寓于形体中一种流动而不凝固的神韵，刻画与表现，恐唯有神妙美妙的音乐，可以作到。因音乐本身，即流动而永远不凝固。

冒犯由暴风狂雨的愤激，转而为淡月微云的鉴赏。迨客人将头抬起时，见主人眼波中如水湿，莹然有光。因此嘴唇与手，都如被这种莹然之光所鼓励,所奖誉,要求更多了一点。

然而不成,有了阻碍,手被另一只手制止着。凝睇摇头,示以限制,绝不许再有所进取。双腿并拢甚紧。惟即在这种争持中,加上时间,主人气息转促起来了。

久之,忽若有所不堪,亟起立想向外屋走去,以为一到客厅,这窘人情形我可望稍稍变更。惟无从由客人身旁走过,只得临镜台边站定,整理发际花钿,长眉微蹙,不知何所自处。客人因此由其身后拥抱着主人,两只暖烘烘的大手轻轻的搁在主人胸前,轻轻的隔着纱衣拢抚着。……

客人因怀着谨慎敬畏之忱,试为理了理鬓角乱发,且试为……镜中长眉益蹙,眼睑下垂如不能举起。手下行旅行着各处地方,都十分生疏。主人只觉得这只手很大,很热,很软和,主人重复摇头示意,这么下去,事情太生疏了,神经支持不住。可是已无力从客人拥抱中挣扎脱身。当客人把个暖烘烘的脸更靠近髻边时,主人头已软软的偎着了客人。嘴唇接触着了。这其间,那只暖烘烘的大手,已谨谨慎慎停顿在一个更生疏处所。一切虽生疏却极合适。具体或抽象都柔和得很。

"我不要的!"话虽那么说,意思却已含糊,因不要的还是得到了。而且还有更多的生疏事情,在逐渐中发现。……

重皱着眉,轻轻的叹息,心想,"天知道!"心实在软软的。"这就是生命?"生命一部分仿佛已浸进到一种无形流质里,沉下又浮起,可是无从自拔。"这是命里注定的?"欲动不大自主然而却又身不由己正在向一个"不可知"的漩涡中流去。"怎么办?"她想,可是并不曾想要怎么办。"讨厌，"这意思是指过去，当前，还是未来？她自己也不清楚。女人情感原是那么混乱的？

九点半过了，她无章无次的想着"药水棉花，……婴孩自己药片，……医院……糟。"

客人呢，应当说，已经当真疯了。那么完整，那么柔软，那么香，心跳得那么紧。眉毛头发和别的地方那么一把黑，一线黑，一片黑，……七重天并不太远，天宫中景物已依稀在望。看看主人手脚更柔软了，眼睛湿了，嘴唇冷了，梦呓似的反复说着，"我不要的，我不要！"便同样梦呓似的回答说，"是的，不要离开我，我不会离开你的！"

唱一个歌吧？有节拍无声音之歌曲，正在起始。主人轻轻的低低的叹息，连同津液跌向喉中去了，就是这歌声的节奏。主人在叹息里俨然望到虹霓和春天，繁花压枝的三月，蜂子在花上面营营嗡嗡，有所经营，微显浑浊带牛乳色的流水，在长满青草的小小田沟草际间轻轻流过，草根于无声无息中吸取水分，营养自己。某一个泽地边，是不是青草迷目，正作着无边际的延展？另外一个什么地方，是不是幽谷流泉，正润湿着溪涧边小草，开遍了小小蓝花？

水仙花花心是不是有一点黄？

水仙花神是不是完全裸体？

绿华窈窕，清香宜人，冬天在暖热的房间里才能开放的水仙花，移栽到一个人的生命中，感觉中，也许只是一个梦？

一切自然还在变。

"唉，上帝。"

"吱，不许。我不能的。我不要的。——这一定不成的。"

"什么都成，因为生命背后有庄严和美。我要接近神，从生命中来发现神。"

"我不要发现魔鬼。"

手极温柔，虽生疏却不卤莽。

向镜中人觑望时，目已微闭。头已毫无气力，倚在客人肩上。

心怦怦跳不止。

灯光下主人美发微乱，翠花钿掉到地上去了。眼睑下垂，秀靥翻红。仿佛有轻微叹息起于喉间，随即又跌下去了。气息迫促，耳后稍微有一片汗湿。

葡萄园的果子已成熟了，不采摘，会干枯。

雅歌说：脐圆如杯，永远不缺少调和的美酒。

波斯诗人说：腹微凸出如精美之瓷器，色白而温润，覆有一层极细茸毛。腹敛下处，小阜平冈间，有秀草丛生，作三角形，整齐而细柔，如云如丝。腿微瘦而长，有极合理想之线，从秀草间展开，一直到脚踝，式样完整。股白而微带青渍，有粒小小黑痣，有若干美妙之漩涡，如小儿脸颊边和手指关节间所有，即诗人所谓藏吻之窝巢。主人颈弱而秀，托着那个美妙头颅，微向后仰，恰如一朵白合花。胸前那个绿玉坠子，正悬垂在中间，举体皓洁，一身只那么一些点饰，更加显得神奇而艳美，不可形容。

客人目中所见，实在极其感动，因此跪到这个奇迹面前，主人不可堪这种爱抚，用两只手把他的头托起，向之苦笑，如哀其人，亦以自哀，心中似乎很觉悲伤，似乎无可奈何，软弱而无望无助，亟有待于一个人的援手。一面又似乎十分冷静，自以为始终十分冷静，眼看到这个有极好教养的年青绅士，在面前如狂如痴，可悯可笑。

客人从主人眼睛中看到春天和夏天，春天的花和云的笑，夏天草木蒙茸鱼鸟跃飞的生机。且从那莹然欲泪的眼光中，看到爱怨交缚，不可分解。

当主人微曲着身子去检拾跌落地上那个翠花钿时，发已散乱，客人从她趾吻起，一直吻到那个簪有翠花的鬓边。

主人除了默然的摇摇头，别无一语，只是听其所为。

心亦从狂跳中转趋沉静，只余微怯，混合在一种不习惯的羞耻本能中，然而去掉这种羞与怯，又似乎并不在远离此魔鬼，倒是更其接近这个魔鬼。因之不知如何是好，只有苦笑。

也同时用这种苦笑，表示一切行为并不能完全融解自己的灵魂，一切行为都近于肉体勉强参加，并不十分热心，一切行为都可以当作被迫参加，等于游戏，事一终了，即可当成"过去"，不必保留在印象中。还自以为是个旁观者，始终保持旁观者那分冷静，静静的注意对面一个人的疯处，傻处，以及夸张处。做作的轻浮，在不甚真实情形中如何勉强保持外表，也看得清清楚楚。还自以为如此控制自己，操纵他人，有点自负。即那点女性自尊心虽在完全裸体中，也并未因当前亵渎冒犯而完全丧失。默然无语即近于这种自尊心的表现。

然而时间在重造一切，变换一切，十分钟后便不同了。

稍过,微有呻吟,且低低叹息起来,仿佛生命中有什么看不见的东西已跌落了,消失了,随同一去不复返的时间,向虚无中跌落消失了。面前一切茫然。落到什么地方为止,消失去是否还有踪迹可寻?完全无法想像。痛苦与快乐,以及加上那一点轻微呜咽,混合在一种崭新情境中。一切应当不是梦,却完全近于一个梦。

先是似乎十分谦虚,随后是一阵子迷胡。眼前转成一片黑色口中似乎想说。

朋友走路慢一点,太陌生了,你要把我的生命或情爱带到什么地方去呢?告给我,让我知道!我应当知道这件事!

却只变成一片轻微的呜咽,因为到这时,两人的灵魂全迷了路。好像天上正挂起一条虹,两个灵魂各从一端在这个虹桥上度过,随即混合而为一,共同消失在迷茫云影后。……

沉静,生命一阵子燃烧烟焰尽后必然的沉静。在默然无语中客人跪在主人的身旁小心而微带敬惧之忱的吻其柔软四肢和全身,在每一部分嘴唇都停顿了一会儿,如一个朝谒圣地游客旅行圣地时情形一样。并为整理衣发,行为略显笨拙。主人回到镜台旁坐下,举起无力而下垂的手,轻轻搥打着自己那个白额。好像得到了什么,但十分抽象。又好像失去了什么,也极抽象。理性在时间中渐渐恢复心中软弱得很,想哭哭,又似乎不必需。心境只是空空的,空空的看着在身边整理领袖的客人。

"请你出去!你不能再到这里来。"

"我的神,这是起始,不是终结!"客人只是嘴角微微蠕动着,似乎那么说,可并未说出口。却把主人手抓近嘴边,温柔地吻着,"感谢你。"意思却像在询问:你不高兴吗?以为不该,觉得后悔吗?

主人把两只长眉毛蹙拢,摇摇头,表示这种事决不想追究得失。只此一回,下不为例。这事已成"过去",同别的一切事差不多,一经过去,就算完了。可是当客人走出这个小房中以后,主人却想起"谢谢你"三个字的意义,头伏到桌上了。心里空虚得很,无可依傍。

尽管张家四姐妹都可称作"一代才女",但才艺最广且最具艺术气质的却非张充和莫属。张充和11个月时便过继给二房的奶奶做孙女,住在合肥老家,不仅在很有学问的养祖母熏陶下遍读《史记》《汉书》《诗经》等古文典籍,而且养祖母还为她重金聘请了吴昌硕的高足、考古学家朱谟钦为塾师。直到1930年养祖母过世,16岁的张充和才到苏州九如巷与三位姐姐一起生活。初来苏州时,三个姐姐还经常笑话她,但后来才发觉小妹的诗词国学是她们四姐妹中最好的。1933年,张兆和与沈从文结婚并在北平定居,小妹张充和参加婚礼后便借住在三姐家,为了让她接受更好的教育张兆和鼓励她报考北京大学,次年张充和化名"张旋"参加了北大入学考试。当时北京大学入学考试需考国文、数学、史地和英文四科,考数学的当天家人为张充和准备了圆规、三角尺等作图工具,但她却说"没用",因为自己连题目也看不懂。成绩公布后果然如此,数学考了零分,但因文采出众国文考试凭借《我的中学生活》一文竟然得了满分,于是有了"胡适破格录取数学考了0分的张充和"的北大招生神话。然而事实却并非如此,据胡适学生、史学家邓广铭所述,胡适于1930年由中国公学回到北大,1931年升任文学院院长后改革了招生办法,其中,"新生的入学考试,文理科的科目应有所区别。他所规定的文科新生入学考试的科目是:英文占百分之四十的比分,国文占百分之三十的比分,史地占百分之二十的比分,数学占百分之十的比分。其中如有一门得了零分,其他各门无论考得多好,也不予录取。这里附带说一个故事:大约在1934年,沈从文的妻妹张充和当时被人称为张四小姐的,投考北大,国文试卷得了100分,这份试卷的书法也非常好,英文和史地的分数也都及格,但她的数学试卷却是零分。注册科的工作人员在统计了分数之后,把这一情况向胡汇报,胡对于张充和的才华素有所知,便想出了一种变通办法,即把她录取为试读生。到读完一年之后,张的各科考试成绩都较好,就转为正式生了。"北京大学中文系进行"百年系庆"时,时任中文系系主任的陈平原想请张充和为系庆图书题签,但在翻开《北京大学中文系系友名录》后却在1934级没有找到"张旋"这个名字,后来在香港中文大学图书馆方才找到线索,刊载于1934年8月25日《北京大学周刊》第110号的《国立北京大学布告》中有一周前北大校方公布的录取新生名单,其中理学院93名,文学院103名(含试读生二名),法学院30名(含试读生3名),共计226名,文学院的两名试读生中有一个名为"张旋(女)"的正是张充和。由此也印证了邓广铭所言不虚,胡适并没有因为想要录取张充和而破坏由自己制定的招生制度，而是采取了"试读生"的变通方式。也正因此，胡适在张充和入学后还对她说过："张旋，你的算学不大好，要好好补！"但张充和对于录取的过程并不十分了然，而是"糊里糊涂就进去了"，再加上那时北大文科生入学后就再不用学数学，因此觉得胡适是在向她打官腔。后因大三时身患肺结核，张充和不得不休学，未能拿到北大学位。抗战爆发后，张充和流寓西南，沈从文也于1938年4月到达昆明，她在沈从文帮助下谋得教育部属下教科书编选委员会编选散曲的工作，两人成为朝夕相处的同事，而张兆和此时尚在北平，直到1938年11月才抵达昆明。由于沈从文生性浪漫，又与单身的漂亮小姨子张充和一起生活和工作，因此日久生情也在所难免。1939年3月，由杨振声、朱自清、沈从文共同主持的教科书编辑工作接近尾声，其后张充和到呈贡乡下养病。1939年5月，张充和又同沈从文一家在呈贡杨家大院居住。直到1940年，张充和离开昆明转赴重庆。在张充和离开昆明之前，沈从文在1940年8月19日发表的爱情宣言书《莲花》中这样写道："我也应当沉默？不，我想呼喊，想大声呼号。我在爱中，我需要爱！"8月28日也即不到十天后，沈从文在致张充和的信中说："三姐到今天为止，还住在铁路饭店，说是月底可走，走到威宁，再坐三天轿子，方可到昭通"，其时张兆和正准备带着两个孩子离开昆明，前往昭通国立西南师范中学部任教。张充和与姐姐、姐夫同住在一个大院，但她对于姐姐此番带着两个孩子远走昭通既未亲自相送，对于其中详情也知之不多，还要通过沈从文写信告诉她，岂非咄咄怪事。并且此番远走显得极为仓促，沈从文在致张充和的信中先是谈及家里的佣人李嫂还没有找到事做，依旧住在呈贡，让张充和转告她自己已在帮她介绍新雇主，接着说："我因得送三姐上车，恐得在月初方能下乡，如一号不来，老房东娘子要房租无人付，想占房子，杨应骝先生不能搬进去。望为付十五元，我来时即还你。"凡此种种，都昭示着必然事出有因。比较合乎情理的推测是，张兆和突然发现丈夫和妹妹有私情，这已然超出了她所能忍受的极限，况且家丑不可外扬又无法声张，无奈之下只得匆忙间带着两个孩子逃避。张兆和之所以最终没能成行又返了回来，据有人解释说是因卡车司机出于安全考虑，拒绝张兆和与孩子们同坐载货卡车顶部，张兆和多日搭不上车而不得不返回龙街。这个解释显得十分牵强，执意要去昭通的话，可以选择的交通工具必定不止这一辆卡车，真实原因很可能是随着张充和选择离开昆明，家庭矛盾有所缓和，于是张兆和放弃了前往昭通的想法。张充和的离去让一个幸福完美的家庭得以保全，恢复了理智的沈从文就像在30年代与高青子出轨后写了第一篇《主妇》安慰妻子一样，此时又写了第二篇《主妇》。

人的生命无论曾经怎样绚烂至极，终究会随着热情的消退归于平淡，深谙此理的沈从文"并不如一般故事上所说的身心崩毁，反而变得非常沉静。因为失去了'偶然'，我即得回了理性"。

我试向虹悬处方向走去，到了一个小小山顶上。过一会儿，残虹消失到虚空里去了，而剩余一片在变化明灭中的云影。那条素色的虹霓，若干年来在我心上的形式，重新明明朗朗在我眼前现出。我不由得不为"人"的弱点，和对于这种弱点挣扎的努力，以及重得自由的不习惯，感到痛苦和悲怆。

偶然，你们全走了，很好，或为了你们的自觉，或为了你们的自负，又或不过只是为了生活上的必然。既以为一走即可得到一种解放，一些新生的机缘，且可从另外人事关系，收回过去一时在我面前损失的尊严和骄傲，尤其是生命的平衡感和安全感的获得，在你们认为必需时，不拘用什么方式走出我生命以外，我觉得都是不可免的。可是时间带走了一切，也带走了生命中光辉的青春，和附于青春间存在的羞怯的笑，优雅的礼貌，微带矜持的应对，有弹性极敏感的情分取予，以及属于官能方面的完整形式，华美色泽，和无比芳香。消失的即完全消失到不可知的"过去"里了。然而却有一个朋友，能在印象中好好保留它，能在文字中好好重现它……你如想寻觅失去的生命，是只有从这两方面得到，此外别无方法。你也许以为离开了我，即可望得到"明天"，但不知生命中真正失去了我时，失去了"昨天"，活下来对于你是种多大的损失！

1946年，沈从文为纪念与张兆和结婚13年又写了一篇《主妇》，对由于自己十多年来"情感的发炎"给妻子造成的心理创伤表示忏悔，同时也对其包容宽让表示感谢，"我看出了我的弱点，且更看出那个沉默微笑中的理解宽容以及爱怨交缚"，他为"和自己弱点而战，我战争了十年"，甚而将家庭责任提高到"公民意识"这样的高度,与张兆和一起面对婚外恋之外正在进行的真正战争——国共第二次内战:"我得从作公民意识上,凡事与主妇合作,来应付那个真正战争所加给一家人的危险、困难,以及长久持家生活折磨所引起的疲乏。"

沈从文与四个"偶然"之间的婚外情虽然导致他与张兆和之间的情感隔膜,进而影响到家庭稳定,但每当遇到"偶然"引发情感剧烈波动的时期,也恰好正是沈从文创作激情勃发的阶段,从而涌现出大批优秀作品,达到创作的高峰期,而当激情消退理性彻底回归之时也就写不下去了,"终于战胜了自己,手中一支笔也常常搁下了"。为了维系婚姻保持家庭的稳定,沈从文最终选择彻底放弃婚外情,真正全身心地回归家庭,但自此之后除了缅怀与四个"偶然"之间情感交集的《七色魇集》和《看虹摘星录》(包括《梦与现实》《看虹录》和《摘星录》这三个系列性的新爱欲传奇)这两部作品外,再无像样的作品出现。

沈从文也十分清楚,他与四个"偶然"间风花雪月的故事,终将为历史风尘所掩盖,但在他内心深处并不情愿,身为作家的他"即用一支笔,来好好的保留最后一个浪漫派在二十世纪生命挥霍的形式,也结束了这个时代这种感情发炎的症候",创作完成了《七色魇集》和《看虹摘星录》这两部作品集,试图用文字重现和保存那"光辉的青春,和附于青春间存在的羞怯的笑,优雅的礼貌,微带矜持的应对,有弹性极敏感的情分取予,以及属于官能方面的完整形式,华美色泽,和无比芳香"。尤其是在《看虹摘星录》中,沈从文以四个"偶然"为原型将这四段婚外情进行了艺术化的呈现,从而使得他与四个"偶然"尤其是高青子和张充和的私密情感借助文字存留于世。或许是担心不明就里的读者会质疑《看虹摘星录》本事的真实性,沈从文还在《白玉兰花引》一诗中提示"虹影星光或可证,生命青春流转永不停",旁边还加注称,"二故事内容与先前所叙相关"。

由于《看虹摘星录》中包含了大量露骨的性描写,对于女性身体也作了细致入微的刻画,因此小说发表后遭到文学界尤其是左翼文人的严厉批评。许杰在桂林《力报》"现代小说过眼录"专栏中发文,认为《看虹录》是不折不扣的"色情文学","虽运用纯熟的心理分析和象征手法,鲜丽到了极点,但其实只是肉欲的赞美","姑不论这是抗战的年头,就是在平时、在太平年代,还不怕毒害了青年?"《新文学》的编辑也在编后记中认为"沈从文近来的作风,似乎都想用人生问题的讨论开头,而后装入他那一贯的肉欲的求"。1948年3月,郭沫若在刊发于香港《大众文艺丛刊》上的《斥反动文艺》一文中,给沈从文扣上了"粉红色作家"的帽子,说他是个"看云摘星的风流小生","一直是有意识地作为反动派而活动着",《看虹录》是"桃红色"的"虹",指斥他"作文字上的裸体画,甚至写文字上的春宫","存心不良,意在蛊惑读者,软化人们的斗争情绪"。由此导致中华人民共和国成立后,沈从文被彻底边缘化,此时早已失却创作激情的他也无意再从事文学创作,开始舍弃文学创作而投身于文物研究领域。

第四章 友乎？敌乎？

YOU HU DI HU

与丁玲

相识于北京

1925年初,虽然沈从文在郁达夫引荐帮助下,已经开始在《晨报》上发表文章,但除了该刊物以外其他投稿依然如同石沉大海。对于此时正深陷困境的沈从文而言,单一刊物接纳不仅存在着潜在的巨大风险,一旦编辑改换极有可能再次陷入无刊可投的尴尬境地,而且也意味着自己的作品并没有真正被文坛接纳和认可,而这对于沈从文渴望实现每个月都能得到20块钱稿费以维持生存的创作梦想而言,依旧是那样遥不可及。

正当沈从文为此深感焦虑时却意外迎来转机,3月10日,不仅《京报·民众文艺》上刊发了他的《与×》《与苹儿》《与小栗》,而且编辑胡也频和项拙还一起按照投稿地址来到"窄而霉小斋"看望他,这让正感觉自己如同偌大北京城里的一粒灰尘般孤寂无助的沈从文感动不已,心想:"这倒是古怪的事情,两个编辑也来到我的住处了。我有了朋友,我的生活,就快有日头的光照及了。"他们边喝开水边聊天,这倒并非沈从文不懂得待客之道,而是极端困窘的他此时唯一能够提供的也只是白开水了。

第二天，两人又来造访，还是喝了许多开水，但这丝毫没有妨碍他们畅谈文学创作和文学理想。投稿获得《京报》认可，加上与两位编辑推心置腹的长谈，促使沈从文放弃了去学照相当学徒谋生的念头，坚定了从事文学创作的决心，也自此将胡也频当成知己。胡也频牺牲后，沈从文在回忆这段经历时说："当时的喜悦，使我不能用任何适当言语说得分明，这友谊同时也决定了我此后的方向。若果当时到我住处的，不是这两个编辑，却是那个照相制版学校的校长，到现在我或者已经成一个照相技师了。因为我那时还不明白我学照相适宜一点，还是学写文章适宜一点。"单是1925年4月，沈从文在胡也频编辑的《京报·民众文艺》上就接连发表了《市集》《给低着头的葵》《给你》《再给你》等诸多作品，成为他继《晨报》后又一个重要的发表阵地，就像他自己所说的那样"既然认识了两个编辑，文章有了办法"，而他与胡也频的友谊也在不断加深。

大约一个星期后，沈从文正坐在窗前看着天井中尚未完全融化的积雪，忽然胡也频带着一位圆脸长眉的年轻女人一起来看他。胡也频进了屋子与沈从文寒暄时，这位女子却站在门外不动。沈从文只见她穿着一件灰布衣服，系了一条短短的青色绸类裙子，只是望着他笑而不语。于是沈从文就同她打招呼，问她姓什么，答说姓丁，沈从文看着她胖乎乎的却又姓丁不由得感到有些好笑。初次相见，沈从文便对丁玲洒脱的个性气质印象深刻，觉得她很有趣。随着交谈的深入，话题引向各自所生长的地方，沈从文说他的家乡是凤凰县,丁玲听后似乎略感惊讶,随即告诉沈从文她的原籍是安福县(今临澧县)。虽然他们的家乡相距约有700里,但是都傍近沅水,沈从文离开家乡到北京闯荡时就必须坐船经过安福县,再由此换船出洞庭,两人又都为着梦想在北京漂流,因此彼此之间的距离瞬时缩短了。沈从文和丁玲聊起沅水、小船以及围绕沅水所发生的一切让人感到兴味处,在说到船只下行经过某几处险滩的速度之快时,他们还不约而同地使用了"抛掷"一类的词汇。同为湖南人的他们虽是初次相见,却如同多年未见的老友那样有着聊不完的话题,而此时胡也频对于他俩说的家乡话还不大能听得懂,因此在他俩谈话时并不言语,只坐在房中靠近窗户的桌边带着稍稍发痴的微笑望着丁玲。后来,胡也频不再听他俩谈话,而是拿起一本都德的《小物件》翻看。丁玲临走时告诉了沈从文自己的住处,邀请他什么时节高兴去玩时可以随时找她,此时已钟情于丁玲的胡也频马上接过话茬对沈从文说:"晚上去还是明天早上去?要去时来邀我,我带你去。"等丁玲走了之后,胡也频才告诉沈从文其实他与丁玲认识也才不过一周,这次之所以领她来,是因为她听人说沈从文模样长得好看,因此想来见见。沈从文并不觉得自己长得好看,因此疑心胡也频是在说反语拿他打趣。

沈从文送走胡也频后,在翻看《小物件》时又不由得回味起胡也频刚才说过的话,以及他的神气。隔天胡也频又欢喜地邀请他一起去看丁玲,这让他感觉到其中的端倪,同时又不免心生疑惑:"这是不是名为恋爱?这女人会嫁这个海军学生吗?这女人完全不像书上提到的那些爱人样子,海军学生也得爱她吗?"

沈从文在胡也频陪伴下回访丁玲时,发现她的状况并不比自己好多少,只见同为"北漂"的她租住在通丰公寓的一个小房间里,地面霉湿发臭,墙上糊的报纸也破破烂烂,窗户纸上画有许多人头,睡的是硬板子床。这些窗纸上的人头其实是正在学习绘画的丁玲用粉墨勾画的熟悉朋友的脸谱,不仅窗户纸上,而且墙壁上和书本上也到处都有。沈从文觉得一个女子能住在这样的房子里,不害病也不头痛,还能从从容容地坐在一个小小的条桌边读书写字,实在是一个了不起的人物。沈从文只见条桌上除了四个颜料碟外,还有习字用的一叠红色九宫格,可以看得出丁玲几乎每天都在练习画画和写字。丁玲从抽屉中取出相册和图画本让沈从文和胡也频看,其中有她父母的照片,之后又拿出刻有"丁玲"两个字的玉质图章,当沈从文问起这是谁时,她说是"我自己的,我要用这个名字,不用旧的名字了,故刻了这颗图章"。到了该吃午饭时,沈从文和胡也频起身准备离开,丁玲挽留他们一起吃饭,胡也频答应了,但沈从文执意要走,为此丁玲还有些生气。

此时丁玲由于弟弟不幸病故,加之相识多年的闺蜜王剑虹业已亡故,因此常常暗自伤心。有一次,沈从文与胡也频在西单散步时,胡也频对沈从文说:"她有个弟弟死了,她想起她弟弟,真会发疯。"沈从文由于已经隐约感觉到胡也频爱上了丁玲,于是便用开玩笑的口吻说:"要个弟弟多容易!他弟弟死了,你现在不是就正可以作她的弟弟吗?"胡也频听闻此言,知道沈从文已经猜度到自己的心事,不由得脸红了一下,在沈从文肩上轻轻打了一掌后跑走了。后来沈从文才知道正是在这一天,丁玲收到了胡也频表明心迹的求爱礼物。这天一早,胡也频就用个纸盒子装好一大把黄色玫瑰,请公寓伙计送给丁玲,在玫瑰花束中还夹着一个小小字条,上面写着"你一个新的弟弟所献"。玫瑰花送去以后,等了半天也未收到回信,故此胡也频坐卧不安,这才跑到沈从文住处拉着他陪自己散步,结果又被沈从文戳中了心事,这才又急又羞地跑开了。

直到后来,沈从文才知道丁玲原本姓蒋,蒋家在安福县是有名的大户人家。不无巧合的是,沈从文的大哥沈云麓当兵时还同一个戴姓参谋,在安福县城内丁玲堂伯父家的小姐绣房里住过一夜。因为沈从文大哥和戴参谋都学习过绘画,所以都对墙壁上挂着的一幅赵子昂画的白马看得发痴出神,知道这是一件宝物,卷起来也很容易携带,但严守军纪的他们并没有据为己有,而是在临行时在那幅画的角隅题写了自己的姓名和年月。但就在他们离开的当天,另外三营直属辰沅道的屯务军却将包括蒋家在内的大户抢掠一空。沈从文当时年龄还小,但听哥哥讲过后留有很深的印象,同丁玲讲起后才知道那的确是她堂伯父家中收藏的一幅宝画,而彼时尚还年幼的丁玲和弟弟早已随着母亲为躲避兵灾离开家乡投奔了常德娘家,并在此定居。丁玲在常德求学时的女友杨光蕙,正是沈从文当年替表哥黄玉书写情书追求的对象,此时不仅早已成为他的表嫂,而且早在一年前便生下长子黄永玉。

沈从文与丁玲、胡也频熟识之后在写信或投稿时经常使用同一式样的纸,他们三人的字迹又极为相似,为此还闹出过误会。

1925年4月末,自感没有出路的丁玲给鲁迅写了一封求助信,却不料鲁迅误以为是沈从文假冒女子给自己写信,由此导致两人之间的隔阂。丁玲来京的目的是希望能够进入大学学习深造,但眼见入学无望,生活又陷入困境,为此在准备返回湖南前给鲁迅写了一封求援信,希望鲁迅帮自己找一个吃饭的差事。鲁迅此时并不认识丁玲,于是就让自己的学生孙伏园帮忙打听,结果孙伏园说有人接到过笔迹一样的信,但署名是休芸芸,而休芸芸是沈从文的笔名,由此鲁迅猜测这封求助信一定是沈从文假借女人身份与自己开玩笑,对此感到很生气,自然没有回信。恰巧胡也频为了筹办一个文学副刊,经人介绍前来找鲁迅讨教,由于这时生性浪漫的他正在热烈地追求丁玲,于是就在自己的名片上印上了"丁玲的弟弟"。鲁迅一看递来的名片不由得怒火中烧,前者来了个丁玲的信是沈从文"假冒"的,这次又来了个"丁玲的弟弟",究竟想要干什么,于是故意大声地对拿着名片前来禀告的佣工说:"我不在家!"正在门口等候的胡也频听得真真切切,求教不成反倒讨了个没趣,只得悻悻转身离开。

由于鲁迅认为这一切都是沈从文在背后捣鬼,对他自然毫无好感,在日记和书信中用尖刻的语言进行辱骂。1925年7月20日,鲁迅在写给钱玄同的信中就说:"且夫'孥孥阿文',确尚无偷文如欧阳公之恶德,而文章亦较为能做做者也。然而敝座之所以恶之者,因其用一女人之名,以细如蚊虫之字,写信给我,被我察出为阿文手笔,则又有一人扮作该女人之弟弟来访,以证明其实有其人。然则亦大有数人'狼狈而为其奸'之概矣。总之此辈之于著作，大抵意在胡乱闹闹，无诚实之意，故我在《莽原》已张起电气网，与欧阳公归入一类也耳矣。"

然而过了不久，鲁迅便得知自己误会了沈从文，丁玲实有其人，与鲁迅认识的一位编辑直接从胡也频那里得到了证实，然而此时丁玲已经回湖南老家了。鲁迅从荆有麟那里了解到真相后，对丁玲感到有些抱歉，"那么，我又失败了。既不是休芸芸的鬼，她又赶着回湖南老家，那一定是在北京生活不下去了。青年人大半是不愿回老家的，她竟回老家，可见是抱着痛苦回去的。她那封信，我没有回她，倒觉得不舒服。"然而鲁迅明知错怪了沈从文，却并没有对沈从文表示过歉意。沈从文在写作之初对鲁迅其实是怀有好感的，众所周知，鲁迅对于乡土小说创作有着开创之功，而沈从文在学习写作时曾深受其影响，对此他明确说过："从小又读过《聊斋志异》和《今古奇观》，外国作家中契诃夫和莫泊桑短篇正介绍进来，加之由鲁迅先生起始以乡村回忆做题材的小说正受广大读者欢迎，我的学习用笔，因之获得不少勇气和信心。"1924年到1926年，沈从文与鲁迅同在北京，1928年到1930年又同在上海，但他们始终未曾谋面，之所以如此除了观念差异道不同不相为谋外，也与此次鲁迅对他的误会有关，直到晚年他依然耿耿于怀："不好再见面。丁玲写信给他，却以为是我的化名。何况不是我写的，即便真是我的化名，也不过是请他代为找份工作，哪值得到处写信骂人。"

自打丁玲离开北京回老家后，胡也频就如同发狂了一样，弄得租住的房间里满地是书的残页和碎烂的报纸，任朋友们怎么劝说也无法冷静下来,最后还是向朋友借了钱不顾一切地追到湖南,正像沈从文所说的那样,"一切朋友的'世故',皆不能战胜这个人的'热情',结果北京城公寓里少了一个女人,不久就又少了一个男子。"此后沈从文与丁玲和胡也频之间暂时中断了音讯,《京报·民众文艺》也因胡也频的离开停办。

1925年10月2日这天是农历中秋,沈从文正在香山慈幼院图书馆工作,晚饭后他回到住处看到桌子上放着一张字条,上面写道:"休:你愿意在今天见见两个朋友时,就到碧云寺下边大街××号来找我们。我们是你熟习的人。"此时沈从文因为到了香山后,在所写的《棉鞋》一文里讥刺了一个指摘过他的上司,又写了一篇《狒狒的悲哀》描绘了在给熊希龄拜寿的剧场里出没的那些服饰精佳、性格风流而又面目姣好的女人们的诱人处,被认为触犯了这些人的尊严而被人叫去教训了一番,还受到言语威胁。位卑身贱而又寄人篱下的沈从文正感到孤立无助,需要与朋友倾心交谈来化解心中的烦闷,因此见到信后非常高兴,马上按着字条上写的地址找去。到了之后才发现,这两个熟人正是分别多日的胡也频和丁玲。沈从文只见丁玲大大的眼睛泛着新妇模样腼腆的光辉,连神气较之以前也变得温柔了些。他望见屋里只有一张床,马上便明白了他们两个已经同居一处。沈从文笑着在房中那唯一的一张藤椅上坐定后,第二次望着那床对胡也频说:"这是新鲜事情!"胡也频答道:"不是新鲜事情。"显然,在此之前两人已经开始同居。当胡也频一路风尘突然出现在丁玲面前时,丁玲深深地感动了,自然接受了他的求爱。三个人想起往事不由得笑

{321}

了好一会儿,在这个中秋的黄昏,他们一起漫步到香山静宜园里俗名"见心斋"的小池旁,坐在一只无桨无舵的方头船上一边用手划着水沿池漂浮着,一边畅聊着分别半年来的一切天时人事。虽然没有美味佳肴的中秋盛宴,倒也十分轻松畅快,天色已晚,下山时,他们三人各买了一片糖含在口里就算不辜负这个中秋了。

在当时而言,未婚同居还属于非常新潮的新生事物,因此丁玲和胡也频来到北京后起初并不愿让北京的朋友们知道,所以特意避开城里而选择在这无人注意的山上同居,后来得知沈从文也在山上,这才在中秋这天来找他聊天。因为秋季正是香山风景极佳之时,北京的朋友们也经常有上山来玩的,所以不久之后熟人们也差不多都知道了。

丁玲和胡也频在香山租住的地方不是很大,但带有水井,房前屋后都是枣树,地面也十分干爽,每月房租9块钱。他们自己生火做饭,丁玲负责生火,时常蹲到廊下用一把鬼头刀劈柴,或者用两手当撮箕捧着煤球放到火炉里;胡也频则负责采购油盐小菜,经常为了一点儿醋或者一点儿辣椒匆忙跑到街口去买。饭后两人争着到井边打水,洗碗刷锅,丝毫不觉得疲倦。他们这段时间不怎么写文章,也没有去找工作,据沈从文猜测应该全靠丁玲的母亲从湖南寄钱来。由于沈从文与他们的住处距离很近,加上他在图书馆里又没有谈得来的人,因此经常到他们的住处一起吃晚饭。三个人闲聊时,畅想着如果每月可以写3万字的文章,得到30块钱稿费,那即便冬天没有炉子心里也一定是很温暖的,接着又假设已经实现了这一梦想后该如何去花这笔钱。他们还假设着今后有了自办的小小周刊，每星期出版一次，每个人又该如何为运营周刊而忙碌着，同时在门前应当挂一块什么样的牌子，为此筹划和争执了许久。

每月30块钱稿费在当时而言也并不是什么大数目，但这对于在文坛才刚刚崭露头角的沈从文和胡也频而言却似比登天，即便最勤快最诚实地工作也很难满足最基本的生活需求。为了求得生存，沈从文在香山慈幼院图书馆虽然备受排挤，但是也只得忍耐着，而丁玲和胡也频有时因汇票关系，湖南那边无法按时将钱寄来，或者寄来的钱处置不当花得太快些，又无法从同样饱受穷困之苦的沈从文那里借到钱，他们的生活就很难维持下去。丁玲和胡也频在吃完最后一撮米后，就不得不到城里找朋友们想办法，或者挟着不合季的衣服到城里当铺当掉。有时也会到沈从文那里，同他一起吃慈幼院大厨房里的粗馒头和咸菜。丁玲和胡也频在香山的生活虽然清苦，但也充满着温馨浪漫。天上落雨时，两人想起卧佛寺后面的泉水这时节一定很好，就饭也不吃跑过去看。听沈从文说在小团城看晚霞比较好时，便在天空有霞时来回走4里路专程去看，还经常半夜里起来站在院子里的枣树下面观看划过天际的流星。有一回两人一起到城里去借钱，到了将近黄昏才出城返回香山，由于这天月色很好，他们便沿着西郊大道走去，过了青龙桥后忽然想去看看圆明园的残废宫殿，于是又折返回去，在圆明园的废基里各处乱跑。后来他们一直走到圆明园西洋楼，在颓墙乱瓦间坐了约一个小时，这才尽兴而返。另有一次，两人到玉泉山背后去玩，傍晚时想抄近路回香山，结果走到了软泥田

{323}

里，只觉得脚在不住地下陷，越是挣扎陷得越深，被困住了进退不得。于是两人便站在泥田里看了两个多小时天上的星星，幸亏有个赶驴车的人从旁边经过，听到求助声后才将他们救出。第二天，两人非但丝毫没有感到后怕，反倒觉得当时露重薄寒，站在星光闪烁下的泥田中听着远处的狗吠声美不胜收，以为这是平生所见星月最美的一次。正所谓相爱相杀，两人有时也会为了一点小事吵架生气，其中一个或者会跑到沈从文住处来，或者进了城，另一个又跑来找沈从文评理。胡也频知道丁玲的性情，明白她需要朋友处只是谈谈闲话，而朋友也常常忘了个性洒脱的她是个女子，因此倒不担心包括沈从文在内的朋友会与丁玲有什么情感瓜葛，三个人的友谊也因此显得极为纯净。

在沈从文看来，丁玲和胡也频在香山居住的这段闲暇日子绝非空耗岁月，尤其是对于丁玲而言，"闲暇孕育了她创作的种子，所看的书又影响了她文字的风格"，这是缘于"她年龄并不很大，到下年方满二十岁，身体与心灵皆在成长，她的生活恰恰给了这两方面的机会，小家庭虽常常那么穷，却是个女作家最好的温室"。但此时丁玲尚未开始写作，因此当沈从文和胡也频谋划自办刊物，觉得需要三个人才能办下去时，丁玲便忙不迭地说："先生们，别把我拉进去，我不作文章。你们要我来，我就当校对，因为可以占先看你们写出的文章。"沈从文和胡也频都说没有丁玲参与办不下去，丁玲反过来问："有了我就办得下去吗？我又不会写什么，派我充一角色有什么用处？"胡也频开玩笑说："把你写情书的那支笔来写。"丁玲故作严肃地责怪道："得了得了，频，你为什么造谣言？我跟你写过情书吗？不能胡说八道，这一行你们男人才是高手！"胡也频接着说："你并不写给我什么信，但我看你那样子，是个会写情书的人，不相信只要我们一离开就可明白了。"丁玲假装生气地说："你自己不害羞，我为你害羞，你们刊物我不管！"丁玲话虽如此，但当她看到胡也频的文章被作退稿处理时，又不由得思索起自办刊物的计划。为此，丁玲还给母亲写信请求给予办刊的经济支持，丁玲的母亲也果真汇来几次特别款项，但由于丁玲和胡也频此时正需要用钱，又有其他事情，结果钱倒是都花了，刊物却始终没有办成。

后来他们实在维持不下去了，沈从文就劝他们从山上搬到城里，租住在他曾经住过可以拖欠房费的位于北河沿的公寓。自从搬到公寓后，丁玲和胡也频不用劈柴煮饭，有了更多的空闲时间，沈从文下山来与他们俩讨论问题时也常常更加不切实际，三人一心想着如何筹钱创办一个属于他们自己的刊物。这是因为他们此前所写的文章实在找不到一个可以固定发表的地方，投寄给生疏一点的刊物后又常常杳无音讯，由此导致差不多三分之一以上的作品丢失或被弃用。如果当时他们的文章都能以极低的价格卖出去，也不会再计划自办刊物。然而，自办刊物对于刚刚闯入文坛的他们而言绝非易事，不仅缺乏资金支持，而且也没有人脉资源，因此在幻想中产生的刊物又只能在幻想中夭折。他们也曾写信联系过一些报纸，声明可以免费替他们编副刊，但都没有成功。而正在这时，《晨报副刊》的主编已经换成了对沈从文颇为赏识的徐志摩，沈从文的作品开始被接纳，频频在其上刊发，自然也没有必要再自办刊物。

在那时由孙伏园谋划创办并获得周作人和鲁迅鼎力支持的《语丝》正支配着北方文学，许多人在其上刊发文章后成名，随即各种刊物便争相发表他们的作品，沈从文却只能望而兴叹。然而出乎意料的是，胡也频通过关系将沈从文的一篇文章转给周作人审阅，结果发表在《语丝》上。胡也频拿着这份《语丝》跑去告诉沈从文，沈从文看到那文章题目是自己的后竟激动得抱着胡也频喜极而泣，他在《记胡也频》中写道："看到那文章的题目，感动得使我只想抱了我的朋友哭泣。想想那个可怜可笑的情形，到现在，使我同任何一个年青朋友，皆感到万分亲密的必需了。我明白那些初次拿了一点文章给世人见面时的腼腆处，我明白那个最谦卑的感情，同时还明白另外许多年青人的事情，我愿意同一切凡在沉默下努力的朋友握手了。"也正是有着这样看似可笑且复可怜的投稿经历，沈从文日后成为编辑常常将心比心，非常能够体会初出茅庐的年轻作者的心情，也愿意提供给他们获得"自信"的机会。沈从文对胡也频在他事业刚刚起步时所给予的热心帮助非常感激，将他当作自己的知己，同时爱屋及乌，与他的爱人丁玲也建立起真挚的友谊。

1925年冬，胡也频陪着丁玲第二次返回湖南后，又只身返回北京，在此期间他陆续给沈从文寄来一些自己献给丁玲的情诗，形式和意境方面都离奇少见，充满了狂热情感。此时沈从文在《现代评论》兼做发报员，同时已在徐志摩主编的《晨报副刊》上发表了大量作品，便由他代为投稿在《现代评论》和《晨报副刊》

上刊发。由于两人的笔迹很像，都习惯使用硬硬的笔头蘸上蓝色墨水在狭行的稿纸上写小小的字，字迹的疏朗处以及勾勒方法又差不多，以至于《现代评论》的编辑一度误以为胡也频是沈从文的笔名。这些情诗连同胡也频另外一些诗，后于1928年由丁玲编辑成《也频诗选》。之所以胡也频一人回京，而丁玲留在湖南陪伴母亲，沈从文认为这是他们两人商定的计划。此时，沈从文和胡也频的文章已经可以经常在《现代评论》和《晨报副刊》上发表，单凭稿费足以应付在北京租住公寓的开支。然而不久之后，胡也频无法忍受与丁玲分离的痛苦，又借钱前往湖南。丁玲同样也不能忍受相思之苦，几乎就在胡也频开始南下时她也从湖南出发前往北京，结果两人乘坐的船在洞庭湖里却错过了。于是，胡也频到达湖南常德后，又赶回北京与丁玲相会。

经过此番波折后，丁玲和胡也频再也不愿彼此分开。他们在北京经常更换公寓，之所以如此缘于他们时常无法偿付租金。为了省钱，丁玲一度还劈柴烧火做饭。到月底有时无钱付房租，又实在无法敷衍，他们常常会假装出门借钱，到河沿雪地里散步，直到深夜才敢回去。1926年8月底，沈从文辞去了香山慈幼院图书馆的工作回到北京城，他们三个人曾一同在北大附近的汉园公寓租住，比邻而居，直到一年后相继离开北京前往上海。三人在北京居住期间，空闲时经常一起到各处去看房子，想要寻一个较干爽又不太吵闹的住处，每当看到租房广告或者见到一个字条说什么地方房子空着，他们总会过去参观，差不多将沙滩一带所有的公寓都逛遍了，但看得上眼的付不起房租，付得起房租的又看不上眼，始终没能找到一个适宜搬过去的住处。

1926年到1927年，由于不断地躬耕写作，同时也逐渐结识了一些编辑，因此胡也频也可以每月拿到大约25块钱的稿费了，虽然生活依旧有些窘迫，但基本上无衣食之虞。冬季租住的房间里虽然有烧煤炉子，煤块却不大容易得到，每逢有客人来访时，丁玲和胡也频经常用旧书旧报来做取暖的燃料，没有客人时，因外面寒气逼人他们便坐在床上看书。在文学创作方面，胡也频早于丁玲，正是在他的影响和鼓励下丁玲才开始执笔写作的。此时丁玲开始着手创作处女作《梦珂》，经常有一两页写好的稿子放在一张小小写字桌上。熟人来访看到后，便好奇地问这是谁的文章，丁玲一言不发，脸儿红红地轻轻喊着"唉，唉，这可不行"，赶紧过去把那几张稿子抢去，藏到抽屉里。有时来客也会打趣道："这莫非是想作第二个冰心的人写的？"丁玲便会谦逊地说："没有的事。文章自然是你们男子做的事，女人那里有分？"

丁玲的文才显然在胡也频之上，以至于后来两人的文章写好后投给同一个刊物，丁玲的常被录用，而胡也频的却被退回，胡也频的书想卖出去也必须署丁玲的名字才行。为此丁玲也曾为胡也频感到愤愤不平，并迁怒于出版商和批评家，且常常因此失去写作的兴趣，以至于若干即将创作完成的作品也在气愤中被她自己撕去。最早发现丁玲文才并予以大力扶持的是时任《小说月报》主编的叶圣陶，1927年12月他不仅刊发了丁玲的处女作《梦珂》，而且随即寄来一笔出乎丁玲和胡也频意料的稿费，在得到肯定后，丁玲方才逐渐树立起从事文学创作的信心和决心。

上海合办刊

1928年1月初，沈从文来到上海，租住在位于法租界善钟路上的一个亭子间里。1928年2月，胡也频和丁玲也来到上海，借住在沈从文处，但他们在与沈从文见面后的第三天一早又去了杭州西湖。这时丁玲又爱上了冯雪峰，导致她与胡也频之间出现了情感裂痕，也即沈从文所说的"感情的散步"，"凡是青年男女在一块时，使情侣成为冤家以后，用得着的那一份，这两人差不多都使用了"。沈从文对此既担心不已，但又不知该如何劝解，在两人争吵不休弄成僵局时，他总希望两人都能够克制一下自己，实在没有办法时他就堵住房门，防止一个走了之后，另一个还得坐了汽车到各个地方去找。起初沈从文并不明白他们为什么争吵，只听到两人争吵时提到有一个人横亘在他们中间，还误以为说的是自己，以为是他妨碍了两人的情感，直到后来通过两人的一次争吵才明白是因为冯雪峰的情感介入引发的。原来此前丁玲想到日本读书，于是经朋友介绍请冯雪峰教她学习日语，但刚刚上了一周课两人便萌生了爱情。

  大约胡也频和丁玲同去西湖一周后的一天晚上,忽然胡也频一个人跑回沈从文的住处,他对沈从文说自己再也不想回西湖了,于是沈从文问他究竟发生了什么,胡也频向沈从文诉说了前因后果。沈从文耐心地听胡也频不离孩子气的申诉,"且记着这件事每个要点,等他无话可说时,便为他把这件事从旁观者看来各方面必须保持的最合乎理想的态度说明。因为他尚告给我两人虽同居了数年,还如何在某种'客气'情形中过日子。我便就我所知道的属于某种科学范围的知识,提出了些新鲜的意见。"经过彻夜长谈,第二天胡也频在沈从文劝说下又去了杭州西湖,但最后这场情感风波是怎样平息下来的他并不十分清楚,猜测可能是自己劝告胡也频的那番话起了作用。沈从文只知道丁玲和胡也频在西湖葛岭的一个独院里住了将近3个月,"或者因为新增加了那些前缺少的成分在内,故两人简直像一对同度蜜月伴侣"。两人白天游玩,晚上有时也写作,丁玲后来收入《在黑暗中》的两篇小说就是在那里写成的。胡也频后来在与朋友谈及西湖3个月的生活时,"常用作新郎的风度,以为在西湖所过的日子,回忆时使人觉得甜蜜快乐"。这一年8月份,沈从文曾在西湖灵隐石笋峰处住过一小段时间,胡也频和丁玲也来到西湖,还邀请他到葛岭去看他们当时的住处。同时胡也频还告诉沈从文,他的小说《来了客的黑夜》中的故事就是那时真实发生过的,那个贼人当真从某处爬入,另一处逃走。

  3个月后,由于天气渐热,丁玲和胡也频离开西湖,租住在上海法租界永裕里13号3楼，除了从铺子里租来大木床安置在房间中央外，还在床前后各放了一张写字台，安顿好之后两人不出门就写文章。到了该吃饭时，两人就像当初在北京香山同居时那样，共同分派着完成，沈从文留下来吃饭时经常洗碗。随着丁玲和胡也频不断在刊物上发表作品，他们在文坛的名气也越来越大，尤其丁玲更是引起众多读者的关注。1928年，丁玲的第一个短篇小说集《在黑暗中》由开明书店出版，其中收录了《梦珂》《莎菲女士的日记》《暑假中》《阿毛姑娘》等4篇短篇小说。《在黑暗中》刚一出版就受到众多读者的喜爱，文学界也认为"这是国内一种崭新的收获"，截止到1934年6月已出至第6版，累计发行量多达10余万册，这在当时是非常难得的。随着作品大受欢迎，丁玲和胡也频的收入也水涨船高，但在沈从文看来他俩都不善于安排生活：

然而我所知道他们的，就是在生活方面，从前他们是两个孩子，到后来，永远还是两个孩子。"光荣"有时比"空气"还不适用。他们并不能用友谊掉换饮食。他们在某一种事业成功了，在另外一件事业上，永远还得失败。他们还是最拙于应付房租，不知道应如何打算就可以不至于缺少伙食。他们还是很穷的人，不能使所得的钱安置两人到一个稍稍像样的生活里去。虽然勤勤恳恳，稿费终究有限，加之用不得当，所以还是免不了长是受窘。今天的起居费用，都依赖到昨天的工作所得，创作既不是抄书，设若一时节，因为倦于作事，不得不放下了这支笔，或在别的原因上，稿费延搁了一时,这生活,就又乱糟糟的不成样子了。这海军学生,为了渡过那个不易应付的日常生活难关,马浪路,康悌路,贝勒路,这一些地方的小押当门前,总常常有这个人的踪迹。我一望到那走动时略显匆忙的后身影子,不必同他说话,就可知道他为了些什么事那样匆忙了。

这海军学生,自己处置金钱既永远不如处置文字那么方便从容,打算生活又永远不及造作故事那么周密,至于作伴侣的女人,则早把一个妇人所必须的家务趣味完全疏忽了。这生活,自然是无可希望的。他们自己就不知道应当把自己安置到什么生活里面去为适宜。一种有秩序的生活,似乎在有意识的情形中,逃避到他们。当时几人极羡慕到别的人,以为能在一个较整洁干净的房子里,吃一顿清洁的家常便饭,便是一种难得的幸运。从这些情形中,可知道他们的生活,想及时真十分可笑。

作为知情人的沈从文,描述得既十分真实,也非常生动,其实他本人对于金钱的处置安排也与丁玲和胡也频难分伯仲。

1928年7月19日,《中央日报》需要聘用一名副刊编辑,每月有200元以上的稿费可供支配,该报的总编辑彭浩徐是沈从文在《现代评论》当发报员时的熟人。由于此时沈从文正陪着母亲在北平看病,于是他推荐胡也频担任编辑,29日,沈从文自北平启程返回上海后,也实际参与了编辑工作,三人共同商定将这副刊定名为《红与黑》。该副刊每周出两期,每逢周三、四出版,从8月15日第8期起又改为每周4期,从周二到周五按日出版,出至10月31日第49期时停刊。虽然该副刊存续时间并不算长，但也为他们自办刊物积累了宝贵的经验。

随着文艺副刊编辑工作的开展，丁玲和胡也频的经济状况也有了极大改善，他们又开始像在北京时那样利用闲暇时间到处看房子，从人家后门进去同一些二房东讲价钱，有时还会交付一点定金，临出门时还叮嘱房东："定下了，定下了，莫另租人，后天一定搬来！"结果回去一算收入，根本无法支付每月的房租，搬家也不是那么容易，定金自然等于白送了。由于上海的生活成本较之北平要高出不少，加上卖稿获得的报酬又较为低下，因此三人都不敢懈怠，除了沈从文陪母亲到北平看病耽搁一些时日外，他们几乎全年都在拼尽全力写文章。

丁玲和胡也频终于在萨坡赛路196号选好了新住处，房主是从国外回来的勤工俭学学生，房租为每月31元，在还没有搬去时胡也频来到沈从文的住处说："休，这可好了，我们选定的一个地方不止房间比我们过去任何一个住处好，还有一个房东，那是更值得夸奖的。"沈从文此时住在马浪路（今马当路）的新民村，经常到胡也频和丁玲的新住处去闲谈，到了晚上才回到自己的住处，后来干脆把伙食也包在他们房东那里。三个人每月需要交纳伙食费约30元，但总是只有一点小菜同黄花木耳汤，而且由于房东在法国生活过，因此吃饭时还要求他们必须使用叉子在盘子里吃，三人为此都感到很不舒服。

三人也曾一同逛街，8月14日晚，他们无意中走进北四川路的一个咖啡馆，进去后才知道这是一个上海文豪开的，来此消费的许多人都是现代文学史上光芒万丈的人物。当时上海已经形成以北四川路、霞飞路和南京路为"金三角"的咖啡店圈，而咖啡与文学又似乎天然契合，因此这些咖啡店自然也成为上海文人聚集的场所。后来左联第一次筹备会议，地点就设在北四川路有轨电车终点站附近的公啡咖啡馆二楼，而丁玲在主编《北斗》时也常常在公啡咖啡馆内审稿。

沈从文与胡也频、丁玲并不满足于单纯为《中央日报》编副刊，1928年10月26日他们在《中央日报·红与黑》第47期上刊出了《〈红黑〉创作预告》，计划自办刊物《红黑》月刊，同时还计划自办出版社出版"红黑丛书"。为了完成上述计划，他们还在《〈红黑〉创作预告》中宣布《红与黑》即将停刊，"事实使我们缄默，我们只能暂时把这工作停顿"，同时宣告他们的编辑主张："不漠视别人，不夸捧自己，不以抄袭贩卖新舆论思想惊吓年青人，不假充志士或假装热情骗一部分人喜欢。"10月31日，《红与黑》出至第49期停刊。

三人之所以计划自办刊物和出版社，除了在北京酝酿已久外，还受到当时上海新书业蓬勃发展之势的影响。那时新书业已经成为一种新的利益增长点，上海出版界对经营新书业起家的北新书局眼红不已，于是现代、春潮、水沫、开明等各大书店相继开张。此时沈从文、胡也频和丁玲三人都已在文坛有了一定名气，他们不甘心靠投稿来换取极低的稿酬，通过编辑《红与黑》也积累了经验，于是决定自办刊物和出版社。《红与黑》停刊不久，胡也频通过父亲胡廷玉转借了1000块钱做启动资金，成立"红黑出版处"，开始准备自办《红黑》月刊，地点就设在他们在萨坡赛路204号新租的住处。为了方便办刊，三人事先已商量好租住在一起，但由此也引发过三人同住一处关系暧昧的谣言。其实不然。他们合租的萨坡赛路204号公寓是一座三层建筑，据该公寓小主人美籍华人黄伯飞回忆，当时沈从文和母亲、九妹住在三楼，胡也频、丁玲和丁玲母亲住在二楼，而并非传言中所说的那样三人在一间房内同居。

筹办刊物《红黑》月刊的过程充满着艰辛，沈从文为此还曾于1928年12月6日拜访好友程万孚时向其诉说过自己所受的委屈，同日程万孚又在致弟弟程朱溪的信中提及此事："从文今日在我处时，你信来，他也高兴知你的一切，说是昨夜他给了你信。此人真苦，真可怜！而也频与丁玲在一起，从文处处皆受指挥，不然，奶奶不悦，先生亦怒。他又好无趣，且贫，他的遗嘱已写好，想死，非自杀，乃怕死。你可写信安慰他，但勿说起胡与蒋，因他们同住，免多事。他待我很亲、诚，我亦十分诚恳待他的。"虽然如此，在三人共同努力下《红黑》月刊终于在1929年1月10日问世，由胡也频担任主编。编者在《释名》一文中还对该刊为何取名"红黑"专门作了解释，"红黑"取自于湘西的一句土语"红黑都得吃饭"，其中"红黑"是"横直"的意思。

为了办好《红黑》月刊，三人都变得异常忙碌，尤其是胡也频，从编辑稿件到跑印刷所，送稿、算账、购买纸张、接洽书店等都由他一人承办。直到刊物印出时，再由沈从文和丁玲按照数目进行分派，或者亲自送到上海各书店销售，或者付邮到外地，北平、厦门的朋友也都在帮忙。三人辛苦的付出也获得了回报,《红黑》创刊号仅在上海本埠一周内就售出1000份,他们得知这个消息后欢喜得脸上发红。当《红黑》创刊号在上海本埠各书店开始陈列售卖时,三人还一同坐车到各书店去查看,当他们见到各书店橱窗里都陈列了这份杂志,而且还有一些顾客拿了这本杂志在手中翻阅,便不约而同地会心微笑,就这样一家书店一家书店逛下去,感受到无以言表的快乐。各地的朋友们也都在来信中称赞这个刊物办得很好,许多作者也以为这是一个合乎理想标准的刊物。初战告捷,三人决定以后每期印5000份。

1929年1月20日,三人还接受沈从文好友程万孚和程朱溪两兄弟的委托,为他们开办的人间书店编辑《人间》月刊,由沈从文担任主编。因此,三人变得更加忙碌起来,一面忙着各种杂事,一面还得抓紧从事文学创作,各人都不得不多写快写。尤为难得的是,这一年三人的文学创作保量又保质,"在也频的所有作品中,以技术完美同内容统一而论,也是这一年成绩最好"。沈从文以《红黑》《人间》为主阵地,同时还继续在《小说月报》《新月》上发表作品,其中在《红黑》创刊号上发表了小说《龙朱》,在《人间》创刊号上发表了《媚金·豹子·那羊》,都是取材于苗族神话传说。

然而,无论三人多么努力依然难以避免失败,1929年3月20日《人间》月刊出到第3期后停刊,原本第4期目录已经见诸广告,但终未能出版。6月由于资金耗尽,红黑出版社不得不宣布破产,《红黑》月刊除了已经发稿的第7期和第8期外,也不得不宣告结束,他们原本计划出至12期凑足一年的数目,但实在是难以为继。为了偿还1000多元的欠债，三人不得不在文学创作之外另谋出路。其实，如果上海各书店能够将《红黑》的欠账结清，同时外埠的账款也收回，足以抵偿大部分欠款，但实际上都毫无收回欠款的希望。胡也频经陆侃如、冯沅君夫妇介绍到济南高级中学任教，丁玲则留下来继续写小说赚取稿费。两人临分别时约定教书的认真教书，写文章的好好写文章，不许成天写信，必须在半年后教书的赚取一笔钱，而写文章的积攒下一批文章才可以见面，但结果不到一个月，丁玲便也去了济南。沈从文则经徐志摩推荐，到胡适任校长的吴淞中国公学任教，开始了大学教书生涯。

然而，不到3个月，胡也频和丁玲又从济南回到上海，沈从文问他们为何匆匆回沪，他们只说是济南风潮闹得很凶，不是教书的地方，而他们又不愿受人利用，并且还担心遭人暗算，因此跑了回来。第二天，胡也频在与沈从文独处时才告诉他真相，原来他与丁玲简直是逃回来的，但对于为何要逃回来又三缄其口不愿多讲。过了几天，沈从文从冯沅君处了解到事情的原委，原来此时胡也频已经开始热心于从事革命工作，在济南高级中学任教期间鼓动学生投身革命，在引发学潮之后被山东省政府通缉，因此不得不逃回上海躲避。

共救胡也频

由于沈从文在吴淞中国公学忙于教学,同时又在上海暨南大学兼课,吴淞距离上海城区又较远,因此他与胡也频和丁玲并不经常碰面。见面时沈从文觉得胡也频瘦了一点,下巴变得更尖,头颅显得更大,肩膀反倒似乎更宽,走起路来也更匆忙,因什么事让他变成这样又不得而知。1929年10月,沈从文还与胡也频、丁玲一起到松江参加了施蛰存的婚礼,所带礼物是由沈从文手书的章草横幅,上书"多福多寿多男女"。

曾经志同道合的沈从文和胡也频因政治观念的不同,逐渐走向不同的人生路径。1930年秋,沈从文到武汉大学任教,两人间或有书信往来。其间胡也频和丁玲因频繁搬家不断变更通信地址,沈从文虽然没有细究过问,但也预感到胡也频正投身于革命活动,搬家则是为了避开敌人的跟踪追捕。沈从文觉得胡也频和丁玲各有所长,胡也频有"办事的材具"可以做实际工作,而丁玲有"写作的天分",似乎只适合做文化工作,还为此写信加以劝导。胡也频在回信中说:"休,你来信说得是,不尽只那一个不应放下她那枝笔,便是我自己,也只能从另外一方面得些正当办法经验,再来从事写作",丁玲在来信中说:"知道得太多,我们什么事皆不能做了。我们现在只尽我们能够做到的做去,这里不容许个人对于成败过分作计较。(个人牺牲不足道,因为这是创造一页新的历史,是社会,不是个人!不要为我们担心,你来,你就明白我们是很穷困,但是却很快乐的。)"10月间,胡也频在写给沈从文的回信中反过来劝导他也做点比写文章更切实的事情,"休,你说的全是空话,同你做文章差不多!你受的苦永远是你自己想象的苦,这种苦却毫无可疑,同时在你生活方面,却是不能离开的一种东西。你想到的比别人都多,比别人都危险而且野蛮,同时也比别人更显得少不更事。你想的都不是你要做到的或你能做到的,干吗你不想一点像比文章还切实一点的事情?"沈从文在回信中也说自己准备做一点切实的事情,却并非胡也频希望的那样投身革命,依旧是写两万字的文章。然而,沈从文此时在武汉大学并不如意,两万字的文章也无心做成,1930年12月底趁着武汉大学放寒假,他又离开武汉回到上海。

1931年1月5日,沈从文到吕班路万宜坊60号去找胡也频和丁玲,但两人都不在家,只见床边摇篮里侧身睡着一个大头圆脸的小孩,桌上留有一张字条:"休,你来时,坐坐,同摇篮里的小孩玩玩,我们到×点才回来。"沈从文在摇篮边坐下,欣赏了小孩睡态约一个小时,仍然不见他们回来,小孩也始终未醒,于是他也留下一张字条:"我坐了一点钟,拧了小孩子的小脸三下,这小东西不醒,你们又不回来,我还得作点别的事情,只好走了。"当晚,胡也频和丁玲到沈从文住处回访,结果恰好沈从文出去了,又未能见面。1月6日,沈从文第二次到万宜坊,见到了胡也频和丁玲,此前他就听到一些关于他俩荒唐而古怪的谣言,其中说胡也频做了黄包车的总司令,组织他们进行种种斗争,因此当面求证,正在床上照料小孩喝牛奶的丁玲答道:"我们多了一个小孩,却反而很少人知道,这事倒很有趣。"胡也频也说:"把任何消息放大,是住在上海地方的人一种本领。"沈从文有些不甘心,又将他听到的关于他俩的事情说了许多,结果两人只是笑,胡也频还望着小孩说:"小孩若是会说话,就会告给你,这两个月来,为了他,做爸爸的同做妈妈的如何过日子。"此时,胡也频的儿子出世还不到两个月,但已经会看着人笑,并且似乎懂得别人对他笑的意思,一张小脸被房中炉火照得绯红。沈从文看着这个小孩,心想60天的生命就古怪到这样子,那么这半年来一定也能够让一个人做出一点别的事情。

身为自由主义作家,沈从文认为每一个作家都有选择他自己以为正当途径的权利,他无法忍受无论何种样式的拘束,但并不赞同胡也频为了从事革命工作而选择放弃文学,觉得"解决它,证明它的东西,还是他的作品",他认为胡也频"注意那些卑贱的世界,肮脏的人物,粗暴的灵魂,同那些东西接近,自己没有改造他们以前,就先为他们改造了自己,我想到这个时,稍稍有点为朋友担心"。不仅对于胡也频,沈从文也为丁玲感到担心,认为"两人的信仰惟建立于租界地内观听所及以及其他某方面难于置信的报告统计文件中"。沈从文试图劝阻胡也频和丁玲继续从事革命工作,他觉得他们只是从各种文件中来了解中国的情形,对于租界以外的任何事情却都太缺少理解,因此极力劝说他们离开上海租界到外面世界去看看,并对参加革命可能招致的风险发出警示。有一天,丁玲向沈从文问起武昌的出版情形,沈从文趁机告诉她武昌的一个书店经理仅仅因为售卖左翼文学书籍就被杀,而这些书籍在上海租界却正在公开发卖,试图以此为例向丁玲传达同一个信仰或者一点主张可能会由于所处环境的不同,引发截然不同的结果。

由于胡也频忙于从事革命活动,丁玲则要照看孩子,因此两人都没有多少时间和精力写文章,依靠卖文而生的两人物质生活自然极其窘迫。有一次两人请了一个奶妈,但这个奶妈却嫌弃他们太穷,连一顿好点的饭也吃不上,不久就离开了。小孩日夜的尿布都需要丁玲来洗换,而每天 6 顿左右的奶粉也需要胡也频来搅拌。夜里孩子哭闹时,还需要一个人起来哄孩子,以至于两人都想把孩子暂时送到医院去,后来听人说还真有这样的医院,但一送进去就需要 100 元以上,穷困至极的他们无力支付这笔费用,只得作罢。其实丁玲和胡也频早在孩子出世之前就预想到一定得花不少钱,为此在出生前两个月还抓紧写了些文章换取一些稿费,但这些钱早就花得精光,不仅房租难以支付,就连孩子的奶粉钱也时常没有着落。后来为了腾出时间写文章,丁玲和胡也频向一个熟人借了些钱,请了一个苏北娘姨,但这个娘姨是个生手,一到夜里孩子总是哭闹,依然无法集中精力写作。沈从文建议他们其中一个人去教书,但一时间又找不到推荐人。

1月7日,胡也频和丁玲到沈从文住处拜访,但胡也频中途有事要先行离开,沈从文见他衣衫单薄,就让他穿上自己新做的一件海虎绒袍子,直到胡也频牺牲时依然穿着这件袍子。1月17日中午时分,胡也频独自来找沈从文,说他想搬家却到处借不着钱,既然暂时不能搬走,房东的儿子又死了,总得送点礼,他想让沈从文帮自己拟一副挽联,下午就到他那里去写。胡也频还对沈从文谈起近日来商人对于作家卖稿时的苛刻,并由此谈到有人想组织"作家协会",以便与商人对抗,保护作家的利益。沈从文对此不抱什么希望,两人就这个问题讨论了将近一个小时,最后胡也频接受了沈从文的意见觉得"不必对于那个会怀了太大的希望",而沈从文最终也同意加入作家协会,只是心想:"你也许比我'作得认真',我也许比你'想得透彻'。"由于当天有人约沈从文在四马路吃饭,所以在12:30左右两人一起出门,临行时胡也频从沈从文处借了6块钱,顺着四川路向南走,走到惠罗公司前面时,胡也频说他要先到先施公司买写挽联的白布,两人就此匆匆分开。当天下午3点左右,沈从文吃过饭后便按照约定到胡也频家准备写挽联,但并未见到他。丁玲问沈从文是不是胡也频到过他的住处,沈从文讲了两人见面及分开时的情形。由于胡也频迟迟没有回家,沈从文仿佛有种不祥的预感,为了排解心中的不安,笑着对丁玲说:"他约好我来写挽联,他这时还不回来,莫非路上被狗咬了。"丁玲正忙着给小孩折叠一片围身的白布,毫不在意地说:"不碍事,身上并不带什么东西。"沈从文又说:"他应当小心一点,他那么洒脱,我为他担心。"丁玲答道:"从文,照你这种胆小,真是什么事都不能作!"沈从文听丁玲这样说,便告诉丁玲他刚从朋友处听来的革命者被捕的消息,以此来证明自己并非胆小。丁玲则给他讲了瞿秋白去年在上海租界电车上被一个下了班的巡捕认出,却并未遭到逮捕,反倒安全离开的故事,试图以此打消沈从文的疑虑。沈从文并未因此被说服,他从胡也频曾经向他谈起的一些情况,认定胡也频随时随地都有可能被捕,但又感觉丁玲好像并不明白胡也频的真实处境,因此对丁玲的镇定自若有些气恼便离开了。吃过晚饭后,沈从文还是有些不放心,再去万宜坊,结果还是没有见到胡也频。沈从文不由得担忧起来,对丁玲说:"别发生什么事情了!"丁玲看起来神气依然很镇定,让沈从文先帮自己照看一下孩子,一个人出去了一个半小时才匆匆回来。沈从文问她有没有什么消息,丁玲只是咬着下唇微笑着摇了摇头。

1月18日早上,沈从文又到万宜坊,结果胡也频还未回来,他猜测很可能已经被捕了。沈从文感觉丁玲似乎一夜未睡,此时正坐在小孩摇篮边为胡也频缝补一件旧衣服,但又仿佛是故意借此来消磨时间,掩饰内心的焦躁。丁玲在听沈从文说起胡也频的可能去处时,依然神气镇定,微笑着仿佛要说:"一切的灾难,假若是自己预先认定了应当有的那一份,迟早这一份还是得接受的。人事应当去尽,万一捉去了,就设法来救他,杀掉了,自然就算完事了。"当时国民党特务在抓捕革命者后经常会在其住处继续蹲守,等待前来探信或者联络的人落网,由于胡也频可能已经遭遇不测，丁玲不适宜出门寻找，于是沈从文到处去打探消息，从法租界跑到闸北，又从闸北跑到静安寺，再由静安寺返回万宜坊，但始终无人知道胡也频的下落。沈从文还托熟人给公安局认识的人打电话，问近日是不是进行了抓捕，但也没有下落。晚上7点左右，沈从文从万宜坊回到北京路的住处，收到胡也频托人从监狱里带出来的字条，只见上面写着：

休：我遇了冤枉事情，昨天过你住处谈天，从住处出来到先施公司，遇女友拉去东方旅馆看个朋友，谁知到那里后就被他们误会逮捕了。请你费神向胡先生蔡先生一求，要他们设法保我出来。请吴经熊律师，乘我还不转移龙华时，进行诉讼。你明白我，一切务必赶快。否则日子一久，就讨厌了。奶奶处请你关照一声，告她不必担心。我的事情万不宜迟，迟了会生变化，我很着急！
……

崇轩

沈从文瞬时明白自己最担心的情况还是发生了，他捏着字条急忙往外跑，将在门外等着的送信人一把拉进了屋里，想要从他那里多了解一些具体情况。不料送信人却摇了摇头，然后用手指着字条说："你看这个。"沈从文仔细观瞧，这才发现在已经揉皱了的字条角上还有一行很小的字，"事不宜迟，赶快为我想法取保。信送到后，给来人五块钱。"沈从文按字条上所说的给了来人5块钱，送信人这才说："你们赶快一点，押过南京就难办了。"

沈从文连忙问："可不可捎个回信去？"送信人说："不用写信，你就告诉我我记得！"于是沈从文让送信人转告胡也频，他和丁玲在外边会尽力做应做的事，让他不必心慌。

送信人走后，沈从文急忙赶到万宜坊，将这个消息告诉正在焦急等待着的丁玲，并商量如何应对。由于丁玲之前并未听胡也频说起过到东方旅社参加什么会议，即便有其他人组织的会议也应该与他无涉，只要他身上没有什么重要文件被搜查出来，应该不会有太大的问题。沈从文也觉得只要案情不是太复杂，没有受到其他人的牵连，胡也频和丁玲又都是社会知名人士，再托人说说情，至多不过坐两年牢狱而已。然而真实情况却比他们预想的严重得多，原来胡也频与沈从文分开后说是要去买白布，实际上却是到汉口路666号东方旅社参加了秘密会议，该旅社内设有中共江苏省委秘密机关，结果由于叛徒告密被上海公安局会同公共租界巡捕房突然包围，将包括胡也频在内与会的27人全数拘捕，除了两个女子被保释外，其他25人被从租界引渡后关进监牢。

沈从文和丁玲商议后决定，一面请人设法取保，一面请律师代为设法，想方设法让胡也频凭着作家身份与其他人分开进行另案处理。当天下午，丁玲带着孩子一起转移到李达和王会悟夫妇处暂避。

沈从文为了营救胡也频于1月20日面见胡适，商量对策，胡适在当天日记中这样写道："沈从文来谈甚久。……从文很着急，为他奔走设法营救，但我无法援助。"此时胡适与国民党当局的关系正处于紧张状态，再加上事关重大，他也是无能为力，于是给蔡元培写了一封信,让沈从文带到南京找蔡元培设法营救。1月25日,沈从文到南京去找蔡元培,结果蔡元培因事外出没能见到,于是留下了一封信:

孑民先生:

从文今日由申来进谒,适值先生外出。希望一二日内许一时间约谈数分钟,实为大幸。来此为朋友胡也频事,欲得先生略加以援手。今将胡君之过去另函呈览。余候面陈。

专颂

康安

沈从文敬上

二十五日

蔡元培是国民党元老级人物,曾经组建光复会并担任会长,中华民国成立后曾做过首任教育总长,1916年底又担任北大校长,在国民党内和教育界素有声望,然而此时他已被排挤出权力中枢,虽然担任了中央研究院院长,表面上身居要职,却并无实权,就连胡也频被捕后关押何处也无从查问,因此对于营救自是有心无力。即便如此,蔡元培也并未推辞,依然托人相救,2月20日他在写给胡适的信中还说:"沈从文君到京,携有尊函,嘱营救胡也频君,弟曾为作两函,托张岳军设法,然至今尚未开释也。"其时胡也频早已被枪决,但蔡元培对此并不知情,还惦念着如何进行营救。胡适于2月25日在致蔡元培的信中说:"胡也频事,承营救,他的朋友都很感谢。但他已枪毙了。"

1月底,沈从文从南京返回上海,又收到胡也频托人从狱中带出的信,说他已被从租界引渡到公安局,不久将被送往龙华警备司令部,并且他已经受到拷打审讯,催促沈从文尽快找人相救。沈从文在军队中清乡时亲眼见过给抓来的人用刑,不由得眼前浮现起胡也频或正被人捆绑着用白醋灌入鼻孔,或裸着胸脯被人用香头炙烤的场面,为此感到很难过。此时正好丁玲收到郑振铎和陈望道写给国民党元老邵力子的信,让她携着此信找邵力子求助,于是沈从文又和丁玲一起再次前往南京。由于此时胡也频被关押在上海,因此邵力子也和蔡元培一样给时任上海市长张群(字岳军)写了封信,并让沈从文和丁玲回上海后即去找张群。沈从文和丁玲赶忙返回上海,拿着信去见张群时却被一个秘书告知,胡也频已被转送至龙华警备司令部。

虽然未能营救成功,但沈从文和丁玲总算知道了胡也频的确切下落,此前他们请律师帮忙救人时就因为不知道胡也频的下落而一筹莫展。这时沈从文和丁玲从朋友处探听来一些消息,重新燃起了一线希望。半年前,有个姓祝的朋友因为涉嫌参加左翼剧联而被捕,经审讯后判处了两年零10个月的徒刑,结果托人活动又减至6个月,由于羁押期也算在内,所以很快便出狱。这位姓祝的朋友因与左联有着联系,因此被释放后不久便来找过丁玲,谈及了其中的内幕。恰巧这时,有位广东籍的郭女士也正在营救被捕的亲属,从她那里探询到,她送了一份800块钱的礼物给一个同乡后答应帮忙解救。丁玲和沈从文也开始到处筹钱,为此丁玲还卖了两本书的版权，又借了些钱，但其后又因郭女士已回广东筹钱，他们不知道该如何运作而作罢。正好这时胡也频又托人捎信，信上说自己一切还好，但事情一拖延必然会被牵连，最好趁此时赶快设法保出。送信人又得到了5块钱的好处费，当他弄明白丁玲和沈从文有意托人花钱营救胡也频后，便说他与老国会议员相熟可以帮忙"买"公道，又讲述了几个过去成功操作过的案例，而这位议员恰好是丁玲已亡故朋友王剑虹的父亲，于是丁玲便有些相信了他，但要他先做出点成绩来看看。第二次这个送信人又捎来胡也频写的字条，他也说这人可信，于是丁玲和沈从文便将一笔小款交给他。虽然这个送信人并未能按他所说的那样成功解救胡也频，但也给丁玲和沈从文指示了一个办法，让他们得以在胡也频死去之前隔着双重铁栏，匆匆见了被捕后的第一面也是最后一面。

到了送信人所说的日子，丁玲事先已为胡也频准备好一条草荐，一条棉絮，两套汗衣，两双袜子和一提盒食物，让沈从文陪着一起去。为了不招人注意，丁玲还特意换了一条灰布短棉衣，将自己装扮成在丝厂做工的乡下女子模样。正式挂号时间为上午9点，但监狱方面对于挂号人数有着限制，每天大约600人等着挂号，但实际上只能挂400个号，因此他们7点以前便赶到了龙华监狱，此时空中正飘着小雪。丁玲和沈从文挂完号已经大约11点了，照例这些挂好的号还必须经警备司令部军官批准，拿着批过的字条后才能分组到监狱里去探视。照以往情形，12点发放"许可接见"的字条，下午两点方可进入监狱。天冷风寒，丁玲和沈从文与其他探监者一样全身都冻僵了,但为了排队等字条只好忍耐着,连饭也不敢去吃。这天直到下午一点半才开始发放字条,这些字条是按照排队秩序分发的,有经验的人都知道凡是那些字条被扣下的意味着要探视的人极有可能已被枪决了。为此丁玲和沈从文在等字条时都不由得有些紧张起来,担心胡也频已经遭遇不测,好在终于领到了字条。拿到字条的分成10人一组,由一个手持大棒的灰衣壮汉领着一起进去,探视后再10人一组出来。到了围墙尽头处门边后,仍需聚齐20人为一组,查验军法处的字条无误后才允许将带来的行李物品从齐眉高的木栅栏抛上去,请求士兵接过后,攀援过这段栅栏,这才来到监护牢狱的小兵营。管狱处允许开门时,第一组里面有三个人的字条却被发还拒绝入内,这才知道原来军法处发的字条上并不都是一个"准"字,包括"东方旅社事件"在内的政治嫌疑犯的探视者所领的字条均为"不准"。有些人看着自己字条上写着"不准"开始离开,拿到准许字条的人则从栅门上爬进去。有两个中学生模样的青年是来看柔石和冯铿的,展开字条一看上面写着"不准"只好走了,包括丁玲和沈从文在内大约有40人执意等待着,看是否有意外机会。有人开始请求看守的兵士通融一下许可他们都进去,恰好这时有一组人从里面出来,于是丁玲和沈从文等7个人趁机在班长的默许下挤了进去。丁玲和沈从文进去后在大坪中等候着,丁玲挨近铁栏边后将手中的条子递给一个管狱人,但那人接过后一看又将条子掷还。过了一会儿人少了些,沈从文又挤上去将条子递给管狱人,他问沈从文:"为什么明明白白写定了'不准',还来这里做什么？"沈从文和丁玲说不能见面，可不可以将捎来的东西给犯人，只听旁边有人说这事谁也不敢做主，送什么也不行。这时有个军官模样的人在铁栏里来回走动着，那管狱人拿着丁玲和沈从文的字条同他说了几句话，那军官即刻走来很和气地告诉他们，上面有命令不准见面，送东西也不行，但如果身边有钱可以给犯人送点。丁玲和沈从文想给胡也频送 30 块钱，军官却说 5 块钱就足够了，钱多了在监狱里也没用处。军官拿着钱走进另一扇铁门，丁玲和沈从文按他的指派站在窗口边等候收条，从兵士口中才得知这个军官就是管狱长官。一会儿，只听有个带金属脚镣的声音从第二道小铁门处传来，沈从文一眼望去正是胡也频的身影，于是指给丁玲看，正在这时胡也频又走回来了，丁玲大声叫着"频！频！"由于相隔距离很近，丁玲一喊叫，胡也频也听到了，便停顿了一下，将带着铁手铐的双手扬了一下，即刻消失在门背后。

沈从文眼见着胡也频身陷囹圄凶多吉少，却又无法营救，为此他颇感无奈而心生无力感，在 2 月 6 日写给王际真的信中说："我赌咒不教书，我作官又办不了，做别的事又无本领，故到后一着我看得很分明的，是我得回到家乡寂寞的死去……所以我不革命就是只有寂寞里老去死去一个办法。革命一定要一种强项气概，这气概是不会在我未来日子里发生的。" 2 月 7 日，正当沈从文和丁玲感到无计可施时，时任国民党中央宣传部文艺处长的左恭专程从南京来到上海，告诉他们陈立夫曾经说起过他可以帮忙问问胡也频案件。左恭毕业于北京大学，是国民党左派，与中共地下组织也有联系,他和夫人曹孟君与丁玲、胡也频及沈从文在北京时就是熟人,又是湖南人,尤其是丁玲和曹孟君还曾在补习学校同住同学习过。后来曹孟君与左恭一起于1925年考入北大,同年她又加入中国共产党,在得知胡也频被捕后,两人在南京到处探听案件情况,找人疏通关系积极营救。陈立夫属于"蒋宋孔陈"四大家族中的陈氏家族,其叔父陈其美是蒋介石的结拜兄弟,与其兄陈果夫并称"二陈",共同掌管国民党党组织及党务,素有"蒋家天下陈家党"之称,如果他肯出面搭救,胡也频自然有望脱险。为此丁玲和沈从文商议后决定,在不向陈立夫投降的前提下,一起去南京面见他,然而事实上胡也频已于这天被杀害。尚不知情的丁玲和沈从文于2月8日搭乘早车前往南京,次日上午经过商量后,觉得丁玲还是不在南京公开露面为宜,由沈从文和左恭一起去见陈立夫。陈立夫与沈从文在会面的两个小时内用了大约四分之三的时间谈论"民族主义文学",又告诉沈从文移栽树木必须记清原来的方向,通过交谈沈从文觉得陈立夫有一种很稀有的诚实处,也觉得这类谈话娓娓动听,但他并未忘记此行的目的是什么,直到末了才得着机会老老实实地表明自己的态度和立场,陈立夫答应如果胡也频不是共产党,他会设法提供帮助。然而等沈从文和左恭回到左恭家后,丁玲将刚刚收到的王会悟从上海发来的快信递给沈从文看,只见信上只有短短两句话:"×号×××××案内有二十三个人业已在此枪决,不知你们在宁所得消息如何。"闻此噩耗,丁玲和沈从文于当天晚上11点半搭乘火车返回上海,次日到达后再去打探,得到确切消息。

沈从文在2月27日写给好友王际真的信中，曾谈及胡也频被枪决时的具体情形以及丁玲的境况，"朋友胡也频已死去，二十人中八十枪，到后则男女埋一坑内。现在我同到那个孤儿母子住在一处，不久或者送这个三月的孩子回到家乡去。……我成天不出门，坐在一间三角形的楼顶……小孩母子住隔房，听听哭喊声音，便好像是坐在地狱边界上，因为那母亲，若果那一天同丈夫在一块走，一定也就死去了。"关于胡也频被执行枪决的具体情形，沈从文在《记丁玲》中又根据后来新了解到的情况进行了修正，"于是[二十三个手足为镣铐缠裹，口中被布片堵塞的年青人，]十二个荷枪兵士，一个排长，一个监刑的副官，共同沉默地走到军工厂堆积材料的旧房子前面，把二十三个人编排在一堵土墙边，十二个兵士退后十步成一排，一声呼哨知会下，响了八十七枪，一群年青人倒下去,完事了。几个兵士方用手电筒晃着，解除了每个人手足的镣铐，且拖曳到数尺外白日里预先掘就的土坑里去，再把旁边柔软的泥土盖上。兵士们作完了事，便沉默的携着镣铐走了。当解决这二十三个人时，正细雨霏微，到半夜落了大雨。"沈从文之所以对胡也频遇难时的具体细节了解得如此深入和描绘得如此真切，并非仅仅为了文学表达的需要，而主要是出于对好友英年遇难的缅怀之情。

胡也频遇难后，丁玲母子也从李达家搬到了沈从文住处，并由沈从文的九妹陪伴着，平时由沈从文或九妹出门购物，丁玲不经常下楼。之所以从李达家里搬出，一来李达曾是中国共产党一大代表，虽然此时已退出实际革命工作，但依然是重点监视对象，丁玲住在李达家并不安全；二来丁玲也担心会连累李达、王会悟夫妇，连带着他们的一群小孩全部投入牢狱。沈从文素来对革命不感兴趣，因此隐蔽在他这里不易引起注意，但也必然要为此承担一定的风险。当初丁玲之所以从万宜坊租住处搬到李达家躲避，除了为了防止住所暴露而招致危险外，主要是因为房东害怕引祸上身而催着她赶快搬家。此前丁玲也曾以"先生过汉口有事去了"来搪塞房东，但由于外面风声很紧，经常传来抓人的消息，房东对于胡也频突然消失早已起了疑心，因此不得不搬走，一时间又没有合适的住处，只好在李达家暂住。与丁玲和胡也频毫不相干的房东尚且如此，沈从文隐藏丁玲母子一旦事发，后果更是可想而知。然而丁玲并未因胡也频遇难停下革命的脚步，较之以往反倒更为坚毅执着，继承着胡也频未竟的革命志愿继续前行，在人面前也始终节制自己的情感而从不示弱。当王会悟提议想法安葬胡也频的遗体时，丁玲强忍着悲痛说："这有什么用处？""死去的，倒下死去，躺入混和了泥土积水的大坑，挤在一个地方，腐烂了，也就完事了，找寻他有什么用处？我们不必作这种蠢事，费神来料理一个死人。我们应当注意的，是活人如何去好好的活，且预备怎么样同这种人类的愚蠢与残酷作战。如何活下去，又如何继续去死！"

胡也频牺牲后，由于国民党当局的严厉查禁，左翼刊物几乎全部销声匿迹，丁玲想要靠写文章挣生活费已毫无出路，她一人带着孩子在上海既无稳定收入，也无法从事创作和参加革命活动。与此同时，丁玲的母亲也从报纸上得知胡也频失踪的消息，一再去信询问女婿的下落,并且说自己年事已高,很想念从未谋面的外孙,如果女儿女婿不能将小孩带回湖南,那她便准备动身前往上海。为此丁玲想要将孩子送往湖南老家,然而回去的路费一时间没有着落,此前筹借来的几百元钱几经奔走早已花光。沈从文也因营救胡也频错过了武汉大学的开学时间,虽然并没有提出辞职但也不便再领取薪水,单靠每月并不固定的稿费只能勉强应付房屋租金,以及他们兄妹和丁玲母子的生活费用,况且他每次提笔写作时"不是为小孩子所扰乱,就是为某种隐藏在心中的感情所扰乱,实在无从着手",一时间想走也走不得。这时胡也频的父亲也在打听丁玲母子的下落,原来此前不久他的次子在福建军队中因战斗负伤不治而亡,长子胡也频又被枪决,因此在得知丁玲还有一个小孩后便特地从福州赶来想将孩子接回福建。几经周折,胡也频的父亲得到了沈从文的地址,并托一个同乡转告丁玲想见见她们母子。丁玲十分明了胡也频父亲此行的目的,但她知道孩子一旦送回福建将来便不容易再见面,因此决定独自去见胡也频的父亲,告诉他胡也频已死不必再托人营救,并劝他赶快回福建。深明事理的胡也频父亲也不强求,只是请求丁玲让他见见长孙,并保证碰也不碰一下,见过之后即刻便返回福州。然而恰当此时,胡也频的父亲接到妻子病重的电报,来不及再见孙子便匆忙间独自返回福州。

此时丁玲的母亲又从湖南来信催促丁玲返乡,她已从报纸上隐约感到胡也频可能已遭不测。丁玲为了避免母亲得知胡也频死讯经不起打击,除了将胡也频生前照的相片,包括与丁玲母子的三人合照陆续寄给母亲,还在她的指点下让沈从文冒充胡也频写过三次信。其中在得知胡也频死讯的当晚,沈从文以胡也频的口吻这样写道:

姆妈:

得到你的信,你真会疑心。我近来忙得如转磨,冰之来信应当说得很明白,有了些日子不写信回来,难道就发生什么了不得的大事?不要看那些造谣的报纸,不必相信那些报纸上的传说,那是假的。谁来捉我这样一个人呢?除了姆妈只想捉我们回家去陪大乾乾说西湖故事以外,谁也不想捉我,谁也捉不了我。

小频身体好,一天比一天壮实,将来长大了,恐怕只有回来在辰河作船夫,占据中南门小码头,包送老祖宗来往桃源同西湖。西湖如今还与长江不通船,我明白,我明白,不必姆妈来说我就明白喔!可是二十年后,世界不会同今天一个样子,姆妈不相信么?小频吃得多,我也吃得多。我极想吃腊肉和菌油。家中的廊檐下,这几天太阳很好,一定还悬挂得有一个火腿,一块黄黄的腊肉,留给我回来吃的。姆妈,你等着,事情若不太忙,我会把小频送回来换这块腊肉!

我想远行,去的地方也许极远,因为……这些事冰之信说得一定很清楚了,不明白的你将来也自然会弄明白,这时我可不告你。我只预备回来时同你下棋。我的围棋近来真进步太多了,我敢打赌,我不会再输给妈了。

请替我们问大乾乾的好,说这里有三个人很念她,其中一个是乾乾还不曾见过面的,名字叫做小频。小频真是个厉害的小家伙,他那眼睛鼻子全像他那祖母,一个天生的领袖!

我这信简直写不下去,小家伙古怪得很,只麻烦我,其实他早就应当来麻烦姆妈了!……

崇轩敬禀

沈从文和丁玲一道将这封充满善意谎言的信合写完,而真正的写信人胡也频此时却早已命丧黄泉,两人不由得相对凄然地笑笑。丁玲的母亲接到来信并未起疑,但也更加期盼能早日见到外孙,于是给丁玲写信说到了4月还不见回来,她无论如何都要到上海来。丁玲收到母亲这封来信后,不由得焦急起来,她知道个性倔强的母亲向来说到做到,一旦来上海胡也频的死讯便更难掩饰,不得已向郑振铎预支了200元稿费,沈从文也收到王际真寄来的一笔钱,于是两人商量后决定将孩子送到湖南外祖母处。孤儿寡母在路上多有不便,为防不测让沈从文以"丈夫"名义护送返乡。

3月21日,沈从文和丁玲母子离开上海,3月30日到达常德。事先丁玲就和沈从文做了一番周密安排,除了继续隐瞒胡也频死讯,找借口搪塞外,为了避免母亲挽留不让她即刻就走,预先以胡也频的名义拟好三通电报和书信,让沈从文的九妹代为从上海拍发,第一通报告动身的时日,第二通祝贺到家的快乐,第三通催促丁玲赶快返沪,其中第三通飞机快信上这样写道:"姆妈,莫太自私,把女儿留下,快放冰之来上海同我玩几天,我们一别必需三两年方能见面！我走后她回来陪姆妈的日子长。你再不放她出来，我真的不高兴了！"然而事不凑巧，丁玲母子和沈从文刚进家门，却发现丁玲母亲手里正握着他们事先安排好的三通电报和书信，快乐得如同一个孩子那样憨笑着，在从丁玲手里接过小孩前一边把这些电信塞到沈从文手中，一边将小孩抱在手里说："世界上真只有你那爸爸急性，人还不回来，就电呀信呀催促妈妈回去，真是个急性的人！"丁玲和沈从文也只得装作很快乐的神气看他们事先拟定好的这三通电报和书信，假装认真看完后也附和着说："真真性急得可笑！"

在常德住了三天后，沈从文与丁玲又一起离开，将孩子留给丁玲母亲照看，直到8年后才被接到延安。在回上海的船上，沈从文忍不住好奇地问丁玲是否在家里哭过，丁玲说："我看见我妈抱了小孩子，只是在房中打圈子，口中还唱着哼着，且亲昵的骂频'忘恩负义，记不着我的好处，不回来看看，且不让小妈妈多在家中住一阵。'我好些回数真想大哭。"然而丁玲只能强忍悲痛，一但哭出声来事情就隐瞒不住了，每当她想哭时就用牙齿咬定被角，就这样三夜过去了，与她睡在同一张大木床上的母亲始终没有察觉出有什么异样。

沈从文和丁玲于4月10日到达上海，之后沈从文又于5月28日受徐志摩之邀到北平求职，丁玲则仍然留在上海。自此之后，两人之间虽然友情仍在，但是逐渐因时空阻隔和不同人生道路的抉择而渐行渐远。虽然胡也频早已不在人世间，但在他生前与沈从文结下的深厚友谊依然没有磨灭，这也成为沈从文和丁玲嗣后能够长久保持友谊的重要牵系。1931年8月起，沈从文还应萧乾之约为由他和美国人安澜合办的英文周刊《中国简报》写《记胡也频》，9月5日完稿。由于1931年7月29日《中国简报》在出至第8期便因亏本停刊，沈从文又将《记胡也频》改寄给上海《时报》，于是年10月4日开始在其上连载，直到11月29日完成，共刊载34次。

沈从文在着手写作《记胡也频》之前曾写信告诉丁玲，向她征询意见，并且在信中说如果她写的话，自己就不必再动手。丁玲在回信中说："我目前不能写这种文章，我希望你写。可以少写些，这个人你明白的，三句话就可以说完。还有写时得小心一点，因为家乡那一个，我们还不适宜于把这个人的真实消息送回去！她还以为他在俄国，寄了一张小孩子的相片来，要我转寄过俄国！"沈从文快要完成时，又致信丁玲告诉她这篇传记的内容和字数，丁玲在写于9月29日的回信中说："记也频能准我看一看吗？我也常常想为他一生做一长传，然而一想到效果，便觉得太费力了。我这人真是个不合理的人，讲实利讲到这样子！不过我想我总可以写一点出来，在我个人对于他的纪念。但这是以后的事。如今你能写，我非常高兴。"11月29日也即《记胡也频》在《时报》连载完成的当日，丁玲又在第三封信中写道："《时报》上的文章我觉得你太主观了。尤其是关于'一幕悲剧的写实'那一段。当日也频写时原本全是臆造，我不愿小气，不同他计较。而你又忘却你自己，用这作材料，无乃冤枉丁玲之至！"这段被丁玲指陈为臆造的情节是关于胡也频与房东太太感情纠葛的故事，丁玲指出这是胡也频在小说《一幕悲剧的现实》中虚构的，因已在《时报》上连载便只好将错就错，但后来沈从文在出书时将这段删去。对此沈从文也有过一番解释，他说《记胡也频》在《时报》上登载，包括拿到光华付印等事宜都是由丁玲经手来办的。同时沈从文也已授权丁玲对于《记胡也频》一文中可能存在的错误，她要改的尽管改正，但或许是丁玲大约已经明白包括上述错误在内并非沈从文有意疏忽造成的，而且在文末沈从文也明确表明了这本书的写作目的与得失所在，因此在付印时丁玲便依照原来的稿样不曾有所增减。

著文忆丁玲

沈从文虽然远在北平,但与丁玲也不断有书信往来,而且在一段时间内由沈从文的九妹陪伴着丁玲住在一起,因此对于丁玲的情形并不陌生。1931年6月23日,丁玲致信沈从文,谈及由她主编《北斗》的计划,但并未告诉沈从文这是左联刊物,只说是"现在有个新的小书店,请我替他们编一个杂志,我颇想试试",并且强调:"这杂志全由我一人负责,我不许它受任何方面牵制,但朋友的意见我当极力采纳。希望你好好的帮我的忙,具体的替我计划,替我写稿,拉稿,逼稿。我们自己来总要比别人的好一点方好,你说是不是!""我意思这杂志仍像《红黑》一样,专重创作,而且得几位女作家合作就更好","坐庄的人全靠我自己(我愿将全力放在这上面)和你"。以此来让沈从文打消疑虑,并请他向冰心、凌叔华、袁昌英、陈衡哲、淦女士等女作家约稿。

丁玲不愧是沈从文的好友,对于沈从文办刊的偏好了如指掌,知道他不愿刊物乃至文学本身受经济组织与政治组织的控制,因此赢得不明就里的沈从文的大力支持。沈从文为了让丁玲顺利办刊到处给作家们写信,请大家帮助她把刊物办得热闹一点,同时也给丁玲写信告知自己对于该刊的一切意见。原本沈从文已打算到青岛大学任教,并且两年内不再写小说了,但为了支持丁玲办刊不得不继续提笔写作。在沈从文的邀约下,冰心第一个为该刊写了一首长诗,其他人也陆续将写好的文章寄给丁玲。

嗣后,虽然沈从文也得知《北斗》是"左"倾刊物,并且出至第5期时还曾被扣留,出到第11期时又有查封消息传出,而出版该刊的小书店老板还被捕过一次,但并未对丁玲没有如实相告有所迁怒,反而归因于出版地在上海受到限制所致,若是在北平出版便能够按照最初计划进行,"但这刊物却在上海出版,距离她所需要合作的几个人那么远,并且我不久又离开了北京,故这个刊物开始几期,虽然还登了些北方的文章,到后自然就全以上海方面作者为根据,把这刊物支持下去了。"不仅如此,沈从文还对《北斗》给予了高度评价,认为该刊给人的印象"却为历来左翼文学刊物中最好的一种","尤其是丁玲自己,对于这刊物的支持,谨慎的集稿编排,努力处与耐烦处,留给一般人一个最好的印象"。不仅如此,有些与沈从文并不很熟的人来信向他谈及无法得到《北斗》时,他还将这些来信转给丁玲,由丁玲按照信上所开地址将刊物寄去。

沈从文与丁玲之间的联系并不仅限于办刊方面,同时他对于丁玲的生活情形也十分关心。丁玲在从湖南返回上海后不久,与给史沫特莱做翻译的冯达结识,此时冯达为中共地下党员。半年之后,冯达被史沫特莱辞退,原因是冯达已和丁玲同居。1932年夏天,沈从文到苏州去与张兆和见面后途经上海,先到发行《北斗》的小书店向管事人打听冯达的工作地址,在棉业银行四楼见到了冯达,但第一印象并不怎么好,一眼见到他便顿生疑心,"仿佛这人脸就白得使人感疑","脸那么白,如何能革命?"因此沈从文不愿与冯达过多攀谈,只简短问过一些关于他和丁玲的情形后,便同他约定通知丁玲第二天下午5点到其住处相见。沈从文之所以对丁玲的情人冯达印象不佳,主要还是在于他认为丁玲和胡也频才是真爱,胡也频适宜于作一个女孩子的情人,而冯达却只能称之为一个妇人合用的丈夫。在他看来,脸色白皙、衣帽整洁的冯达虽有着受过相当绅士教育的谨饬,却缺少胡也频那样的火气也即热情,永远是那么温和,如果说还有什么特别长处的话那便是为人稳重可靠。然而从后来丁玲被捕一事来看,冯达的为人稳重可靠也是要大打折扣的。

沈从文在见到丁玲后,两人先聊起近年来各自的工作情况,接着丁玲问沈从文此次苏州之行婚姻有没有什么结果,沈从文并不想先谈这件事,反过来关心地问丁玲:"两人生活怎么样,是不是还好?"丁玲答道:"有什么可说的?我们又不是年青小孩子。一切都平平常常,住在那里也同住公寓一样,白天各人有各人的事务,到见面时还互相十分客气,比老朋友们在一处时还客气。"又聊了几句后,沈从文突然觉得无话可说了,却不由得想起胡也频如火如荼的性情,这让他感觉十分惆怅。丁玲仿佛十分明了沈从文在想什么,不无感慨地说:"我老了,不要那些了!"沈从文嘴上回答说"看得平常一些,也许是把生活侧重在事业上面去了吧",但在心里默想的是:"你这个人并不老。你到四十岁,于你生活最相宜的还是你所习惯的那个海军学生的一切!"当沈从文试图问丁玲是否还在参加革命活动时,丁玲对此避而不谈。后来谈到家乡情形,丁玲从皮夹里拿出一张自己儿子的照片,背面有丁玲母亲用工楷写就的丁玲和胡也频的小名,沈从文一见便知直到此时丁玲母亲依然蒙在鼓里,不知胡也频的死讯,但"斯人已去,生者何哀",为了避免引发伤感两人都不愿再谈及这一沉重的话题,又聊起一些熟人的生活状况。在谈及《北斗》时,丁玲也不再隐晦,而是告诉沈从文一些左翼方面的事情,同时谈起她在"一二八事变"时到前线做了什么事,以及关于徐家汇罢工等诸多事情。沈从文闻此顿时在心头划过一丝莫可名状的忧郁,仿佛自己已看到了一场悲剧的上半部,但沈从文觉得各人都有着属于自己的那一份人生,因此也没有进行劝说。只是问起在湖南的小孩需要些什么,他可以买来寄过去,并且问丁玲是否需要衣料、袜子、手巾等物品,他可以一同买来。接着两人又聊起张兆和,沈从文之前请丁玲到吴淞帮他相看过一次,因此丁玲与张兆和有着一面之缘,还向沈从文夸赞过张兆和。

丁玲与冯达的情感生活并不怎么如意,1932年冬天两人已同居将近一年,她在致沈从文的信中写道:"人同天气一样,一天一天的焦躁和萎缩下来了,怎么办?我真像蠢了一些,像迟钝了一些。看不到什么好文章,自己也更写不出好东西来,恐怕真只好让比我年青的一些人赶上前去了!我常想起一些过去,温习那些过去，只是苦笑。……一个是死了，一个是那么无希望了，只看你的拼命吧。日子，一堆怕人的日子呵，如何在毁我……"

1933年2月初，沈从文与张兆和一起到青岛，路过上海时想去见见丁玲，结果没有打听到丁玲的住处，第二天又接到青岛方面的来信匆匆离开上海，到了青岛后收到丁玲的来信："在××家里听说你同你那黑脸的未婚妻来了上海，找寻我却找不着。我以为你们还会再来，等了三天，还不见你们，这真是残忍的事！为什么不来看看我？住在上海说话的人太少了。又不能离开上海。青岛地方好，几人玩得很好时，莫忘记另外地方的一个朋友。"1933年3月，丁玲还在致沈从文的长信中谈及自己的感情生活时感慨道："爱情是一个可笑的名词，那是小孩的一些玩意儿，在我看来感觉得有些太陈旧了"，同时她在信中说自己准备写一个与通常人格截然相反的人格，问沈从文："你能不能贡献给我一点意见？"凡此种种，不难见出在胡也频去世两年之后，丁玲和沈从文依旧保持着亲密的朋友关系。

1933年5月14日，冯达在被国民党特务组织逮捕后即叛变，供出了他与丁玲在虹口昆山花园路的住址，结果导致正在家中商讨左联工作的丁玲和潘梓年被特务秘密带走，嗣后找丁玲联系工作的应修人也被把守在楼梯口的特务发觉，在激烈搏斗时不幸坠楼牺牲。

沈从文在得知丁玲被捕的消息后四处打探，由于丁玲被秘密拘禁，国民党当局又对外公开表示并未逮捕丁玲，由此造成丁玲莫名失踪的假象。沈从文虽然到处托人问询，但始终无法得知丁玲的准确下落。沈从文并未因此放弃，一贯坚持远离政治的他破例用手中的笔做武器，开始在多家报纸刊物上发表文章制造舆论，将丁玲失踪归结为国民党的政治绑票行为。他于5月25日写了《丁玲女士被捕》一文，对国民党实施秘密逮捕的行为提出抗议，甚至毫不顾忌个人安危地直言："人若当真已死去，活埋也好，缢杀也好，仿照别一处处治盗匪方法套石灰袋也好，政府既只知道提倡对于本国有知识青年的残杀，所用方法，即如何新奇，我也绝不至于因其十分新奇，另外提出抗议。因每个国家使用对知识阶级的虐杀手段时，行为的后面，就包含得全个的愚蠢。这种愚蠢只是自促灭亡，毫无其它结果"，他认为将像丁玲这样对未来有所憧憬的作家虐杀殆尽，对于文艺界而言导致的恶果必将是"只是剩余下来的一群庸鄙自熹之徒，……从所谓党的文艺政策下会计手中，攫取稿费若干，无事可作便聚处一堂，惟高谈希腊罗马以送长日。……政府于积极方面既杀尽有希望的作家，于消极方面，则由政府支出国库一部分金钱，培养这种闲汉游民，国家前途，有何可言？"真可谓针针见血、句句血泪，敢发他人所不敢发，敢言他人所不敢言。该文在6月4日刊载于《独立评论》第52、53期合刊上，与该文同时刊出的还有上海市市长吴铁城发给胡适的电文，该电文矢口否认丁玲被捕，"报载丁玲女士被捕，并无其事。此间凡关于一切反动案件，不解中央，即送地方法院。万目睽睽，决不敢使人权受非法摧残。"胡适在编者附言中也说"此电使我们很放心。因版已排成，无法抽出此文"，因此只好附上吴铁城的电文"以代更正"。其实，这正是胡适为了求得刊物安全而有意采用的春秋笔法，设若真的相信吴铁城电文属实，绝不可能也无必要再发沈从文的这篇文章，从而给人以造谣生事的攻击口实。沈从文对于吴铁城的电文也是持质疑态度的，当日他又写了《丁玲女士失踪》一文继续进行抗议，同时还给胡适写了一封感谢信。沈从文接连撰文发难，遭到一个署名张铁生的在《庸报》上著文恶语相向，并恶意编造沈从文和丁玲之间关系暧昧的谣言。为此沈从文不仅断然予以反击，而且在王芸生等人支持下还准备向法院提起诉讼，迫使《庸报》不得不派人向沈从文道歉，以求息事宁人。

与此同时，上海文化界也在设法营救丁玲，参与营救的中国民权保障同盟总干事杨杏佛还被国民党特务暗杀。面对国民党不惜触犯众怒而大开杀戒的险恶形势，沈从文不由得对当时社会上盛传的丁玲已经死难的消息信以为真，为了纪念丁玲撰写了小说《三个女性》，其中孟柯的人物原型就是丁玲，取自丁玲处女作《梦珂》的谐音，该小说分别于8月1日、16日、9月1日、9月16日，共分四次在《新社会半月刊》第5卷第3—6期上刊出。沈从文为了纪念丁玲还开始撰写长篇传记《记丁玲女士》，并于7月24日起在《国闻周报》第29期上连载，直到12月18日第50期全部完成，共刊载22次，其中自第40期始凡是涉及左翼文艺和政治活动的内容均在发表时被删去。在撰写《记丁玲女士》期间，沈从文于9月9日在北平中央公园水榭举行了婚礼，婚后蜜月中每当天气晴好时他便在"一枣一槐庐"院子里的树荫下交叉着写作《记丁玲女士》和《边城》。当《记丁玲女士》在1933

年《国闻周报》上连载时,沈从文在刊载于该刊 1933 年 8 月 14 日第 32 期上的致编者函中也曾谈及该文的体裁问题:"此文因综合其人过去生活各方面而言,间于叙述中复作推断与批评。在方法上,有时既像小说,又像传记,且像论文。体裁虽若小说,所记则多可征信,即秩序排比,亦不混乱。故私意此文以之作传记读,或可帮助多数读者了解此女作家作品与革命种种因缘;以之作批评读,或较之其他批评稍能说到肯綮。然此种写作方法,究属试作,处置题材文字时,虽十分谨慎细心,惟其得失,一己乃毫无把握。"1934 年 9 月 1 日,《记丁玲女士》结集为单行本《记丁玲》,由上海良友图书印刷公司出版精装本,在售书广告中有这样一段文字介绍:"丁玲女士的一生,可以说只有沈从文先生知道得最清楚。本书从丁玲的故乡和她的父母写起,作者特有的那枝生花妙笔,把一个冲破了旧家庭束缚到大城市来追求光明的新女性,活现在读者的眼前。是中国新文艺运动以来第一部最完全的传记文学。"然而,该书的出版过程却经历了一些波折,由于内容触犯了时忌,国民党图书审查委员会在审稿时予以扣押,后来由主编赵家璧花了数百元买下一个图书审查委员的书稿后才获准出版,但仍被腰斩,只准出版连载时的 1-10 节也即《记丁玲女士》的前半部分,后半部约 5 万字仍然禁止出版,以至于熟悉该书出版内情的鲁迅也不由得感慨:"中间既有删节,后面又被截去这许多,原作简直是遭毁了"。

《记丁玲》作为首部关于丁玲的传记,在当时人们的评价也是褒贬不一,同时刊发在《新闻通讯》1935 年第 27 期上的两篇有关于此的文章就有着截然不同的评价,升安对此羡慕不已:"我到想丁玲女士真幸福,平生得了这样一位好朋友:既是文人,能给她独作传记(记中似无别位朋友的事故谓独),又是差不多的委员能给她说话,假定我是丁玲,在让我自由之后,一定要嫁他呢!"而冯华熙却认为这是沈从文"完全躲在象牙塔里,用半推想,半泛论的神经,像写小说一样,凭空把丁玲的事体,写得神乎其神"。然而无论如何,沈从文对于身处危难之际的丁玲的关切之情的确是感人至深的,就连当时著文驳斥沈从文的新闻记者也为沈从文对丁玲的绵绵友情感佩不已。当时报刊也有文章称丁玲之所以后来在软禁期间恢复写作,正是听从沈从文劝告的结果,其首篇小说《松子》即于1936年4月19日刊载于刚刚交由萧乾负责发稿但沈从文仍在幕后主持的《大公报·文艺副刊》上,从而不仅让丁玲的作品与读者再度晤面,而且也借此破除了丁玲已被杀害的传言。1939年9月,上海良友复兴图书印刷公司又出版了《记丁玲》的普及本,与此同时又用《记丁玲续集》的书名将连载时的11—21节予以出版。然而为沈从文始料未及的是,时隔近半个世纪后,《记丁玲》却成为引发丁玲与他决裂乃至反目成仇的导火索。

相见如陌路

1936年初,由于华北形势危急,沈从文和张兆和携幼子到苏州暂避。此前沈从文已经听到传闻说丁玲被软禁在南京苜蓿园,因此便趁着此次南下路过南京时带着一家人去看望丁玲。照理说,沈从文和丁玲自1932年见面后迄今已过去4年,可谓是久别重逢,而且在丁玲失踪之后沈从文四处打探、仗义执言,这次探望尚未解禁的丁玲本身也冒着一定的风险,丁玲应该感激才对。然而事与愿违,此时丁玲对于沈从文已心存芥蒂,态度极为冷淡。之所以会如此,据丁玲事后自述,她对于沈从文写文章为自己鸣不平早已知晓,但为着两件事对沈从文心怀不满,一是在她被捕后左联的同志不能公开出面,为了营救她让王会悟写信与沈从文商量,拟用他的名义将丁玲母亲接到上海来向国民党要人,与国民党打官司,但沈从文回信说她并未被捕,而且声明自己同她早已没有来往;二是1934年沈从文接到母亲病重的电报返回湘西,路过常德时有两个文学青年也是沈从文的崇拜者去看他,并建议他应该去看一看丁玲母亲,但沈从文说没时间了,不去了。这两个文学青年很是气愤,将这一情况告诉了丁玲母亲,说沈从文太不够朋友。后来丁玲母亲又将这件事当作别人的事那样讲给丁玲听,丁玲虽然嘴上说沈从文"向来胆小,怕受牵连,自是不必责怪的",但是心里还是有点难受。丁玲所说的这两件事均系听别人转述,她本人对此却深信不疑,但究竟是否属实或者是否另有内情却不得而知,也没有当面向沈从文求证,或者给沈从文解释的机会。

细究其实,丁玲所说的这两件事也有难以自洽处,假如沈从文真的相信上海市长吴铁城所说的那样丁玲没有被捕,且诚如胡适所说的那样排版已成,无法抽出沈从文所写的《丁玲女士被捕》一文,那么当日沈从文绝无必要再写《丁玲女士失踪》一文挑衅国民党,驳斥国民党上海市政府否认逮捕丁玲。沈从文在丁玲失踪后,如前文所述在抨击国民党政府时言辞激烈,毫不顾惜个人安危,想来即便是真的拒绝接丁玲母亲来上海打官司要人,也不至于是因胆小害怕受牵连,应当另有隐情。极有可能是崇信自由主义的沈从文不愿意被人贴上左翼标签,戴上一顶"红帽子",宁可独立开展营救活动,也不愿与左翼人士一起展开联合行动。

沈从文在路过常德时未去看丁玲母亲似乎也情有可原,一来心急如焚行色匆匆,二来当时湘西风声甚紧,沈从文到了凤凰后也仅住了3天便仓皇离开,不久之后母亲溘然病逝,未能做到事母至孝和灵前送终。或许还有另一层原因,沈从文知道丁玲一直对其母亲隐瞒着胡也频的死讯,而此时丁玲又生死未卜,自己前去探望一旦掩饰不住便可能引起丁玲母亲怀疑,从而一旦知道真相不啻于剜心之痛,又如何能够承受得住,因此见倒不如不见。况且沈从文在得知丁玲被软禁的地址后,毅然甘冒风险带着家人前往探望,不至于因害怕看望丁玲母亲受到牵连而不敢前往。另据沈从文1980年1月4日致友人的信中所言,丁玲母亲"这老太太有她的爽直处,也有流行爱好,……五几年在颐和园避暑,我去看她时,也还正在'打麻将'。并且对我就表示感谢,并不忘记送孩子回湘的旧事。说是'也算对得起也频,抗战后,组织上派人把孩子接过了延安,我算尽了责任'"。

此外还有一个原因,据丁玲在回忆录《魍魉世界》中所述,她在被捕后曾给沈从文写过一封信,求沈从文看在死去的胡也频的面子上,替她照顾好自己的母亲和孩子,但沈从文后来"压根儿没有提到这封信"。无论真相如何,丁玲与沈从文之间自此之后便横亘着一条难以逾越的情感鸿沟,不仅未能随着岁月流逝逐渐修复和消弭,反倒越来越大。

当时两人的关系并未彻底走向决裂,沈从文对于丁玲见面时的冷淡态度似乎也没有太在意。1936年7月下旬,他从苏州接张兆和母子返回北平再次途经南京,全家人又一起看望了丁玲。这次见面两个月后,丁玲趁机摆脱特务控制,逃离南京后途经北平时也曾到沈从文家中拜访。之后丁玲又前往陕北,成为到达中央苏区的第一位知名女作家,受到毛泽东、周恩来等领导同志的热烈欢迎,毛泽东还赋词称赞她是"昨天文小姐,今日武将军"。沈从文则因日本全面侵华于1937年8月12日离开北平南下,最终辗转到达昆明,与丁玲自此天各一方、各行其是,再加上战时环境导致音讯难通，双方的联系长期中断，感情也变得越发淡漠。

1938年左右，丁玲已开始公开表达对沈从文的不满。1938年5月，由广州新闻研究社出版的《丁玲在西北》一书中就曾披露："丁玲似乎感到文人在友情上的浅薄与虚伪。她被捕后，她的友人就利用这机会出了本《丁玲选集》，获得名利双收。丁玲很爱她的母亲以及二三个孩子，自她被捕后，母亲与子女的生活当然是很悲哀惨苦的。沈从文几次回湖南，连顺道去探望一次都不曾，不必说是友情上的应有的扶助了。"此段话中所说的"友人"倒并非沈从文，而是姚蓬子，他在编选《丁玲选集》时以为丁玲已是"死去的战士"，因此未征得丁玲同意便予以出版。丁玲对于沈从文的责备无疑是她的真实想法，这也是首次将他们之间的矛盾公开化。

1946年10月中旬，沈从文在接受记者采访时称赞了默默坚持工作的巴金、茅盾、卞之琳、萧乾等人，同时也批评了热衷于出风头、闹运动的郭沫若、凤子、丁玲、何其芳等人，其中对丁玲"到铁矿上去体验工人生活，写了文章还要请工人纠正"等做法不以为然，认为包括丁玲、何其芳等在内去了延安的作家是随政治跑的，而这对于他们的文学创作有害无益。丁玲等人对此也不甘示弱，反过来批评沈从文，1946年12月上旬沈从文在致彭子冈的信中就曾设想将来如有机会，要将那些对自己极其不利的批评文章附在全集后面出版，"为的是无名氏或丁玲，极不友好的批评，一与我大部分习作对面，那些枝叶意见就见得平平常常，他们要说的，也许从我十多年前另外作品中即早提过了"。由此不难看出，沈从文对于丁玲等人的批评是心怀不满的，而丁玲对于沈从文的批评自然也是近乎同样的反应，在批评与反批评之间也夹杂着双方政治立场不同所引发的观念冲突，分属不同阵营的两人自然也会因唇枪舌战而进一步加剧友情的淡漠。

1949年1月31日北平和平解放，中国人民解放军兵不血刃进入北平接管防务，此时的沈从文却陷入高度精神紧张乃至精神错乱中，担心自己会受到政治清算。沈从文之所以如此，除了此前被郭沫若撰文斥为"粉红色"作家大加批驳外，还在于1月上旬他所任教的北京大学校园里不仅突然出现了转抄郭沫若《斥反动文艺》的大字报，而且教学楼上还悬挂着"打倒新月派、现代评论派、第三条路线的沈从文"的大幅标语，这让此前已拒绝跟随国民党败退台湾而决心留下来迎接解放的沈从文忧心忡忡。虽然也有许多中国共产党内的旧相识开导安慰他，但关键时刻他最为信任的还是昔日好友丁玲。1949年3月13日，沈从文在致张以瑛的信中说："如还以为我尚可争取改造，应当让我见一见丁玲，我亟想见她一面。"然而，此时丁玲尚未到达北平，绝无可能安排他们见面。3月28日，沈从文试图自杀，幸被家人及时发现送医才脱险，之后被送到精神病院治疗。6月9日，丁玲从沈阳来到北平，次日便前去沈从文家里看望。半个月后，丁玲的丈夫陈明也抵达北平，夫妇二人还特意邀请曾是"京派作家"的何其芳一起来看望沈从文，看到沈从文很害怕，便告诉他："共产党不会杀你，怕什么？"临别时，丁玲还留下200万元钱（旧币可兑换新币200元）。

丁玲的到访及宽慰，让沈从文深受感动，此后不久他还与张兆和一同前往东总布胡同回访了丁玲。9月8日，沈从文又给丁玲写了一封长达3000余字的信，信中谈及自己的病情以及思想转变情况，此前"因为心已碎毁，即努力粘合自己，早已失去未来"，"近数月在'退思补过'意义下，检讨结果，以及受的现实教育结果，我已变了许多"。通过与社会的深入接触和自己的不断观察，沈从文不再像从前那样感到无处不在的政治压力，也彻底断绝了自杀念头，"已深知中共实在凡事从大处看事情，在经营一个国家，不是对什么人特别过意不去。已深知个人由于用笔离群生活离群，转成个人幻念，涉于公，则多错误看法，近于病态而不健康；涉于私，即为致疯致辱因果。为补救改正，或放弃文学，来用史部杂知识和对于工艺美术的热忱与理解，使之好好结合，来研究古代工艺美术史。"同时沈从文还在信中向丁玲表示，如果"国家又还需要我再用笔为新社会服务时，我再来用到小说或历史传记工作方面"，设若"文字写作即完全放弃，并不什么惋惜"。关于生活方面，沈从文也向丁玲提出请求，希望让张兆和留在自己身边，"目下既然还只在破碎中粘合自己，唯一能帮助我站得住，不至于忽然圮坍的，即工作归来还能看到三姐"，"我目下还能活下去，从挫折中新生，即因为她和孩子"，"只要她在北平作事，我工作回来可见见她，什么辛苦会不在意，受挫折的痛苦也忘掉了。一离开，不问是什么方式，我明白我自己，生存全部失败感占了主位，什么都完了。我盼望你为公为私提一提这一点。"此时沈从文病情已经大为好转，8月份经郑振铎介绍从北京大学转到新成立的历史博物馆工作。张兆和已于5月10日到华北大学二部学习，是年冬天学习结束，被分配到北京师范大学附属中学担任语文教师，沈从文不必再担心她会离开自己，开始专心研究中国古代玉工艺。

此后沈从文与丁玲虽然交往并不频繁，但也间或走动，或者有书信往来。1950年9月，沈从文到颐和园"云松巢"去拜访了丁玲和其母亲，还与丁玲母亲谈起了一些往事。1950年11月，丁玲在《一个真实人的一生——记胡也频》中称沈从文是"困苦时期结识的知友"，认为虽然他身上有着两面性，但在胡也频被捕后的确给予过她真诚的帮助。

1951年秋天，沈从文将重写的《我的学习》一文交给丁玲审阅，请她帮自己把关，看过后再转给报纸发表。同时沈从文还向丁玲询问过关于自己即将到四川参加土改一事的意见，丁玲说："凡对党有利的事就做，不利的就不做"，这句话给沈从文留下了深刻印象，以至于奉为圭臬，成为他此后的行动指南。1951年10月27日，沈从文在前往四川参加土改的路上写给张兆和的信中就说："上了车，就只觉得一件事，即终生作人民的勤务员，以后要多做事，凡是对国家人民有益的事，都得作去。"1952年1月12日，沈从文在致长子沈龙朱的信中还说："这几天读了些书，有本丁玲著的论文杂集子，可告姆妈看看。值得看，教书有用处。"1952年1月15日，沈从文在致张兆和的信中，谈起自己创作的小说《老同志》时说："你可把文章看看，如觉得还好，就给什么刊物发表，让丁玲处理也成。如要改，请他们改。"1952

年8月18日,沈从文再次致信丁玲,托她将《老同志》推荐给报刊发表,同时向她借100万元应急,并说自己大致可以分两次还清。

1954年,已调往《人民文学》担任编辑的张兆和因肋膜炎病情严重,需要到当时医疗条件较好的协和医院医治,但苦于找不到门路,最后由时任中国作协理事和古典文学部副部长的陈翔鹤去找时任中国作协副主席的丁玲帮忙,丁玲又找解放军总政文化部部长陈沂,由他设法开了介绍信让张兆和得以就医。丁玲在张兆和就医一事上无疑起了关键作用,但让人稍感奇怪的是,不是与丁玲更为熟识的沈从文或者张兆和本人直接求助,而是通过陈翔鹤间接促成的。

1955年整风运动中,丁玲、陈企霞于八九月间因"反党活动"问题在中国作协党组扩大会议上遭到16次批判,被错划为"丁陈反党小集团",并于9月13日由中国作协党组将《中国作家协会党组关于丁玲、陈企霞等进行反党小集团活动及对他们处理意见的报告》上报中宣部并转党中央。12月25日,中共中央批发中国作家协会党组关于"丁、陈反党集团"的报告,由此成为中华人民共和国成立后继"胡风反革命集团"之后文艺界的第二个大冤案。

此时人事关系在历史博物馆的沈从文早已脱离文学创作,对于发生在丁玲身上的上述情形起初并不知晓,1955年11月21日,沈从文致信丁玲,想让她帮助解决自己所面临的左右为难的困境。原来,此时沈从文正在参加由出版总署组织编写的《中国历史图谱》一书的文物部分,该书是应苏联历史学家尼基甫洛夫的要求进行的,计划当作苏联学习中国历史的教学参考书。原本进展十分顺利,已经完成上半部,预计下年3月份即可完成下半部,但在编写过程中出版总署的领导与编写提纲的科学院近代史所的一位专家之间发生了尖锐的意见分歧,沈从文夹在其间无所适从,于是给丁玲写信求助。他在信中这样写道:

丁玲:
帮助我,照这么下去,我体力和精神都支持不住,只有倒下。感谢党对我一切的宽待和照顾,我正因为这样,在体力极坏时还是努力做事。可是怎么做,才满意?来帮助我,指点我吧。让我来看看你吧,告我地方和时间。我通信处东堂子胡同廿一历史博物馆宿舍。(是外交部街后边一条胡同)。

从文
廿一

虽然此时丁玲的处境极其艰难,但还是想方设法帮助沈从文解决问题。次日,她在收到信后即给中国作协书记处第一书记刘白羽和中宣部文艺处长严文井写信,并将沈从文写给她的来信一并转寄给他们,希望能够帮助解决。此时丁玲正在静候中共中央裁决,"反党集团"的罪名正如同悬在她头上的达摩克利斯之剑一样,随时都有可能落下,而这直接关系到丁玲的政治前途乃至身家性命,但她并未因此拒绝帮助沈从文,可见两人之间的友情并未完全湮灭。

1957年6月6日,中国作协党组原本已准备纠正丁玲的错案,但随着7月1日全国反右斗争开始,又风向突变,8月7日,《人民日报》上刊发长篇报道《文艺界反右派斗争的重大进展,攻破丁玲、陈企霞反党集团》,8月13日,中国作协党组扩大会议又在批判丁玲、陈企霞的同时连带着批判冯雪峰。

沈从文虽然已脱离了文学界,但由于《文艺界反右派斗争的重大进展,攻破丁玲、陈企霞反党集团》是在《人民日报》上公开刊发的,因此他也阅读过,并于该年8月中旬在致张兆和的信中谈及自己对该文的看法,"丁陈事已见报。个人主义一抬头,总必然会出现或大或小的错。从上次文代会中发言态度,我就感觉到不大对头,好像还缺少对于党的整体观念体会。自有一套,又未必真的有什么了不起。记得听到谈话后我就说过态度不好,措辞也不甚得体。"8月20日,沈从文在致张兆和的信中又说:"其中不可解的是冯雪峰,多少年来,都稳稳当当的为党工作,现在责任也十分重要,不意也和丁玲等纠在一处,自搞一套,不明白竟发展到如此情形。"8月22日,沈从文在致大哥的信中又谈及丁玲:

丁玲也由于自大而又不明白党的集体意义,搞小组织,趁势抓权,因之在批评中。这次才知道她在南京时还自首过。当被捉时,我们还到处弄介绍信,□为设法营救。那时天津一流氓记者,在报上骂她,我为反驳,后来还闹到找律师打官司,气得个头晕,可是想不到她却和自首的第二丈夫日子过得很好。解放后，她到北京来，也给了一大堆事做，可不会做。既不会团结老作家，也不会教育帮助年青作家，对党员年青作家，兴趣也不高，帮助也不大。却满足于自己一点成就。书读得本来不多，却不肯用功多学点。真本领并不多，却只想抓权，在内部闹。没有整体观念，因此还只想搞小家当。这次一来，还不知如何改正。……我倒只想在党的帮助下多做点事，多出点力，而权力让人去争夺，所以错误可望少些。

上述书信都是沈从文写给至亲之人的私信，因此并无必要作假，完全是他真实想法的自然流露，言语间对于丁玲当年被捕以及解放后的种种表现都颇为不屑，对于丁玲此番遭遇也没有表示出丝毫的同情。虽然沈从文抱着置身事外的态度不参与任何批判活动，也没有对丁玲落井下石，但透过私信来看其怨怼之情溢于言表。

1957年年底，丁玲和冯雪峰又被错划为"丁玲、冯雪峰反党集团"，至此丁玲被开除党籍，撤销党内外一切职务，就连丈夫陈明也受此牵连被划为"右派"，开始下放劳动改造，在黑龙江垦区劳动了12年，"文化大革命"期间又被关进监狱5年。1975年春获释后，被安排到山西农村，她和丈夫陈明从补发的工资中捐献1万元用于当地农村的生产建设。1976年粉碎"四人帮"后，丁玲的冤案开始逐渐平反，但是直到1984年中共中央组织部颁发了《关于为丁玲同志恢复名誉的通知》后才彻底昭雪冤屈。在此期间，沈从文与丁玲的联系中断，1978年冬其时已距粉碎"四人帮"达两年之久，陈漱渝曾给沈从文写信打听丁玲的住址及近况，但沈从文在复信中表示自己一无所知，并坦承自己"和丁玲多年来没有直接通过信"。不仅如此，沈从文在日记书信中也鲜少再提及丁玲，两人已是形同陌路，得见不如不见。

反目又成仇

1979年12月10日，沈从文先与张兆和一起去看了中国社科院分配给他的一套36平方米的新住房，之后又到木樨地参观了丁玲、江丰等人分得的新住房，看到丁玲等人的新住处是一单元两户，每户或者各5间，或者四六各一，不由得内心有了极大落差，"照迁入者等级而言，多属副部长级，且为党员，我则至今还只算个四级研究员，那有希望可能？所以只能用善于等待方式，依旧在此拖下去。"6天后，沈从文给中国社会科学院党组书记梅益写信，表示自己对分得的新房不满意，请求重新调整。

虽然沈从文参观了分配给丁玲的新住房，但此时丁玲尚未入住，也未见与丁玲亲密交往的记录，事实上此前丁玲已经开始著文向他发难。1979年8月，曾经写过《丁玲论》的日本汉学家中岛碧与丈夫一起来丁玲家里拜访，赠送给她1939年9月由香港某书店翻印的上海良友复兴公司初版本的《记丁玲》和《记丁玲续集》，这也是丁玲第一次看到沈从文40余年前撰写的关于自

{381}

己的这两本书。中岛碧赠书的同时向丁玲求证,《记丁玲》中所说的沈从文、胡也频、丁玲三人"同住"(以讹传讹为三人同床共卧)究竟是怎么一回事。事实真相是当年沈从文与丁玲夫妇"同住"并非指的是在同一房间内,而是为了办刊方便合租了上海萨坡赛路204号一栋三层楼的房子,沈从文和妹妹、母亲住三楼,丁玲、胡也频和丁玲母亲住二楼,楼下作为出版处。然而,由于沈从文表意模糊,使用"同住"一词又未进行解释,从而有了无限遐想和恶意阐释的空间。除此之外,中岛碧还问了丁玲这两本书中所涉及的其他一些问题。

事后丁玲仔细翻阅了这两本书,不由得大怒,认为不仅书中内容与事实严重不符,而且沈从文完全将自己写成了一个湘西土娼,为那些喜欢制造桃色新闻的好事之徒提供了"依据",成为自己难以洗刷的耻辱和污点,为此她曾对这两本书进行逐条批驳,并在书上做了多达127条的眉批、旁注等批语,择其要者如下所示:

(1)她的爸爸是个很有公子风度的人物,性格极好,洒脱大方,……生平极其爱马,……把马牵到城外去,见有什么陌生人对马匹加了些称赞,……有时谈得十分投机,且见这个人对于这匹马十分称赏,他便提议把这马贬价出让。有时那骑马人决无能力购置一匹良驹,他便强迫把自己马匹赠给这个陌生的路人。

丁批:

夸大了,哪里有这样傻人。我父亲固然有些公子气,大方洒脱,但他的家境也不是随便可以强迫别人接受他的马匹的。

（2）她们一面读书一面还得各处募捐。为时不久，她们住处似乎就同那些名教授在一个地方了。至少瞿秋白兄弟同施存统三人，是同她们住过一阵的。

丁批：

又是胡说！

（3）她的年岁已经需要一张男性的嘴唇同两条臂膀了。……倘若来了那么一个男子，这生活即刻就可以使她十分快乐。

丁批：

沈从文常常把严肃的东西，按他的趣味去丑化。我很不喜欢他的这种风格。在他的眼睛里，总是趣味。

（4）不过那时书架上的英文书籍，则仿佛一共只有三本，一本是小仲马的《茶花女》，一本是莫泊桑的《人心》，一本则是屠格涅夫的《父与子》。两人虽然只有这样三本书，还常常预备着手来翻译。

丁批：

我的英文根本够不上翻译；也频的外语程度比我还差，他根本没读过什么书呵！

（5）她虽然同这个海军学生住在一处，海军学生能供给她的只是一个年青人的身体，却不能在此外还给她什么好处。

丁批：

混蛋！

（6）譬如两人的书想卖去时，必署丁玲的名，方能卖出，两人把文章送去同一地方发表时,海军学生的则常常被退还。(另有一处:那海军学生的小说,在发表以前,常常需那女作家修改。)

丁批:

胡也频的稿子,我从未改过。也频牺牲后,为需要钱,我出了一个集子,字数不多,编进了他的两篇小说《一个人的诞生》,还有不记得了。未署他的名字,是因为他的名字由于政治关系未署。

(7)她的年纪已经有了二十四岁或二十五岁,对于[格雷泰·嘉宝]《肉体与情魔》的电影印象则正时常向友朋提到。来到面前的不是一个英隽挺拔骑士风度的青年,却只是一个相貌平常,性格沉静,有苦学生模样的人物,……

丁批:

看把我写成一个什么样子,简直是侮辱!完全是他的低级趣味的梦呓!

(8)得到这信时丁玲真着了急,不知应当怎么办。那时她恰好得徐志摩先生帮忙,为向中华书局卖了一本书,得了一点钱,又从邵洵美借了一笔钱,……

丁批:

我怎么能向邵洵美那里借钱?现在我倒怀疑是否他用我的名义向那些人借过钱。我回湖南是我向郑振铎预支稿费二百元。后来我没有用稿子偿还,是我一生中唯一的欠债。

(9)稍前一时左翼作家的露面,已因为政府商人两方面的合作,加上种种由于自己理论,自己态度,自己战略所造成的不良局面,到了退休的时节。

丁批:

胡说。

(10)左翼文学从商人看来,从多数人看来,仿佛已过了时,大凡聪明人,皆不会再去参加热闹了。"文学左翼"在是时已经是个不时髦名词,两人到这时节还捡取这样一个过时的题目,在熟人看来恐怕无人不觉得希奇的。

丁批:

这时左联刚成立。只有你觉得稀奇的。也频既不告诉你,可见认为同你不必再谈什么了!

(11)左翼文学在中国当时既已成了博注上的"冷门",无人关心过问。……书店也毫无印行这方面作品的意思,写成的文章不能卖出,……

丁批:

可笑!只有你菲薄左联。

(12)且共产党方面将来的问题,若[与军事发展]不能相互为用,则一切计划将成为租界中的儿戏,结果乃不过一二文人负隅固守的梦想,所谓左联文学运动,也将转入空泛与公式情形中,毫无乐观希望可言。

丁批:

表现他对政治的无知,懦弱,市侩心理而外,没有别的。

(13)海军学生之被人重视,我以为对于他根本毫无好处。这人既并无多大政治才识,有的只是较才识三倍以上的热情。

丁玲还在致正准备研究她的袁良骏的信中说:"袁良骏,你要研究我,一定不要受沈从文的影响,他那两本书,是他任意编造的小说,毫无参考价值。他以为我死了,信口开河,胡编乱造的小说,我一定要在他生前写一篇文章,说明真相。"果然不久之后,丁玲开始在刊物上公开撰文痛斥沈从文,将两人的矛盾公开化,由此导致两人反目成仇,直到1986年丁玲逝世两人也未能冰释前嫌。其中她在1980年3月刊载于《诗刊》上的《也频与革命》一文中措辞最为严厉,指责沈从文在《记丁玲》中"信笔编撰","四五个月前,有人送了《记丁玲》这样一部书给我,并且对这部书的内容提出许多疑问。最近我翻看了一下,原来这是一部编得很拙劣的'小说'……作者在书中提到胡也频和我与革命的关系时,毫无顾忌,信笔编撰","不仅暴露了作者对革命的无知、无情,而且显示了作者十分自得于自己对革命的歪曲和嘲弄",并由此认为沈从文是"贪生怕死的胆小鬼,斤斤计较个人得失的市侩,站在高岸上品评在汹涌波涛中奋战的英雄们的高贵绅士"。言辞不可谓不激烈,由此不难想象丁玲对沈从文是极度不满的。

沈从文也很快看到了《也频与革命》一文,但没有公开回应,只是在私下里对凌宇说:"我不会和她争是非,只是如何为她帮忙,为她辩护,她自己还不知道,却在《诗刊》上说这说那,说我是胆小鬼怕死,大致把什么人送她孩子回去事,全忘了。"同时,沈从文还请凌宇帮自己查找过1933年《独立评论》上刊发的《丁玲女士被捕》一文和天津《庸报》上刊发的张铁生批评自己的文章，但并未撰写回应文章，他对凌宇说："我不是要和她争什么。只是让一些问及这事的朋友，明白究竟是怎么一回事。"1980年4月7日，沈从文在致徐盈的信中说起丁玲批评自己时颇感无奈，同时也明确表示自己不会与丁玲争辩："这老朋友廿年受的委屈，值得同情。可是仇隙来自何方，应当十分明白，却照顾到我头上，实在新鲜。我是永远不会和她争辩是非的。……说我是'怕死胆小鬼''市侩'，大致把为胡奔走而失业，和送孩子回去冒的是什么险，全忘了。她可以忘掉，别的熟知其事的人，也能忘掉？……对于这些过去事，我从不向什么人去表功，在她得势掌权时，也从不依靠过她，却只老老实实在博物馆做我的说明员工作，足足三十年，只是为各方面打打杂，也不想露面'冒充作家'。可料想不到重新作了什么副主席不久，就从我来'开刀'，倒也新鲜之至。"

1980年3月，沈从文在致施蛰存的信中，谈及丁玲向他发难时说："近闻丁玲在好几种刊物上，大骂我四十年前文章对彼与也频有亵渎处，尚未得详内容，据闻重在澄清。似意外，亦意中。"沈从文自己说，当年在写《记胡也频》时曾经让丁玲审阅把关，之后也是经丁玲之手付印刊发的，因此丁玲并未对《记胡也频》进行过指摘批评。而当沈从文写《记丁玲》《记丁玲续集》时以为丁玲已经遭遇不测，因此不仅在写作时较少顾忌，而且在刊物上发表和结集出版时也都未经丁玲审核过目，此后他也未曾向丁玲提及，但是毕竟这本书在丁玲著文发难时已出版了40余年，因此才会觉得丁玲不予认同"似意外，亦意中"。

1980年7月2日，沈从文在复徐迟的信中谈起过丁玲发难的可能原因："不该提及对于至今还活在台湾一个人的'怀疑'，对于她也'举得不够高'"，其中"至今还活在台湾一个人"指的是冯达。1989年1月也即沈从文逝世后不久，徐迟在《长江文艺》第1期上刊发了这封沈从文的复信，由此人们方才得知沈从文对于丁玲向他发难所抱持的态度，他在信中这样写道：

听人说，我的作品近于抒情诗，用法文译较易传神。这多属于"正面"的。当然还有"反面"的，也值得欣赏，即《诗刊》三月份上中国"最伟大女作家"骂我的文章，不仅出人意料，也为我料想不到。真像过去鲁迅所说："冷不防从背后杀来一刀"，狠得可怕！乍一看来，用心极深，措辞极险。但是略加分析，则使人发笑，特别是有人问及她这文章用意时，她支吾其词，答非所问，无从正面作出回答。她廿年来受的委曲，来自何方，难道自己不明明白白？嚷也不敢嚷一声，自有难言苦衷。却找我来出气，可见聪明过人处。主要是我无权无势，且明白我的性格，绝对不会和她争是非。自以为这一着够得上"聪明绝顶"，事实上，卅年代活着的熟人还多着，即或过去和我不熟，也骂过我，但从近卅年种种印象，都会明白这文章用意的。我对他们夫妇已够朋友了，在他们困难中，总算尽了我能尽的力，而当她十分得意那几年，却从不依赖她谋过一官半职。几乎所有老同行，旧同事，都在新社会日子过得十分热闹时，我却不声不响在博物馆不折不扣作了整十年"说明员"。所有书全烧尽了，也认为十分平常，并不妨碍我对新工作丧失信心，更不曾影响我对国家的热爱。在她因内部矛盾受排挤时，都是充满同情。到明白转过山西临汾时，还托熟人致意。可料想不到，为了恢复她的"天下第一"地位，却别出心裁，用老朋友来"开刀祭旗"，似乎以为如此一来，我就真正成了"市侩"，也就再无别的人提出不同意见。……

直到1982年，沈从文依然对此念念不忘，但他并不认为错在自己，是年1月4日在致萧离的信中说："所谓'坏者'，主要是内中提及冯达前后而已。（这位先生现在台湾还活得上好，对老太婆说来，也可说相当麻烦！）……其实研究她作品的人，若不看《记丁玲》，是绝对提不出更好得体赞美词的。她至今还不明白这书真正应该挨骂处，正是把她一切举得过高，并不是什么写得极坏，个别处虽不真实，大处实在相当出色，内中既毫无贬低她的用意，所以东南亚方面，最近还被人称为一本'出色传记文学'，实不算过誉！"1月9日，沈从文在复周健强的信中也说"主要还是觉得举得她不够高，有损于她伟大形象，如此而已"。丁玲发难的确给沈从文造成了强烈的心理触动，以至于在编辑《沈从文文集》时"最怕不小心处，无意得罪了老同行中'要人'，恐易出事故，招架不住"，为此他总是删来删去，凡是"粗野""犯时忌""易致误解处"都给删掉，"结果不少作品磨得光溜溜的，毫无棱角'是特征'，也不免就把'原有特征'失去了。"据说，沈从文还因丁玲的批评专门交代，以后编辑《沈从文全集》时不收《记丁玲》和《记胡也频》,以此表示抗议。

丁玲也一直在生沈从文的气,虽然此后态度有所缓和,但是尚未达到足以化解矛盾的程度。1985年6月25日,丁玲在一封信中就曾这样写道:"我生气,一直生气,他以为我死了,他在写《记丁玲》时,谣传我已死 [这本书我曾想逐条批驳,但转念我个人所受的诬蔑,有比沈从文更甚者,如我能忍受,那么沈从文的这本书就不值什么了,只是它有影响,成为研究我个人的第一本资料,还当着是非常可靠的,我在写《也频与革命》中曾说过这是一本很坏的小说] 我想也够了,去年我在厦门读过一篇批评这本书的论文,我也建议不要发表,实在认为他也受过一些罪,现在老了,又多病,宽厚一些好了……"丁玲信中提到的在厦门读过的批评论文是冯雪峰长子冯夏熊撰写的长达26000余字的《丁玲与〈记丁玲〉》,最终听从丁玲的意见没有发表。

担任过文化部部长的王蒙在《我心目中的丁玲》一文中也曾对丁玲批评沈从文一事发表过意见,着重从政治角度深度剖析了何以沈从文会被"化友成敌",以至于成为她抨击对象的原因,"这样我就特别能理解她在'文革'后初复出时为什么对于沈从文对她的描写那样反感。沈老对她的描写只能证明她的对手对她的定性是真实的——她不是革命者马克思主义者,而只是一个小资产阶级、个人主义者。她必须痛击这种客观上为她的对手提供炮弹、客观上已经使她倒了半辈子霉的对于她的理解认识勾勒。打的是沈从文,盯着的是一直从政治上贬低她的××。你说她惹不起锅惹笊篱也行,灭不了锅就先灭笊篱,灭了笊篱就离灭锅更靠近了一步。这是政治斗争也是军事斗争的常识性法则,理所当然。她无法直接写文章批××,对××,她并不处于优势,她只能依靠党。……对于沈从文,她则处于优势,她战则必胜,她毫不手软,毫不客气。她没有把沈放在眼里;打在沈身上就是打在害得她几十年谪入冷宫的罪魁祸首身上。我还要论述,这里不仅有利害的考虑而且有真诚的信仰。革命许诺的东西太多太多了,要求的东西也太多太多了。一个人接受了革命,就等于换了另一个人……至于反对革命的人,那就只能是敌人了。对敌人仁慈就是对人民残忍。……丁玲自然不能讲情面。她认为她有权利也有义务反击不知革命为何物的沈从文对于她的歪曲——至少是对于她的未革命时的某一侧面的不合时宜的强调。为了革命的正义性,她可以毫不犹豫地不念与沈的旧谊。"

身为丁玲研究专家的袁良骏则从人性角度出发,对丁玲批评沈从文一事发表感慨:"丁玲全然不顾当年老朋友的深情厚谊,出口伤人,不留丝毫余地,显然不符合中国传统的交友之道。而她扣给沈从文的三顶大帽子,又十足表现了她的盛气凌人,唯我独'革'。"同时袁良骏也对丁玲断定《记丁玲》是"编得很拙劣"的"小说"提出了不同意见,"以收入书中的丁玲致沈从文的八封信为例,沈从文生前一直保留着原件,白纸黑字,铁证如山,又怎能说是'编造'?另一证明是沈从文在书中的感情也是真实的。"因而给出结论,沈从文包括《记丁玲》在内的几本传记"具有不可或缺的30年代文坛回忆录的性质,绝不是'编得很拙劣'的'小说'。"

常言道真理越辩越明，道理越讲越清。由于沈从文当年选择不予回应，数年之后丁玲和他又相继离世，因此对于两人反目成仇这一"文坛公案"究竟孰是孰非已经很难弄清。归根结底，恐怕还是在于两人之间的昔日友情无法经得住岁月的淘洗而逐渐褪色，随着情感裂隙的不断扩大而终于反目成仇，直到老死不相往来。无论如何，沈从文和丁玲这两位曾经患难与共、肝胆相照的文坛耆宿，在历经"文化大革命"磨难之后却化友为敌，留给人们的不仅仅是困惑不解，同时也让人不由得为之感到惋惜。